中華古籍保護計劃

ZHONG HUA GU JI BAO HU JI HUA CHENG GUO

·成 果·

瑞安市博物館（玉海樓）古籍普查登記目録

全國古籍普查登記目録·浙江溫州

國家圖書館出版社
National Library of China Publishing House

圖書在版編目(CIP)數據

瑞安市博物館(玉海樓)古籍普查登記目録/瑞安市博物館編. --北京:國家圖書館出版社,2018.9

（全國古籍普查登記目録）

ISBN 978 - 7 - 5013 - 6553 - 1

Ⅰ.①瑞…　Ⅱ.①瑞…　Ⅲ.①博物館—古籍—圖書目録—瑞安　Ⅳ.①Z838

中國版本圖書館 CIP 數據核字(2018)第 196904 號

書　　名　瑞安市博物館(玉海樓)古籍普查登記目録
著　　者　瑞安市博物館　編
責任編輯　景　晶

出　　版　國家圖書館出版社(100034　北京市西城區文津街 7 號)
　　　　　（原書目文獻出版社　北京圖書館出版社）
發　　行　010 - 66114536　66126153　66151313　66175620
　　　　　66121706(傳真)　66126156(門市部)
E-mail　　nlcpress@ nlc. cn(郵購)
Website　www. nlcpress. com→投稿中心
經　　銷　新華書店
印　　裝　河北三河弘翰印務有限公司
版　　次　2018 年 9 月第 1 版　2018 年 9 月第 1 次印刷

開　　本　787×1092(毫米)　1/16
印　　張　14.5
字　　數　200 千字

書　　號　ISBN 978 - 7 - 5013 - 6553 - 1
定　　價　160.00 圓

《全國古籍普查登記目錄》

工作委員會

主　任：周和平

副主任：張永新　詹福瑞　劉小琴　李致忠　張志清

委　員（按姓氏筆畫排序）：

《全國古籍普查登記目録》

序　言

全國古籍普查登記工作是"中華古籍保護計劃"的首要任務,是全面開展古籍搶救、保護和利用工作的基礎,也是有史以來第一次由政府組織、參加收藏單位最多的全國性古籍普查登記工作。

2007 年國務院辦公廳發布《關於進一步加强古籍保護工作的意見》(國辦發〔2007〕6 號),明確了古籍保護工作的首要任務是對全國公共圖書館、博物館和教育、宗教、民族、文物等系統的古籍收藏和保護狀況進行全面普查,建立中華古籍聯合目録和古籍數字資源庫。2011 年 12 月,文化部下發《文化部辦公廳關於加快推進全國古籍普查登記工作的通知》(文辦發〔2011〕518 號),進一步落實了全國古籍普查登記工作。根據文化部 2011 年 518 號文件精神,國家古籍保護中心擬訂了《全國古籍普查登記工作方案》,進一步規範了古籍普查登記工作的範圍、内容、原則、步驟、辦法、成果和經費。目前進行的全國古籍普查登記工作的中心任務是通過每部古籍的身份證——"古籍普查登記編號"和相關信息,建立古籍總臺賬,全面瞭解全國古籍存藏情况,開展全國古籍保護的基礎性工作,加强各級政府對古籍的管理、保護和利用。

《全國古籍普查登記工作方案》規定了全國古籍普查登記工作的三個主要步驟:一、開展古籍普查登記工作;二、在古籍普查登記基礎上,編纂出版館藏古籍普查登記目録,形成《全國古籍普查登記目録》;三、在古籍普查登記工作基本完成的前提下,由省級古籍保護中心負責編纂出版本省古籍分類聯合目録《中華古籍總目》分省卷,由國家古籍保護中心負責編纂出版《中華古籍總目》統編卷。

在黨和政府領導下,在各地區、各有關部門和全社會共同努力下,古籍普查登記工作得以扎實推進。古籍普查已在除臺、港、澳之外的全國各省級行政區域開展,普查内容除漢文古籍外,還包括各少數民族文字古籍,特别是於 2010 年分别啓動了新疆古籍保護和西藏古籍保護專項,因地制宜,開展古籍普查登記工作;國家古籍保護中心研製的"全國古籍普查登記平臺"已覆蓋到全國各省級古籍保護中心,并進一步研發了"中華古籍索引庫",爲及時展現古籍普查成果提供有力支持;截至目前,已有 11375 部古籍進入《國家珍貴古籍名録》,浙江、江蘇、山東、河北等省公布了省級《珍貴古籍名録》，古籍分級保護機制初步形成。

《全國古籍普查登記目録》是古籍普查工作的階段性成果，旨在摸清家底，揭示館藏，反映古籍的基本信息。原則上每申報單位獨立成冊，館藏量少不能獨立成冊者，則在本省範圍内幾個館目合并成冊。無論獨立成冊還是合并成冊，均編製獨立的書名筆畫索引附於書後。著録的必填基本項目有：古籍普查登記編號、索書號、題名卷數、著者（含著作方式）、版本、冊數及存缺卷數。其他擴展項目有：分類、批校題跋、版式、裝幀形式、叢書子目、書影、破損狀況等。有條件的收藏單位多著録的一些擴展項目，也反映在《全國古籍普查登記目録》上。目録編排按古籍普查登記編號排序，内在順序給予各古籍收藏單位較大自由度，可按分類排列古籍普查登記編號，也可按排架號、按同書名等排列古籍普查登記編號，以反映各館特色。

此次全國古籍普查登記工作，克服了古籍數量多、普查人員少、普查難度大等各種困難，也得到了全國古籍保護工作者的極大支持。在古籍普查登記過程中，國家古籍保護中心、各省古籍保護中心爲此舉辦了多期古籍普查、古籍鑒定、古籍普查目録審校等培訓班，全國共 1600 餘家單位參加了培訓，爲古籍普查登記工作培養了大量人才。同時在古籍普查登記工作中，也鍛煉了普查員的實踐能力，爲將來古籍保護事業發展奠定了良好的基礎。

《全國古籍普查登記目録》的出版，將摸清我國古籍家底，爲古籍保護和利用工作提供依據，也將是古籍保護長期工作的一個里程碑。

國家古籍保護中心
2013 年 10 月

《全國古籍普查登記目録》

編纂凡例

一、收録範圍爲我國境内各收藏機構或個人所藏，産生於 1912 年以前，具有文物價值、學術價值和藝術價值的文獻典籍，包括漢文古籍和少數民族文字古籍以及甲骨、簡帛、敦煌遺書、碑帖拓本、古地圖等文獻。其中，部分文獻的收録年限適當延伸。

二、以各收藏機構爲分册依據，篇幅較小者，適當合并出版。

三、一部古籍一條款目，複本亦單獨著録。

四、著録基本要求爲客觀登記、規範描述。

五、著録款目包括古籍普查登記編號、索書號、題名卷數、著者、版本、册數、存缺卷等。古籍普查登記編號的組成方式是：省級行政區劃代碼—單位代碼—古籍普查登記順序號。

六、以古籍普查登記編號順序排序。

《浙江省古籍普查登記目録》
工作委員會

主　任：金興盛

副主任：葉　菁

委　員：倪　巍　徐曉軍　賈曉東　雷祥雄　劉曉清

　　　　徐　潔　李儉英　孫雍容　張愛琴　張純芳

　　　　金琴龍　樓　婷　陳泉標　鍾世杰　應　雄

　　　　陸深海　吕振興　徐兼明

《浙江省古籍普查登記目録》

編纂委員會

主　編：徐曉軍

副主編：童聖江　曹海花　褚樹青　莊立臻　徐益波

　　　　胡海榮　沈紅梅　劉　偉　王以儉　孫旭霞

　　　　占　劍　孫國茂　毛　旭　季彤曦

統校和編纂工作小組組長：曹海花（浙江圖書館）

統校和編纂工作小組成員：秦華英（浙江圖書館）

　　　　　　　　　　　　吕　芳（浙江圖書館）

　　　　　　　　　　　　干亦鈴（寧波市圖書館）

　　　　　　　　　　　　劉　雲（寧波市天一閣博物館）

　　　　　　　　　　　　周慧惠（寧波市天一閣博物館）

　　　　　　　　　　　　馬曉紅（餘姚市文物保護管理所）

　　　　　　　　　　　　陳瑾淵（温州市圖書館）

　　　　　　　　　　　　王　昉（温州市圖書館）

　　　　　　　　　　　　沈秋燕（嘉興市圖書館）

　　　　　　　　　　　　丁嫻明（嘉興市圖書館）

　　　　　　　　　　　　唐　微（紹興圖書館）

　　　　　　　　　　　　丁　瑛（紹興圖書館）

　　　　　　　　　　　　毛　慧（衢州市博物館）

《浙江省古籍普查登記目録》

序　言

　　浙江文化底蘊深厚,書籍刻印歷史悠久,前賢留下的著述浩如烟海,藏書雅閣及私人藏書爲數衆多,古籍資源十分豐富,幾乎縣縣有古籍,是全國古籍藏量較多的省份之一,是中華文化中具有獨特地域特色的重要一脉。保護好這些珍貴的古籍,對促進文化傳承、弘揚民族精神、維護國家統一及社會穩定具有重要作用。同時,加强古籍保護工作,也是加快建設文化大省、文化强省,努力推動文化浙江建設和社會主義文化大發展大繁榮的必然要求。

(一)

　　爲搶救、保護我國的珍貴古籍,繼承和弘揚優秀傳統文化,國務院辦公廳印發了《關於進一步加强古籍保護工作的意見》(國辦發[2007]6號),全國古籍普查登記工作是瞭解全國古籍存藏情況、建立古籍總臺賬、開展全國古籍保護的基礎性工作。爲認真貫徹落實"國辦發[2007]6號"文件精神,切實加强全省古籍的搶救、保護,浙江省人民政府辦公廳印發《關於進一步加强古籍保護工作的意見》(浙政辦發[2009]54號),提出2009年起要在全省範圍内開展古籍普查登記工作。2012年,浙江省古籍保護工作聯席會議下發《關於印發〈浙江省"中華古籍保護計劃"實施方案〉的通知》(浙文社[2012]30號),提出在"十二五"末基本完成全省古籍普查工作的目標。

　　試點先行、摸底調查、制定方案,建立制度、統籌指揮,引進人員、有效培訓、壯大隊伍,配置設備、補助經費、保障到位,編製手册、明確款目、統一規則,著録完整、審核到位、保證質量,設立項目、表揚先進,在省委省政府的高度重視及其各部門的大力支持下,在國家古籍保護中心的積極指導和省文化廳的正確領導下,通過以上種種措施,"秉持浙江精神,幹在實處、走在前列、勇立潮頭",全省公共圖書館、文物、教育、檔案、衛生五大系統共計95家公藏單位通力合作,到2017年4月底基本完成了全省的古籍普查登記工作。

　　通過普查,摸清了全省古籍文化遺産家底,揭示了全省各地區文化脉絡,形成了統一的古籍信息數據庫,建立了一支遍布全省的古籍保護隊伍,爲下一步有針對性地開展古籍保護工作奠定堅實的基礎。鑒於全省在古籍普查和其他古籍保護工作中的突出表現,2014年,浙江圖書館、嘉興市圖書館、雲和縣圖書館獲得"全國古籍保護工作先進單位"稱號,浙江圖書館徐曉軍和曹海花、温州市圖書館王妍、紹興圖書館唐微、平湖市圖書館馬慧、衢州市博物館程勤等 6 人獲得"全國古籍保護工作先進個人"稱號。

（二）

全國古籍普查登記範圍爲 1912 年以前産生的文獻典籍。由於近代以來浙江私人藏書相當發達，民國期間也刻印了大量典籍，民國文獻在各藏書單位（尤其是基層單位）所藏歷史文獻中占據了相當大的比重。這些文獻形成了浙江文獻典藏的重要特色，是浙江傳統文化的重要組成部分。爲更加全面地掌握本省歷史文獻文化遺産現狀，浙江省將民國時期傳統裝幀書籍也納入普查範圍。

按照《全國古籍普查登記手冊》要求，登記每部古籍的基本項目，必登項目有索書號、題名卷數、著者、版本、冊數、存缺卷數，選登項目有分類、批校題跋、版式、裝幀形式、叢書子目、書影、破損狀況等內容。浙江省的古籍普查工作一直高標準、嚴要求，自始至終堅持平臺項目全著錄，堅持文字信息和書影信息雙著錄，登記每部書的索書號、分類、題名卷數、著者、卷數統計、版本、版式、裝幀、裝具、序跋、刻工、批校題跋、鈐印、叢書子目、定級及書影、定損及書影等 16 大項 74 小項的信息。

普查統計顯示，截至 2017 年 4 月 30 日，全省 95 家單位共藏有傳統裝幀書籍 337405 部 2506633 冊，其中不分卷者計 31737 部 96822 冊，分卷者計 305668 部 2409811 冊 11433371 卷（實存 8223803 卷）：古籍（含域外本）219862 部 1754943 冊，不分卷者 15777 部 54901 冊，分卷者 204085 部 1700042 冊 7934703 卷；民國時期傳統裝幀書籍 117543 部 751690 冊，不分卷者 15960 部 41921 冊，分卷者 101583 部 709769 冊 3498668 卷。

從版本定級來看，全省四級文獻最多，部數、冊數數量占比分別爲 84.75%、78.69%。三級次之，部數、冊數數量占比 13.12%、15.96%。一級、二級文獻共計 5689 部 111722 冊，量雖不多，極爲珍貴，其破損程度較輕，基本都配置了裝具且裝具狀況良好，這是古籍分級保護體系的有力體現。

從文獻類型來看，古籍普查平臺采用六部分類，在傳統的經、史、子、集四部外加上類叢部、新學。從冊數來看，全省文獻類叢部數量最多，占比 29.40%，這其中很大一部分原因在於民國時期刊印了不少大型叢書。史部、集部、子部、經部分居第二至五位，數量占比分別爲 28.98%、18.00%、13.49%、9.24%。新學數量最少，還不到 1%。

從版本類型來看，全省古籍版本類型豐富，數量最多的是刻本，部數占比 51.01%、冊數占比 55.03%。部數排在第二至四位的是鉛印本、石印本、抄本，分別占比 17.71%、16.58%、5.19%。冊數排在第二至四位的是鉛印本、石印本、影印本，分別占比 14.27%、12.40%、11.38%，這與將民國時期傳統裝幀書籍納入古籍普查範圍有極大關係。稿、抄本部數占比 6.9%、冊數占比 4.04%，總體占比不是很高，但在一、二級文獻中稿、抄本的比例比較高，一級中部數占比 20.49%、冊數占比 70.25%，二級中部數占比 13.16%、冊數占比 6.57%。

從版本年代來看,全省藏書從南北朝以迄民國,并有部分日本、朝鮮、越南本。其中,元及元以前共計 244 部 3357 冊。明、清、民國共計 2486788 冊,數量占比 99.21%:明代占比 5.95%、清代占比 63.27%、民國占比 29.99%。日本、朝鮮、越南三國本共計 1877 部 14522 冊,部數、冊數占比分別爲 0.56%、0.58%。

從批校題跋來看,337405 部文獻中有姓名可考的批校題跋共計 15374 部,其中集部批校題跋最多,占全部批校題跋的 38.73%、占集部文獻的 6.16%。稿本的批校題跋在相對應的版本類型中比例最高,爲 16.18%。且稿本中有多人批校題跋的量最多,多者一部稿本中的批校題跋者達 25 人,如浙江圖書館藏沈蕉青稿本《燈青茶嫩草》三卷中有孫麟趾等 25 人的批校題跋。從各館藏書的批校題跋者來看,有鮮明的館域特色,從一個側面體現了各館的文獻來源。

從鈐印來看,337405 部文獻中有 51509 部有收藏鈐印,各級文獻鈐印比例隨級別的增高而加大,一至四級文獻的鈐印占比分別爲 50.67%、49.38%、26.00%、12.90%。收藏鈐印從一個方面體現了某書的遞藏源流,鈐印多於 1 方者有 24840 部,鈐印多者達 54 方,如寧波市天一閣博物館藏清初毛氏汲古閣影宋抄本《集韻》十卷上鈐毛晋、毛扆、段玉裁、朱鼎煦四人共計 54 方印。

在普查的過程中,我們還利用普查成果積極申報《國家珍貴古籍名錄》、評選《浙江省珍貴古籍名錄》,建立珍貴古籍分級保護體系。截至目前,全省共有 871 部珍貴古籍入選第一至五批《國家珍貴古籍名錄》,有 609 部古籍入選第一至三批《浙江省珍貴古籍名錄》。

(三)

普查登記著録工作結束後,省古籍保護中心於 2016 年 6 月成立由浙江圖書館、寧波市圖書館、寧波市天一閣博物館、餘姚市文物保護管理所、溫州市圖書館、嘉興市圖書館、紹興圖書館、衢州市博物館 8 家單位的 14 名普查業務骨幹組成的浙江省古籍普查登記目録統校和編纂工作小組,開始全省普查數據的統校和古籍普查登記目録的編纂工作。

浙江省的普查登記目録是將古籍和民國書籍分開的,全省統一規劃,分別出版《浙江省古籍普查登記目録》和《浙江省民國時期傳統裝幀書籍普查登記目録》。根據《全國古籍普查登記目録審校要求》《古籍普查登記表格整理規範》的要求,省古籍保護中心制定《浙江省古籍普查登記目録編纂工作方案》《浙江省古籍普查數據統校細則》,用於指導全省的數據統校和登記目録的編纂。統校和編纂工作程序如下:導出普查平臺上的數據,切分爲古籍、民國兩張表,按照設定的普查編號、索書號、分類、題名卷數、著者、版本、批校題跋、冊數、存缺卷這幾項登記目録的出版款目對表格進行整理,整理後按照題名進行排列分給各統校員進行統校,統校結束後的數據按行政區域進行彙總交由分區負責人進行覆核,覆核結束後由省古籍保護中心一一寄給各館進行修改確認,經各館確認後由分區負責人進行最後審定。

在統校的過程中,爲了保證全省數據著錄的一致,我們積極利用我國古籍整理研究的重大成果《中國古籍總目》(以下簡稱《總目》),每條書目一一對核《總目》,《總目》收者即標注《總目》頁碼,《總目》未收某版本者標注"無此版本",《總目》未收者標注"無",《總目》所收即浙江某館所藏者特殊標注,《總目》著錄與普查信息有差異或一時無法判斷者標注"存疑"。拿浙江圖書館的近7萬條古籍數據來看,據不完全統計,除去複本,《總目》所收即浙江圖書館所藏者有1100多種,《總目》未收某一明確版本者有3200多種,《總目》未收者有8300多種。

全省95家單位中有93家單位有古籍數據,總條數計22萬條左右。根據分區域出版和達到一定條數可以單獨成書的原則,全省的古籍普查登記目錄大致分爲以下26種:浙江圖書館,浙江大學圖書館,浙江省博物館,浙江省中醫藥研究院等四家收藏單位,杭州圖書館,西泠印社社務委員會等十家收藏單位、浙江省瑞安中學等八家收藏單位,寧波市圖書館,寧波市天一閣博物館,寧波市奉化區文物保護管理所等六家收藏單位、舟山市圖書館等二家收藏單位,溫州市圖書館,瑞安市博物館(玉海樓),嘉興市圖書館,平湖市圖書館,嘉善縣圖書館,海寧市圖書館等六家收藏單位,湖州市圖書館等七家收藏單位、常山縣圖書館等二家收藏單位,紹興圖書館,嵊州市圖書館,紹興市上虞區圖書館等八家收藏單位,東陽市博物館,金華市博物館等九家收藏單位,衢州市博物館,台州市黃岩區圖書館,臨海市圖書館,臨海市博物館等六家收藏單位,麗水市圖書館等八家收藏單位。目前全省的古籍普查登記目錄有多種已進入出版流程(爲保障普查編號的唯一性、終身有效性,各館數據以原普查編號從低到高的順序進行排列,由於浙江省古籍普查範圍包括古籍、民國時期傳統裝幀書籍、域外漢文古籍,著錄時幾種文獻交替進行,而出版時是分開的,加之普查平臺系統出現的跳號情況,所以會出現普查編號不連貫的情況,特此說明),民國時期傳統裝幀書籍普查登記目錄的編纂亦接近尾聲。普查登記工作和普查登記目錄的編纂爲接下來《中華古籍總目·浙江卷》的編纂打下了良好的基礎。

浙江省古籍普查工作得到了各方的關心和支持。感謝各兄弟省份古籍同行的熱情幫助,感謝李致忠、張志清、吳格、陳先行、陳紅彥、陳荔京、羅琳、王清原、唱春蓮、李德生、石洪運、賈秀麗、范邦瑾等專家學者的悉心指導,藉力於此,普查工作纔得以順利完成。

條數多,分布廣,又出於衆手,儘管工作中我們一直爭取做到最好,但無論是已經著錄的平臺數據還是即將付梓的登記目錄,都難免存在紕漏,希望業界同仁不吝賜教,俾臻完善。

浙江省古籍保護中心

2018 年 4 月

《瑞安市博物館(玉海樓)古籍普查登記目錄》

編委會

《瑞安市博物館（玉海樓）古籍普查登記目録》

前　言

　　玉海樓爲浙江四大藏書樓之一，清光緒十四年（1888）由孫衣言、孫詒讓父子所建，孫氏父子將多年在外宦游經歷中刻意收集的八九萬卷圖書移入樓内庋藏。孫衣言在《玉海樓藏書記》中開宗明義："鄉裏後生，有讀書之才、讀書之志，而能無謬我約，皆可以就我廬、讀我書，天下之寶，我固不欲爲一家之儲也。"從落成之日起，玉海樓便以其收藏宏富，特別是寶藏大批鄉邦文獻而聞名遐邇。大批精英受其浸染脱穎而出，成爲時代的弄潮兒。而這一切與以孫家爲代表的文人學者不遺餘力地守護鄉邦文獻的義舉密不可分。此心可鑒，功德無量！

　　玉海樓作爲一個時代文化高度的標杆，理應爲後世所景仰。幾乎與國内所有的藏書樓一樣，時代嬗變，在西學東漸的大背景下，傳統的私家藏書樓的局限性也顯現出來。這當中，藏書樓也因主人命運各异呈現出不同的面貌，有的鳳凰涅槃而蜕變重生，有的隨波逐流寂無生息，有的改弦更張另歸別主。總之，國内衆多藏書樓身臨改朝换代，特別是進入民國以來都日漸式微。相比較而言，玉海樓的藏書雖然在孫詒讓先生過世後也漸散佚流失，但因其後人孫延釗先生等人的呵護，其歸宿境况尚佳，從樓中流散出去的圖書大多有據可查。如1915年向瑞安縣公立圖書館捐書3600餘册，内有古籍通行本、近代各類刊本及雜志報章等讀物；1947年向浙江大學文學院捐贈圖書465部2003册，其中絶大部分爲善本，宋版1種，元版7種，明版155種，景宋抄本8種，孫衣言手稿本1種、批校本26種，孫詒讓稿本4種、批校本77種，別家手稿本3種、批校本20種。此外，還有《永嘉叢書》板片2460片等等；其中最多一次的捐贈發生在1951年，總計向温州市圖書館捐贈各類文獻（含部分善本、普通本，其中包括明版書及名家批校本近200種）約22000册。其間，孫延釗先生還曾陸續向北京圖書館（今國家圖書館）、浙江大學圖書館捐獻善本、批校本。這種有意識的捐獻活動一直持續到1974年，使得大批圖書精華流而不失，名至所歸，重放光采。

　　作爲一代學術大師孫衣言、孫詒讓的藏書著書之所，玉海樓自中華人民共和國成立初期即得到政府高度重視。1962年玉海樓被列爲省級文物保護單位，1975年撥款修繕整飭，又大力搜羅收購玉海樓流散書籍，重新徵集數萬册（件）古籍圖書、字畫等充實樓中藏品。1996年，玉海樓列入全國重點文物保護單位，2009年入選第二批全國重點古籍保護單位。玉海樓藏書雖早已名聲在外,但其家底一直以來没有系統摸清,保護條件也非常落後。2013年隨着瑞安市博物館新館落成,玉海樓所藏全部古籍移至館内專門庫房妥善保管。次年9月,古籍普查工作正式啓動,2015年底普查工作全面完成。這是60年以來首次全覆蓋式的梳理。

本書的編輯就是基於系統普查的一次成果總彙。雖時間緊,任務重,工作千頭萬緒,但大家本着對歷史、對先人負責的態度,細緻認真地開展工作。通過近兩年的努力,基本上摸清了玉海樓藏書的全部家底。根據全國古籍普查平臺統計,共著録館藏古籍和民國綫裝書4119種31801冊(含域外漢籍21種60冊)。其中古籍2524種22522冊,三級以上者366種4422冊。包括明代刻本、抄本等86種,清順治刻本3種,清康熙至乾隆刻本、抄本246種等。從版本類型而言,以刻本、石印本、鉛印本爲主,同時還包括一部分珍貴稿抄本、批校本等,另外還有部分木活字本、鈐印本、套印本、影印本等。經普查統計,玉海樓藏書以鄉邦文獻和名家批校本爲特色,雖然已不復舊藏,一部分珍貴古籍、孫氏父子批校本佚失或流散,但萬幸的是,一批古籍善本和名家批校本仍然得以保存成爲館藏珍善本,如《墨子閒詁》(清孫詒讓稿本)、《淮南鴻烈解》(明萬曆八年茅一桂刻本,孫詒讓批校)、《說郛》(明抄本)等17部古籍入選《國家珍貴古籍名録》,5部古籍入選《浙江省珍貴古籍名録》。在名家稿本、批校本中,主要以瑞安孫氏(孫衣言、孫鏘鳴、孫詒讓)爲主,其中《春在堂雜詩》不僅是孫鏘鳴批校本,更是清末著名學者俞樾的手稿本,記録了俞樾從杭州至福寧途中的風物、人事和感想,其中描寫瑞安飛雲江的詩詞,從地方文化的角度來説尤爲珍貴。此外還有周星詒、鮑廷博、林損、宋慈裹等名家或鄉賢的批校題跋本,端木國瑚、黄體芳等的手稿本。

鄉邦文獻中,有宋代永嘉學派代表人物陳傅良的《止齋先生文集》《宋陳文節公詩文集》,葉適的《水心先生文集》《習學記言序目》等,後孫衣言輯《永嘉叢書》系統收録陳傅良、葉適、周行己、許景衡等永嘉學派代表人物著述。明代卓敬的《卓忠毅公遺稿》和林增志的《法幢自訂年譜》也彌足珍貴。清代的瑞安學人著述,除了"三孫五黄""東甌三先生"的著作外,還有孫希旦、方成珪、曹應樞等鄉賢的著述。館藏方志30餘種,有乾隆、嘉慶時期《瑞安縣志》,《[乾隆]温州府志》,萬曆、乾隆、光緒時期《永嘉縣志》,《[崇禎]泰順縣志》,《[同治]泰順分疆録》,《[乾隆]平陽縣志》等。此外,温州以外的方志有《[光緒]縉雲縣志》《[康熙]臨海縣志》《[乾隆]曲阜縣志》等。這些鄉邦文獻和地方志書是研究瑞安歷史文化發展的寶貴資料,也爲瞭解温州乃至浙南史學、文化學研究提供了參考。

古籍保護是一項長期細緻的系統性工程,我們要以此次普查爲契機,立足於館藏古籍的整理與研究,逐步建立古籍數字化資源庫、完善古籍數字化工作,進一步深入挖掘和闡發古籍所藴含的文化內涵和時代價值，切實做到保護中發展，發展中保護，充分發揮珍貴古籍傳承文明、教育人民、服務社會、推動發展的作用。

在本書付梓之際，我們向參與普查一綫工作付出辛勤勞動的全體普查員，向所有在普查過程中給予支持指導的領導和專家，向本書的編纂人員，一并表示誠摯的謝忱。同時，緬懷對玉海樓藏書進行前期整理、編目和保護的林志春、沈肇瑞、俞岳秋、李士幹、潘知山等前輩，致以敬意，寄托哀思。

鑒於編纂者水準、經驗有限，本目録中難免有脱漏訛誤之處，懇請方家批評指正。

陳欽益

2018 年 5 月

目　　録

330000－1788－0000001　00050　經部/詩類/傳說之屬

詩經集傳八卷　（宋）朱熹撰　明崇禎四年（1631）汪應魁刻本　五冊

330000－1788－0000002　00051　史部/叢編

二十一史　明萬曆二十三年至三十四年（1595－1606）北京國子監刻本　十二冊　存一種

330000－1788－0000003　00019　經部/易類/傳說之屬

周易程朱傳義十卷易說綱領一卷　（宋）程頤（宋）朱熹撰　**上下篇義一卷**　（宋）程頤撰　**易圖集錄一卷易五贊一卷筮儀一卷**　（宋）朱熹撰　明刻本　六冊

330000－1788－0000004　00081　經部/易類/傳說之屬

周易指三十八卷易例一卷易圖五卷易斷辭一卷附錄一卷　（清）端木國瑚撰　稿本　十六冊　缺三卷（易圖一至三）

330000－1788－0000005　00240　類叢部/叢書類/彙編之屬

津逮祕書十五集一百三十九種　（明）毛晉編　明崇禎虞山毛氏汲古閣刻本　一冊　存一種

330000－1788－0000006　00076　集部/別集類/清別集

孫琴西娛老詞稿一卷　（清）孫衣言撰　稿本　一冊

330000－1788－0000007　00028　經部/四書類/總義之屬/傳說

四書管窺不分卷　（元）史伯璿撰　明末清初抄本　五冊

330000－1788－0000008　00023　經部/小學類/訓詁之屬/群雅

埤雅二十卷　（宋）陸佃撰　明成化十五年（1479）劉延吉刻嘉靖二年（1523）王偁重修本　四冊

330000－1788－0000009　00039　經部/小學類/文字之屬/字書/訓蒙

急就篇四卷　（漢）史游撰　（唐）顏師古注（宋）王應麟音釋　明崇禎毛氏汲古閣刻津逮秘書本　清孫詒讓校　四冊

330000－1788－0000010　00001　史部/雜史類/通代之屬

戰國策十卷　（宋）鮑彪校注　明天啓三年（1623）武林鍾人傑刻本　四冊

330000－1788－0000011　03279　經部/群經總義類/文字音義之屬

十三經集字摹本四卷　（清）彭玉雯撰　清刻本　一冊　存一卷（一）

330000－1788－0000012　00017　史部/傳記類/總傳之屬/家乘

[浙江餘姚]黃氏續錄五卷首一卷　（清）黃炳輯　清康熙四十二年（1703）刻本　二冊

330000－1788－0000013　00038　史部/地理類/專志之屬/寺觀

溫州瑞安縣仙巖寺誌十卷　（清）釋佛彥撰（清）釋佛皋增輯　清康熙刻本　五冊

330000－1788－0000014　00029　史部/地理類/方志之屬/郡縣志

[萬曆]永嘉縣志十七卷　（明）王光蘊纂修　明萬曆刻本　龍經居士題記　四冊　存四卷（八至十一）

330000－1788－0000015　00082　史部/地理類/方志之屬/郡縣志

[康熙]南康縣志十六卷　（清）申毓來修（清）宋玉朗纂　清抄本　八冊　存十四卷（一至十四）

330000－1788－0000016　00072　史部/目錄類/總錄之屬/地方

溫州經籍志三十三卷　（清）孫詒讓撰　稿本　三冊　存三卷（八至九、十九）

330000－1788－0000017　00034　子部/叢編

五子書　（明）歐陽清編　明嘉靖二十三年（1544）歐陽清刻本　八冊

330000－1788－0000019　00002　子部/醫家類/方書之屬

證治寶鑑二卷　（明）俞橋撰　明嘉靖刻本　一冊

330000－1788－0000020　00087　子部/叢編

顧氏文房小說四十種　（明）顧元慶輯　明正德至嘉靖顧元慶刻本　一冊　存一種

330000－1788－0000021　00062　子部/雜著類/雜說之屬

墨子閒詁十五卷目錄一卷附錄一卷後語二卷　（清）孫詒讓撰　稿本　一冊　存一卷（十）

330000－1788－0000022　00060　子部/雜著類/雜說之屬

墨子經校注二卷　（清）楊葆彝撰　清抄本　清孫詒讓校　一冊

330000－1788－0000023　00054　子部/雜家類

呂氏春秋二十六卷　（漢）高誘注　明末朱夢龍刻本　四冊

330000－1788－0000025　00006　子部/雜著類/雜說之屬

經鉏堂襍誌八卷　（宋）倪思撰　明萬曆二十八年（1600）潘大復刻本　二冊

330000－1788－0000026　00041　子部/雜著類/雜說之屬

志雅堂雜鈔二卷　（宋）周密撰　清嘉慶十四年（1809）余集刻本　二冊

330000－1788－0000027　00003　子部/小說家類/雜事之屬

世說新語八卷　（南朝宋）劉義慶撰　（南朝梁）劉孝標注　（明）王世懋批點　明凌瀛初刻四色套印本　八冊

330000－1788－0000028　03099　類叢部/叢書類/彙編之屬

廣雅書局叢書一百五十九種　徐紹棨編　清光緒廣雅書局刻民國九年（1920）番禺徐紹棨彙編重印本　一冊　存一種

330000－1788－0000029　00064　子部/道家類

老子道德經二卷　（三國魏）王弼注　清乾隆二十八年（1763）張策家抄本　清張策批並跋　二冊

330000－1788－0000030　00042　子部/叢編

十子全書　（清）王子興編　清嘉慶九年（1804）姑蘇王氏聚文堂刻本　清孫衣言批點並觀款　四冊　存一種

330000－1788－0000031　00047　集部/別集類/漢魏六朝別集

陶靖節集十卷總論一卷　（晉）陶潛撰　（宋）湯漢箋注　明萬曆十五年（1587）休陽程氏刻本　二冊

330000－1788－0000032　00008　集部/別集類/唐五代別集

唐陸宣公集二十四卷　（唐）陸贄撰　明嘉靖二十七年（1548）沈伯咸西清書舍刻本　六冊

330000－1788－0000033　00014　集部/別集類/唐五代別集

朱文公校昌黎先生文集四十卷外集十卷遺文一卷　（唐）韓愈撰　（唐）李漢編集　（宋）朱熹考異　（宋）王伯大音釋　**朱文公校昌黎先生集傳一卷**　明正統十三年（1448）書林王宗玉刻本　八冊

330000－1788－0000034　00085　集部/別集類/唐五代別集

昌黎先生集四十卷外集十卷遺文一卷　（唐）韓愈撰　（宋）廖瑩中校正　**朱子校昌黎先生集傳一卷**　（宋）朱熹撰　明東吳徐氏東雅堂刻本　十六冊

330000－1788－0000035　00016　集部/別集類/唐五代別集

昌黎先生集四十卷外集十卷遺文一卷　（唐）韓愈撰　（宋）廖瑩中校正　**朱子校昌黎先生集傳一卷**　（宋）朱熹撰　明東吳徐氏東雅堂刻本　清方成珪批校並跋　十六冊

330000－1788－0000036　00005　集部/別集

類/宋別集

止齋先生文集五十二卷附錄一卷 （宋）陳傅良撰　明弘治十八年（1505）澤州張氏刻本　六冊

330000－1788－0000037　00013　集部/別集類/宋別集

宋陳文節公詩集五卷文集十九卷首一卷末一卷 （宋）陳傅良撰　清乾隆十年（1745）瑞安林上梓愛日樓刻本　清項傅霖跋並校　五冊

330000－1788－0000038　00066　集部/別集類/宋別集

霽山先生白石樵唱六卷文集四卷 （宋）林景熙撰　（元）章祖程注　清乾隆翰林院抄本　清鮑廷博題簽、校並跋　二冊

330000－1788－0000039　00027　集部/別集類/元別集

楊鐵崖文集五卷史義拾遺二卷 （元）楊維楨撰　**西湖竹枝集一卷** （元）楊維楨輯　**香奩集一卷** （元）楊維楨　（元）王德璉撰　明末諸暨陳于京刻本　四冊

330000－1788－0000040　00262　史部/地理類/方志之屬/郡縣志

[乾隆]溫州府志三十卷首一卷 （清）李琬修　（清）齊召南　（清）汪沆纂　清乾隆二十七年（1762）刻同治四年（1865）修版印本　二十冊

330000－1788－0000041　00022　集部/別集類/明別集

遜志齋集三十卷拾遺十卷附錄一卷 （明）方孝孺撰　（明）謝鐸　（明）黃孔昭輯　明成化十六年（1480）郭紳刻本　十冊

330000－1788－0000042　00033　集部/別集類/明別集

大復集三十七卷附錄一卷 （明）何景明撰　明嘉靖三十四年（1555）袁璨刻本　十冊　缺二卷（二十九、附錄）

330000－1788－0000043　03293　經部/小學類/文字之屬/字書/字體

六書分類十二卷首一卷 （清）傅世垚輯　清嘉慶元年（1796）刻本　三冊

330000－1788－0000044　00071　集部/別集類/明別集

鶴泉公集不分卷 （明）王健撰　清聚英齋抄本　二冊

330000－1788－0000045　00241　集部/楚辭類

屈原賦注七卷通釋二卷 （清）戴震撰　**屈原賦音義三卷** （清）汪梧鳳撰　清乾隆刻本　一冊

330000－1788－0000046　00246　子部/天文曆算類/天文之屬

管窺輯要八十卷 （清）黃鼎撰　清順治刻本　二十三冊　缺一卷（十八）

330000－1788－0000047　00236　集部/別集類/清別集

白華前稿六十卷 （清）吳省欽撰　清乾隆四十八年（1783）刻本　十六冊

330000－1788－0000048　00234　子部/法家類

鄧析子二卷 清同治江山劉氏影宋刻本　清孫詒讓校並跋　一冊

330000－1788－0000049　00238　集部/別集類/清別集

翠螺閣詩棄四卷詞棄一卷 （清）凌祉媛撰　清咸豐四年（1854）丁氏延慶堂刻本　一冊

330000－1788－0000050　00235　史部/金石類/石之屬

讀碑記三續二卷 （清）洪頤煊著　清抄本　楊紹廉校并跋　一冊

330000－1788－0000051　00230　集部/別集類/唐五代別集

讀韓記疑十卷首一卷 （清）王元啓撰　清嘉慶五年（1800）刻本　三冊

330000－1788－0000052　00247　史部/傳記類/日記之屬

端木叔總日記不分卷 （清）端木百祿撰 稿本 一冊

330000－1788－0000053 00248 集部/別集類/清別集

魯巖交遊記一卷 （清）張宗泰撰 清抄本 一冊

330000－1788－0000056 00021 子部/法家類

管子二十四卷 （唐）房玄齡注 明刻本 六冊

330000－1788－0000057 00026 集部/別集類/漢魏六朝別集

箋註陶淵明集六卷 （晉）陶潛撰 （宋）楊漢箋注 （明）張自烈評 總論一卷 （明）張自烈輯 和陶一卷 （宋）蘇軾撰 律陶一卷 （明）王思任撰 敦好齊律陶纂一卷 （明）黃槐開輯 明崇禎刻本 二冊

330000－1788－0000058 00011 子部/雜著類/雜說之屬

淮南鴻烈解二十一卷 （漢）劉安撰 （漢）高誘注 明萬曆八年(1580)茅一桂刻本 清孫詒讓批校 十二冊

330000－1788－0000059 00004 類叢部/叢書類/彙編之屬

正誼堂文集不分卷詩集二十卷 （清）董以寧撰 清康熙刻本 四冊

330000－1788－0000060 00194 子部/雜著類/雜考之屬

札樸十卷 （清）桂馥撰 清嘉慶十八年(1813)山陰李宏信小李山房刻本 六冊

330000－1788－0000061 00193 子部/藝術類/書畫之屬/總論

江邨銷夏錄三卷 （清）高士奇撰 清康熙三十二年(1693)刻本 二冊 存二卷(一至二)

330000－1788－0000062 00202 史部/地理類/方志之屬/郡縣志

[乾隆]平陽縣志二十卷首一卷 （清）徐恕修 （清）張南英 （清）孫謙纂 清乾隆二十五年(1760)刻民國七年(1918)修補本 楊紹廉校 黃群題記 八冊

330000－1788－0000063 00196 史部/地理類/方志之屬/郡縣志

[康熙]臨海縣志十五卷首一卷 （清）洪若皋纂 清康熙二十二年(1683)刻同治至光緒重印本 八冊

330000－1788－0000064 00195 經部/群經總義類/傳說之屬

有竹石軒經句說七卷 （清）吳英撰 清嘉慶吳氏有竹石軒刻本 四冊

330000－1788－0000065 00199 史部/地理類/方志之屬/郡縣志

[同治]泰順分疆錄十二卷首一卷 （清）林鶚纂 （清）林用霖續纂 清光緒四年至五年(1878－1879)林氏望山堂刻本 六冊

330000－1788－0000066 00198 類叢部/叢書類/自著之屬

振綺堂遺書五種 （清）汪遠孫撰 清道光刻民國十一年(1922)錢塘汪氏彙印本 八冊 存二種

330000－1788－0000068 00189 類叢部/類書類/通類之屬

新編古今事文類聚前集六十卷後集五十卷續集二十八卷別集三十二卷 （宋）祝穆編 新編古今事文類聚新集三十六卷外集十五卷 （元）富大用編 新編古今事文類聚遺集十五卷 （元）祝淵編 明萬曆三十二年(1604)金陵唐富春德壽堂刻本 四十八冊 存一百二十三卷(前集三十三至三十八、四十五至六十,後集一至六、十三至十四、二十二、二十三、二十七至三十五、三十八至四十六,續集三至五、十五至二十五,別集一至十二、十九至三十二,新集一至四、八至十三、十八、二十八至三十,外集五至七、十至十五,遺集四至五、八至十五)

330000－1788－0000069 00010 集部/別集類/明別集

歸先生文集三十二卷附錄一卷 （明）歸有光

著　明萬曆四年（1576）翁良瑜雨金堂刻重修本　十二冊

330000－1788－0000070　00184　史部/傳記類/總傳之屬/儒林

明儒學案六十二卷師說一卷　（清）黃宗羲撰　清雍正十三年（1735）紫筠齋刻本　八冊　存四十五卷（一至二十四、三十二至四十一、四十七至五十六，師說）

330000－1788－0000071　00254　類叢部/類書類/專類之屬

五經類編二十八卷　（清）周世樟撰　清康熙二十三年（1684）刻本　十二冊

330000－1788－0000072　00183　集部/別集類/漢魏六朝別集

徐孝穆全集六卷　（南朝陳）徐陵撰　（清）吳兆宜箋注　**備考一卷**　（清）徐文炳撰　清揚州藝古堂刻本　二冊

330000－1788－0000079　00283　類叢部/叢書類/自著之屬

拾遺補藝齋遺書五種　（清）莊綏甲著　清抄本　一冊　存一種

330000－1788－0000080　00012　集部/別集類/清別集

梅贊臣先生集八卷　（清）梅調元撰　清康熙刻本　二冊

330000－1788－0000081　00302　集部/別集類/宋別集

蒙川遺稿四卷首一卷尾一卷　（宋）劉黻撰　清咸豐七年（1857）抄本　一冊

330000－1788－0000082　00298　經部/書類/文字音義之屬

尚書集注音疏十二卷末一卷外編一卷　（清）江聲撰　清抄本　清□甫題記　三冊　存三卷（一至二、四）

330000－1788－0000090　00334　集部/別集類/清別集

申甫先生文集不分卷　（清）項芳蘭撰　稿本　一冊

330000－1788－0000092　00036　史部/地理類/總志之屬/斷代

大明一統志九十卷　（明）李賢等纂修　明刻本　三冊　存三卷（八十八至九十）

330000－1788－0000102　00044　子部/雜著類/雜考之屬

野客叢書三十卷附野老記聞一卷　（宋）王楙撰　明嘉靖四十一年（1562）王穀祥刻本　六冊　存二十四卷（八至三十、野老記聞）

330000－1788－0000110　00356　史部/地理類/外紀之屬

榕鄉風味一卷　（清）林喬蔭撰　清抄本　一冊

330000－1788－0000111　00035　經部/小學類/文字之屬/說文/傳說

說文解字十五卷標目一卷　（漢）許慎撰　（宋）徐鉉等校定　清初海虞毛氏汲古閣刻本　十五冊

330000－1788－0000112　00359　史部/金石類/石之屬

蜚雲閣金石錄一卷　（清）凌曙輯　清抄本　許達初題記　張揚批校　一冊

330000－1788－0000116　00332　子部/宗教類/道教之屬

金丹節要直注七卷　（金）張玄素撰　清抄本　二冊　存三卷（一至三）

330000－1788－0000122　00350　史部/傳記類/日記之屬

虎口日記不分卷（清咸豐十一年九月二十九日至十二月十九日）　（清）魯叔容撰　清抄本　一冊

330000－1788－0000129　00069　集部/別集類/清別集

太鶴山館初稿一卷　（清）端木國瑚撰　稿本　清張廉苑、清周星詒、王理孚跋　一冊

330000－1788－0000130　00063　集部/別集類/清別集

春在堂雜詩一卷　（清）俞樾撰　稿本　清孫

鏘鳴批并跋　一冊

330000－1788－0000133　00316　史部/雜史
類/外紀之屬

義大利蜜拉諾萬國博覽會紀畧不分卷　（清）
羅誠　（清）朱禮璇口譯　（清）郭鳳鳴筆述
稿本　一冊

330000－1788－0000137　00328　集部/別集
類/清別集

端木百祿詩稿一卷　（清）端木百祿撰　清抄
本　一冊

330000－1788－0000138　00361　集部/總集
類/題詠之屬

珠江買醉圖題詞一卷　（清）鄭開禧等撰　清
抄本　一冊

330000－1788－0000140　00357　史部/金石
類/金之屬

晉義熙銅鼓考一卷　（清）羅士琳撰　清抄本
　一冊

330000－1788－0000142　00007　類叢部/叢
書類/彙編之屬

范氏奇書(天一閣奇書)二十種　（明）范欽編
訂　明嘉靖四明范氏天一閣刻本　二冊　存
一種

330000－1788－0000143　00031　經部/叢編

澤存堂五種　（清）張士俊輯　清康熙吳郡張
士俊澤存堂刻本　一冊　存一種

330000－1788－0000145　00018　史部/政書
類/軍政之屬/邊政

籌海圖編十三卷　（明）鄭若曾撰　明天啓四
年(1624)胡維極刻本　九冊　缺一卷(十三)

330000－1788－0000151　00015　子部/小說
家類/異聞之屬

穆天子傳六卷　（晉）郭璞注　明范氏天一閣
刻本　一冊

330000－1788－0000152　00264　史部/傳記
類/總傳之屬/列女

列女傳八卷　（漢）劉向撰　（清）梁端校注

清道光十七年(1837)汪氏振綺堂刻本　二冊

330000－1788－0000153　00709　集部/別集
類/清別集

讀書堂綵衣全集四十六卷　（清）趙士麟撰
（清）梁永淳等輯　（清）趙宸黼編　清光緒十
九年(1893)浙江書局刻本　四冊　存十八卷
(一至十一、二十二至二十八)

330000－1788－0000155　00751　集部/別集
類/清別集

兩當軒集二十卷補遺二卷附錄四卷　（清）黃
景仁撰　**兩當軒集攷異二卷**　（清）黃志述撰
　清宣統二年(1910)掃葉山房石印本　六冊

330000－1788－0000157　00651　集部/別集
類/清別集

呂晚村詩集八卷補遺一卷　（清）呂留良撰
清光緒石印本　四冊

330000－1788－0000159　00578　集部/別集
類/宋別集

龍川文集三十卷首一卷　（宋）陳亮撰　**辨譌
考異二卷附錄二卷**　（清）胡鳳丹撰　清宣統
三年(1911)掃葉山房石印本　八冊

330000－1788－0000160　00268　史部/地理
類/方志之屬/郡縣志

[嘉慶]瑞安縣志十卷首一卷　（清）張德標修
　（清）王殿金　（清）黃義纂　清嘉慶十三年
至十四年(1808－1809)刻本　八冊

330000－1788－0000166　00733　集部/別集
類/清別集

甌北詩鈔二十卷　（清）趙翼撰　清宣統三年
(1911)掃葉山房石印本　八冊

330000－1788－0000169　00265　史部/地理
類/專志之屬/寺觀

鼎湖山慶雲寺志八卷首一卷　（清）丁易總修
　（清）釋成鷲纂述　清乾隆刻本　四冊

330000－1788－0000171　01162　集部/總集
類/選集之屬/斷代

唐詩近體四卷　（清）胡本淵評選　清光緒十
六年(1890)刻本　二冊

330000－1788－0000172　00279　類叢部/叢書類/自著之屬

倉史居饌箸 （清）王宗涑撰　清抄本　四冊　存一種

330000－1788－0000177　00276　集部/別集類/唐五代別集

昌黎先生集考異十卷 （清）方成珪撰　清抄本　一冊　存五卷（六至十）

330000－1788－0000179　01246　集部/總集類/選集之屬/通代

文選六十卷 （南朝梁）蕭統輯　（唐）李善注　**文選考異十卷** （清）胡克家撰　清上海著易堂石印本　二冊　存十卷（考異一至十）

330000－1788－0000181　00456　集部/別集類/唐五代別集

昌黎先生集四十卷外集十卷遺文一卷 （唐）韓愈撰　（宋）廖瑩中校正　**朱子校昌黎先生集傳一卷** （宋）朱熹撰　**韓集點勘四卷** （清）陳景雲撰　清宣統二年（1910）石印本　十二冊

330000－1788－0000185　00045　集部/總集類/彙編之屬

詩詞雜俎十二種 （明）毛晉輯　明天啟至崇禎海虞毛氏汲古閣刻本　六冊　存十一種

330000－1788－0000186　00043　子部/醫家類/綜合之屬/通論

赤水玄珠三十卷醫案五卷醫旨緒餘二卷 （明）孫一奎撰　明萬曆二十四年（1596）孫泰來、孫朋來刻清康熙吳氏重修本　二十五冊　缺四卷（三、七、二十五至二十六）

330000－1788－0000187　00053　集部/別集類/明別集

太師誠意伯劉文成公集二十卷首一卷 （明）劉基撰　清康熙劉元奇刻雍正萬里補刻乾隆括芝南田果育堂印本　十冊

330000－1788－0000191　00032　類叢部/叢書類/彙編之屬

說郛一百卷五百三十五種 （元）陶宗儀編　明抄本　四十冊　存五十二卷（九至十、十六至十九、二十三至三十、三十三至三十七、三十九至四十四、五十、五十二至五十三、五十五至六十一、六十三至六十六、七十至七十二、七十九至八十二、八十八至九十、九十二至九十四）

330000－1788－0000192　00037　子部/儒家類/儒學之屬/性理

性理標題綜要二十二卷 （明）詹淮撰　（明）陳仁錫訂正　明崇禎翼聖堂刻本　十二冊

330000－1788－0000195　01154　集部/總集類/選集之屬/斷代

國朝六家詩鈔八卷 （清）劉執玉選編　清宣統二年（1910）上海澄衷學堂石印本　六冊

330000－1788－0000197　00547　集部/別集類/宋別集

屏山全集二十卷 （宋）劉子翬撰　清道光十八年（1838）溫陵李廷鈺秋柯草堂刻本　六冊

330000－1788－0000199　01370　集部/總集類/選集之屬/通代

宮閨文選二十六卷姓氏小錄不分卷 （清）周壽昌輯　清道光二十六年（1846）小蓬萊山館刻本　八冊

330000－1788－0000202　00040　史部/政書類/邦計之屬

除庄長原稿一卷 （清）呂從龍等撰　清嘉慶元年（1796）東甌敬義堂刻本　一冊

330000－1788－0000203　00828　集部/別集類/清別集

衍石齋記事稾十卷續稾十卷刻楮集四卷旅逸小稾二卷 （清）錢儀吉撰　清道光刻本　十一冊

330000－1788－0000204　00455　集部/別集類/唐五代別集

重刊五百家註音辯昌黎先生文集四十卷 （唐）韓愈撰　（宋）魏仲舉輯注　清乾隆四十九年（1784）刻本　二十冊

330000－1788－0000206　00967　集部/別集

類/清別集

躬厚堂集二十五卷 （清）張金鏞撰　清同治三年至光緒四年（1864－1878）刻本　一冊　存四卷（躬厚堂詩初錄一至四）

330000－1788－0000207　00579　集部/別集類/宋別集

方泉先生詩集三卷 （宋）周文璞撰　清宣統元年（1909）國光社石印本　一冊

330000－1788－0000208　00387　類叢部/類書類/通類之屬

冊府元龜一千卷目錄十卷 （宋）王欽若等輯　明崇禎十五年（1642）黃國琦刻清康熙十一年（1672）黃九錫、乾隆十九年（1754）丁序賢重修本　一百七十三冊　存七百四十六卷（一至二十二、四十至一百四、一百十二至一百二十三、一百三十一至一百三十四、一百四十七至一百五十、一百六十五至一百七十二、一百七十八至一百八十五、二百至二百八十五、二百九十至三百六、三百十一至三百九十一、四百二至四百六十五、四百七十至五百二十九、五百三十四至五百三十七、五百四十二至五百四十五、五百七十四至五百八十四、五百九十四至五百九十九、六百五至六百五十五、六百六十至六百八十九、六百九十八至七百二十六、七百四十九至七百五十二、七百六十九至七百七十、七百七十六至八百六、八百十一至八百十四、八百三十八至八百七十五、八百八十一至九百四十一、九百四十六至九百五十五、九百五十九至九百八十八）

330000－1788－0000209　01151　集部/總集類/彙編之屬

弘正四傑詩集七十八卷 （清）張百熙編　清光緒二十一年（1895）長沙張氏湘雨樓刻本　十六冊

330000－1788－0000211　00930　集部/別集類

蔚廬文集四卷詩集四卷蔚廬四十五自定詩稿一卷補過精舍詩草一卷 劉人熙撰　王芝祥等輯　清光緒二十二年（1896）大梁刻本　四冊　缺五卷（文集一、詩集一至四）

330000－1788－0000212　00770　集部/別集類/清別集

述學內篇三卷外篇一卷補遺一卷別錄一卷校勘記一卷附錄一卷 （清）汪中撰　（清）汪喜孫編　清同治八年（1869）揚州書局刻本　二冊

330000－1788－0000213　00530　集部/別集類/宋別集

蘇文忠詩合註五十卷首一卷目錄一卷 （宋）蘇軾撰　（清）馮應榴輯　清乾隆六十年（1795）桐鄉馮氏踵息齋刻同治九年（1870）增修本　二十冊

330000－1788－0000214　00917　集部/別集類/清別集

越縵堂集十卷 （清）李慈銘撰　清光緒十六年（1890）刻本　一冊　存六卷（甲至己）

330000－1788－0000215　00795　集部/別集類/清別集

船山詩草二十卷 （清）張問陶撰　清嘉慶二十年（1815）石韞玉吳中刻本　四冊

330000－1788－0000216　00834　史部/地理類/遊記之屬/紀勝

西泠懷古集十卷 （清）陳文述撰　清道光刻本　三冊

330000－1788－0000217　00746　集部/別集類/清別集

晚學集八卷未谷詩集四卷 （清）桂馥撰（清）孔憲彝編　清道光二十一年（1841）闕里孔氏刻桂氏遺書本　二冊　存八卷（晚學集一至八）

330000－1788－0000218　00804　類叢部/叢書類/彙編之屬

文選樓叢書三十三種 （清）阮亨編　清嘉慶至道光阮元刻道光二十二年（1842）阮亨彙印本　十七冊　存一種

330000－1788－0000219　00560　集部/別集類/宋別集

宋王忠文公文集五十卷目錄四卷 （宋）王十

朋撰　**梅溪王忠文公[十朋]年譜一卷**　（清）
徐炳文編　清光緒二年（1876）溫州梅溪書院
刻本　二十册

330000－1788－0000220　00737　集部/別集
類/清別集

樊榭山房集十卷續集十卷文集八卷　（清）厲
鶚撰　清刻本　六册

330000－1788－0000221　01336　集部/總集
類/課藝之屬

詁經精舍三集經解二卷辭賦三卷戊辰己巳庚
午年官師課合刻六卷　（清）俞樾編　清同治
六年至九年（1867－1870）刻本　一册　存三
卷（辭賦三、己巳年上下）

330000－1788－0000222　00692　集部/別集
類/清別集

曝書亭集二十三卷　（清）朱彝尊撰　（清）孫
銀槎輯注　清嘉慶五年（1800）三有堂刻九年
（1804）補刻本　八册

330000－1788－0000223　00474　集部/別集
類/唐五代別集

李長吉歌詩四卷外集一卷首一卷　（唐）李賀
撰　（清）王琦彙解　清乾隆王氏寶笏樓刻本
二册

330000－1788－0000224　01125　集部/總集
類/選集之屬/斷代

唐詩貫珠六十卷　（清）胡以梅輯並箋釋　清
康熙五十四年（1715）蘇州胡氏素心堂刻本
十二册

330000－1788－0000225　00676　集部/別集
類/清別集

漁洋山人精華錄箋注十二卷補一卷附年譜一
卷　（清）王士禎撰　（清）金榮箋注　（清）
徐淮纂輯　清康熙五十一年（1712）鳳翔堂刻
本　八册

330000－1788－0000226　00569　類叢部/叢
書類/郡邑之屬

永嘉叢書十三種　（清）孫衣言編　清同治至
光緒瑞安孫氏詒善祠塾刻本　八册　存一種

330000－1788－0000227　00797　集部/別集
類/清別集

船山詩草二十卷　（清）張問陶撰　**補遺六卷**
（清）陳葆森編　清嘉慶二十年（1815）刻道
光二十九年（1849）增刻本　十册

330000－1788－0000228　01178　集部/詩文
評類/詩評之屬

宋詩紀事一百卷　（清）厲鶚　（清）馬曰琯輯
清乾隆十一年（1746）厲鶚樊榭山房刻本
十六册

330000－1788－0000229　01289　集部/總集
類/選集之屬/通代

古文觀止十二卷　（清）吳乘權　（清）吳大職
輯　清浙蘭慎言堂刻本　六册

330000－1788－0000230　01247　集部/總集
類/選集之屬/通代

重訂文選集評十五卷首一卷末一卷　（清）于
光華輯　清乾隆四十三年（1778）金閭函三堂
刻本　十六册

330000－1788－0000231　00754　集部/別集
類/清別集

兩當軒詩鈔十四卷悔存詞鈔二卷　（清）黃景
仁撰　清嘉慶四年（1799）長寧趙希璜河南高
堰廳署刻二十二年（1817）侯官鄭炳文補刻莊
古山房印本　四册

330000－1788－0000232　01359　集部/總集
類/選集之屬/斷代

國朝駢體正宗十二卷　（清）曾燠輯　清同治
十三年（1874）聚賢堂刻本　六册

330000－1788－0000233　01341　集部/總集
類/課藝之屬

辨志文會課藝初集六卷　（清）葉意深等撰
（清）宗源瀚輯　清光緒六年至七年（1880－
1881）刻本　二册　存三卷（史學、輿地、詞
章）

330000－1788－0000234　00905　子部/雜著
類/雜考之屬

癸巳類稿十五卷　（清）俞正燮撰　清道光十

六年(1836)求日益齋刻本　十二冊

330000－1788－0000235　00553　集部/別集類/宋別集

呂東萊先生文集二十卷首一卷　(宋)呂祖謙撰　(清)王崇炳輯　清雍正元年(1723)金華陳思鑪敬勝堂刻本　十冊

330000－1788－0000236　00057　集部/總集類/選集之屬/通代

石倉十二代詩選　(明)曹學佺選　明崇禎刻本　二十三冊　存二種

330000－1788－0000237　01243　集部/總集類/選集之屬/通代

文選六十卷　(南朝梁)蕭統輯　(唐)李善注　清乾隆二十四年(1759)懷德堂刻本　十一冊　缺五卷(五十一至五十五)

330000－1788－0000238　01365　集部/總集類/郡邑之屬

東甌先正文錄十二卷栝蒼先正文錄三卷補遺一卷　(明)陳遇春輯　清道光刻本　十六冊

330000－1788－0000240　01179　史部/史評類/詠史之屬

南宋襃事詩七卷　(清)沈嘉轍等撰　清武林芹香齋刻本　二冊

330000－1788－0000241　01272　集部/總集類/選集之屬/通代

續古文苑二十卷　(清)孫星衍輯　清光緒九年(1883)江蘇書局刻本　六冊

330000－1788－0000243　01271　集部/總集類/選集之屬/通代

古文苑二十一卷　(宋)章樵注　清光緒十二年(1886)江蘇書局刻本　四冊

330000－1788－0000244　00741　類叢部/叢書類/自著之屬

惜抱軒全集十種　(清)姚鼐撰　清嘉慶至道光刻本　十冊　存八種

330000－1788－0000246　01318　集部/總集類/選集之屬/斷代

湖海文傳七十五卷　(清)王昶輯　清道光十七年(1837)經訓堂刻同治五年(1866)印本　十六冊

330000－1788－0000247　01587　集部/詩文評類

四六叢話三十三卷選詩叢話一卷　(清)孫梅輯　清光緒七年(1881)吳下刻本　十二冊

330000－1788－0000248　01188、03015　類叢部/叢書類/彙編之屬

邵武徐氏叢書二十三種　(清)徐榦編　清光緒邵武徐氏刻本　二冊　存二種

330000－1788－0000249　00266　史部/地理類/方志之屬/郡縣志

[嘉慶]重刊江寧府志五十六卷首一卷附校勘記一卷　(清)呂燕昭修　(清)姚鼐纂　清光緒六年(1880)刻本　十二冊　缺一卷(校勘記)

330000－1788－0000250　01360　集部/總集類/選集之屬/通代

駢體文鈔三十一卷　(清)李兆洛輯　清道光元年(1821)合河康氏家塾刻同治六年(1867)婁江徐氏補刻本　八冊

330000－1788－0000251　00765　集部/別集類/清別集

小峴山人詩集二十六卷文集六卷文續集二卷　(清)秦瀛撰　清嘉慶二十二年(1817)城西草堂刻本　十六冊

330000－1788－0000252　00271　史部/雜史類/通代之屬

十國春秋一百十四卷　(清)吳任臣撰　**拾遺一卷備考一卷拾遺備考補**　(清)周昂輯　清乾隆昭文周氏刻本　二十冊

330000－1788－0000253　00853　集部/別集類/清別集

梅雪堂詩集十卷　(清)曹應樞撰　清咸豐三年(1853)唐虞勳錄古齋刻本　二冊

330000－1788－0000254　01139　集部/總集類/選集之屬/通代

古詩箋三十二卷　（清）王士禎輯　（清）聞人
倓箋　清乾隆三十一年(1766)芷蘭堂刻本
十六冊

330000－1788－0000255　00902　集部/別集
類/清別集
遜學齋文鈔十二卷首一卷末一卷續鈔五卷詩
鈔十卷續鈔五卷　（清）孫衣言撰　清同治三
年(1864)、十二年(1873)刻光緒增刻本　十
二冊

330000－1788－0000257　00720　集部/別集
類/清別集
寶綸堂文鈔八卷　（清）齊召南撰　清嘉慶二
年(1797)刻本　二冊

330000－1788－0000258　01338　集部/總集
類/課藝之屬
學海堂集十六卷　（清）阮元輯　二集二十二
卷　（清）吳瀾修輯　三集二十四卷　（清）張
維屏輯　四集二十八卷　（清）金錫齡輯　清
道光五年(1825)、十八年(1838)、咸豐九年
(1859)、光緒十二年(1886)啟秀山房刻本
四十冊

330000－1788－0000259　00532　集部/別集
類/宋別集
蘇文忠公詩編註集成四十六卷集成總案四十
五卷諸家雜綴酌存一卷蘇海識餘四卷賤詩圖
一卷韻山堂詩集七卷補遺一卷　（清）蘇軾撰
　（清）王文誥輯注　清光緒十四年(1888)浙
江書局刻光緒增刻本　二十四冊

330000－1788－0000261　00689、00794　集
部/別集類/清別集
曝書亭集八十卷附錄一卷　（清）朱彝尊撰
笛漁小稾十卷　（清）朱昆田撰　清光緒十五
年(1889)會稽陶氏寒梅館刻本　十六冊

330000－1788－0000262　00440　集部/別集
類/唐五代別集
杜詩集評十五卷　（唐）杜甫撰　（清）劉濬輯
　清嘉慶九年(1804)海寧藜照堂刻本　四冊
存六卷(一至六)

330000－1788－0000263　00637　集部/別集
類/明別集
汲古堂集二十八卷　（明）何白撰　清道光十
六年(1836)東甌梅嶼守直堂刻本　八冊

330000－1788－0000264　01257　集部/總集
類/選集之屬/通代
文選六十卷　（南朝梁）蕭統輯　（唐）李善注
　（清）何焯評　清羊城翰墨園刻朱墨套印本
十五冊　缺四卷(二十五至二十八)

330000－1788－0000265　00716　集部/別集
類/清別集
鮚埼亭集三十八卷經史問答十卷鮚埼亭集外
編五十卷　（清）全祖望撰　全氏世譜一卷
[全祖望]年譜一卷　（清）董秉純撰　清嘉慶
九年(1804)餘姚史夢蛟借樹山房刻同治十一
年(1872)印本(《經史問答》清乾隆三十年董
秉純刻本)　二十四冊

330000－1788－0000266　00799　集部/別集
類/清別集
孟亭居士文稿五卷詩稿四卷經進稾一卷
（清）馮浩撰　清刻本　八冊

330000－1788－0000267　00715　集部/別集
類/清別集
鮚埼亭集三十八卷經史問答十卷鮚埼亭集外
編五十卷　（清）全祖望撰　全氏世譜一卷
[全祖望]年譜一卷　（清）董秉純撰　清嘉慶
九年(1804)餘姚史夢蛟借樹山房刻同治十一
年(1872)印本(《經史問答》清乾隆三十年董
秉純刻本)　二十四冊

330000－1788－0000269　01220　集部/總集
類/氏族之屬
蔡氏九儒書九種　（清）蔡有鵾編　（清）蔡重
補編　清同治七年(1868)盯南蔡學蘇三餘書
屋刻本　六冊

330000－1788－0000270　00704　集部/別集
類/清別集
施愚山先生學餘文集七卷　（清）施閏章撰
清刻本　六冊

330000－1788－0000273　00881　類叢部/叢書類/自著之屬

拙盦叢稿五種附一種　（清）朱一新撰　清光緒二十二年(1896)順德龍氏葆真堂刻本　四冊　存一種

330000－1788－0000276　00447　集部/別集類/唐五代別集

陸宣公集二十二卷　（唐）陸贄撰　清光緒二十七年(1901)刻本　六冊

330000－1788－0000277　01573　集部/詩文評類/詩評之屬

吳興詩話十六卷首一卷　（清）戴璐輯　清刻本　二冊

330000－1788－0000278　00760　集部/別集類/清別集

有正味齋駢文箋注十六卷補注一卷　（清）吳錫麒撰　（清）葉聯芬注　清同治七年(1868)慈谿葉氏刻本　八冊

330000－1788－0000279　01335　集部/總集類/課藝之屬

詁經精舍文續集八卷　（清）羅文俊輯　清道光二十二年(1842)刻本　四冊

330000－1788－0000280　00822　集部/別集類/清別集

楓江草堂詩稿三卷楓江漁唱一卷清湘瑤瑟譜一卷　（清）朱紫貴撰　清道光刻本　一冊

330000－1788－0000282　00713　集部/別集類/清別集

道古堂文集四十八卷詩集二十六卷集外文一卷集外詩一卷　（清）杭世駿撰　**軼事一卷**（清）汪曾唯輯　清乾隆四十一年(1776)刻光緒十四年(1888)錢塘汪增唯振綺堂增修本　十六冊

330000－1788－0000283　01155　集部/總集類/選集之屬/斷代

國朝六家詩鈔八卷　（清）劉執玉選編　清嘉慶八年(1803)埽葉山房刻本　六冊

330000－1788－0000284　00897　集部/別集類/清別集

遜學齋文鈔十二卷首一卷末一卷續鈔五卷詩鈔十卷續鈔五卷　（清）孫衣言撰　清同治三年(1864)、十二年(1873)刻光緒增刻本　十二冊

330000－1788－0000285　01849　類叢部/叢書類/彙編之屬

正誼堂全書六十三種續刻五種　（清）張伯行編　（清）楊浚重編　清同治五年(1866)福州正誼書院刻同治八年至光緒十三年(1869－1887)續刻本　一百六十冊　存六十六種

330000－1788－0000286　01304　集部/總集類/選集之屬/通代

古文辭類篹七十五卷　（清）姚鼐篹　清同治八年(1869)問竹軒刻本　胡小塍跋　十六冊

330000－1788－0000287　00732　集部/別集類/清別集

復初齋文集三十五卷　（清）翁方綱撰　清道光十六年(1836)李彥章刻本　四冊　存十八卷(一至十八)

330000－1788－0000288　01260　集部/總集類/選集之屬/通代

文選六十卷　（南朝梁）蕭統輯　（唐）李善注　（清）何焯評　清乾隆三十七年(1772)長洲葉樹藩海錄軒刻朱墨套印本　十二冊

330000－1788－0000289　01657　集部/總集類/課藝之屬

谷艾園文稿四卷　（清）谷誠撰　清光緒三年(1877)刻本　二冊

330000－1788－0000290　00620　集部/別集類/明別集

王文成公全書三十八卷　（明）王守仁撰　清光緒浙江書局刻本　二十四冊

330000－1788－0000291　00873　集部/別集類/清別集

菜根軒詩鈔十四卷續集一卷　（清）王省山撰　清咸豐四年至六年(1854－1856)刻本　四冊

330000 – 1788 – 0000292　01588　集部/詩文評類/制藝之屬

制義叢話二十四卷題名一卷　（清）梁章鉅撰　清咸豐九年（1859）刻本　六冊

330000 – 1788 – 0000293　01052　類叢部/叢書類/自著之屬

魯氏遺著四種附二種　（清）魯一同撰　清咸豐山陽魯氏刻本　一冊　存一種

330000 – 1788 – 0000294　01314　集部/總集類/選集之屬/斷代

皇朝經世文編一百二十卷姓名總目二卷（清）賀長齡輯　清光緒二十四年（1898）上海宏文閣鉛印本　二十四冊

330000 – 1788 – 0000295　01408　集部/詞類/總集之屬

清綺軒詞選十三卷　（清）夏秉衡輯　清刻本　六冊

330000 – 1788 – 0000296　00727　集部/別集類/清別集

袁文箋正十六卷補注一卷　（清）袁枚撰（清）石韞玉箋　清同治八年（1869）松壽山房刻光緒五年（1879）掃葉山房補刻本　八冊

330000 – 1788 – 0000297　01503　集部/小說類/短篇之屬

聊齋志異新評十六卷　（清）蒲松齡撰　（清）王士禎評　（清）呂湛恩注　（清）但明倫批清道光二十二年（1842）廣順但氏刻本　八冊

330000 – 1788 – 0000298　01469　集部/戲劇類/總集之屬/傳奇

笠翁傳奇十二種曲　（清）李漁撰　清刻本六冊　存三種

330000 – 1788 – 0000301　01511　子部/雜著類/雜說之屬

天花亂墜八卷二集八卷三集八卷　（清）寅半生編　清光緒二十九年至三十三年（1903 - 1907）杭州崇寔齋刻本　四冊　存八卷（三集一至八）

330000 – 1788 – 0000302　01473　集部/戲劇類/傳奇之屬

牡丹亭還魂記二卷五十五齣　（明）湯顯祖撰　清末木石居影印本　四冊

330000 – 1788 – 0000303　01300　集部/總集類/選集之屬/通代

古文辭類纂七十四卷　（清）姚鼐輯　**續古文辭類纂三十四卷**　王先謙輯　清光緒三十年（1904）上海商務印書館鉛印本　十二冊

330000 – 1788 – 0000304　　00638、01534、03172、03229、03923　類叢部/叢書類/彙編之屬

粵雅堂叢書一百八十四種　（清）伍崇曜編清道光二十九年至光緒十一年（1849 - 1885）南海伍氏刻彙印本（春秋五禮例宗四至六，乾道臨安志四至十五，群書治要四、十三、二十原缺）　二十冊　存五種

330000 – 1788 – 0000305　01515　集部/曲類/彈詞之屬

繡像夢影緣四十八回　（清）鄭澹若撰　清光緒石印本　十四冊　缺七回（一至四、十四至十六）

330000 – 1788 – 0000307　01655　類叢部/類書類/專類之屬

縮本精選經藝淵海不分卷　（清）常安室主人輯　清光緒十四年（1888）上海鴻寶齋石印本十冊

330000 – 1788 – 0000308　01353　集部/總集類/選集之屬/斷代

國朝八家四六文鈔（八家四六文鈔）八種（清）吳鼒編　清同治十年（1871）刻本　八冊

330000 – 1788 – 0000309　01130　集部/總集類/彙編之屬

五朝詩別裁集　（清）□□輯　清兩儀堂刻本四十冊

330000 – 1788 – 0000311　00711　集部/別集類/清別集

板橋集五種　（清）鄭燮撰　清宣統元年（1909）上海埽葉山房石印本　四冊

330000－1788－0000313　01368　集部/總集
類/選集之屬/通代

文章游戲初編八卷　（清）繆艮輯　清藕花館
刻本　四冊

330000－1788－0000314　01252　集部/總集
類/選集之屬/通代

文選六十卷　（南朝梁）蕭統輯　（唐）李善注
清光緒二十一年(1895)上海古香閣石印本
十二冊

330000－1788－0000315　00615　集部/別集
類/明別集

李空同詩集三十三卷附錄一卷　（明）李夢陽
撰　清宣統二年(1910)掃葉山房石印本
十冊

330000－1788－0000316　00435　集部/別集
類/唐五代別集

杜工部集二十卷首一卷　（唐）杜甫撰　清乾
隆五十年(1785)玉勾草堂刻本　八冊

330000－1788－0000322　01349　集部/總集
類/選集之屬/斷代

宋四六選二十四卷　（清）彭元瑞　（清）曹振
鏞輯　清刻本　十二冊

330000－1788－0000323　01363　類叢部/類
書類/專類之屬

皇朝駢文類苑十四卷首一卷　（清）姚燮選
清光緒十二年(1886)刻本　二十冊

330000－1788－0000324　01321　集部/總集
類/選集之屬/斷代

國朝二十四家文鈔二十四卷　（清）徐斐然輯
清道光十年(1830)文光堂刻本　八冊

330000－1788－0000327　01316　集部/總集
類/選集之屬/斷代

皇朝經世文統編一百二十卷　清光緒二十七
年(1901)上海慎記書局石印本　三十二冊

330000－1788－0000335　01322　集部/總集
類/選集之屬/斷代

**國朝文匯甲前集二十卷甲集六十卷乙集七
十卷丙集三十卷丁集二十卷**　（清）上海國

學扶輪社輯　清宣統元年(1909)上海國學
扶輪社石印本　九十四冊　缺十二卷(甲
前集十九至二十,甲集二十一至二十二,乙
集三至六、三十九至四十、五十三至五十
四)

330000－1788－0000337　01320　集部/總集
類/選集之屬/斷代

國朝文錄八十二卷　（清）姚椿輯　清光緒二
十六年(1900)掃葉山房石印本　十六冊

330000－1788－0000344　02891　經部/群經
總義類/傳說之屬

皇朝五經彙解二百七十卷　（清）朱鏡清輯
清光緒十四年(1888)上海鴻文書局石印本
三十二冊

330000－1788－0000345　01146　集部/總集
類/選集之屬/通代

評選古詩源四卷　（清）沈德潛評選　清光緒
二十年(1894)上海圖書集成印書局鉛印本
四冊

330000－1788－0000346　01905　類叢部/叢
書類/彙編之屬

說鈴前集三十三種後集十九種續集七種
（清）吳震方編　清康熙刻本　十二冊　存十
八種

330000－1788－0000348　01848　類叢部/叢
書類/彙編之屬

新斠平津館叢書十集三十四種　（清）孫星衍
編　清光緒十年至十五年(1884－1889)吳縣
朱氏槐廬家塾刻本　五十冊

330000－1788－0000349　01865　類叢部/叢
書類/彙編之屬

玲瓏山館叢書七十種　（清）□□編　清光緒
十五年(1889)文選樓刻本　四十冊

330000－1788－0000351　01915　類叢部/叢
書類/郡邑之屬

嶺南遺書五十九種　（清）伍元薇（崇曜）編
清道光十一年至同治二年(1831－1863)南海
伍氏粵雅堂文字歡娛室刻光緒三十三年

(1907)彙印本　八十四冊

330000－1788－0000352　01931　類叢部/叢書類/自著之屬

船山遺書五十八種　（清）王夫之撰　清同治四年(1865)湘鄉曾國荃金陵刻光緒十三年(1887)船山書院補刻本　一百十二冊　存五十四種

330000－1788－0000357　01312　集部/總集類/選集之屬/通代

續古文辭類纂二十八卷　（清）黎庶昌輯　清光緒十五年(1889)上海商務印書館鉛印本　十二冊

330000－1788－0000364　00403　集部/總集類/選集之屬/斷代

唐人賦鈔六卷　（清）邱先德輯　清同治元年(1862)寶文堂刻本　六冊

330000－1788－0000366　01367　集部/總集類/選集之屬/通代

文章游戲初編八卷二編八卷三編八卷四編八卷　（清）繆艮輯　清嘉慶至道光刻本　十六冊

330000－1788－0000369　01355　集部/總集類/選集之屬/斷代

八家四六文註八卷首一卷　（清）吳鼒輯（清）許貞幹注　補註一卷　陳衍撰　清光緒十八年(1892)上海圖書集成印書局鉛印本　八冊

330000－1788－0000378　02457　史部/政書類/通制之屬

文獻通考二十四卷首一卷　（元）馬端臨撰　清光緒二十九年(1903)上海點石齋石印本　二十四冊

330000－1788－0000379　01886　類叢部/叢書類/彙編之屬

海山仙館叢書五十六種　（清）潘仕成編　清道光二十五年至咸豐元年(1845－1851)番禺潘氏刻光緒十一年(1885)增刻彙印本　一百二十冊

330000－1788－0000383　01866　類叢部/叢書類/彙編之屬

玲瓏山館叢書七十種　（清）□□編　清光緒十五年(1889)文選樓刻本　八十冊

330000－1788－0000390　01970　類叢部/叢書類/彙編之屬

粵雅堂叢書一百八十四種　（清）伍崇曜編　清道光二十九年至光緒十一年(1849－1885)南海伍氏刻彙印本（春秋五禮例宗四至六,乾道臨安志四至十五,群書治要四、十三、二十原缺）　二百二十八冊　存一百十三種

330000－1788－0000392　01984　類叢部/叢書類/彙編之屬

知不足齋叢書一百九十六種　（清）鮑廷博編（清）鮑士恭續編　清乾隆三十七年至道光三年(1772－1823)長塘鮑氏刻同治十一年(1872)嶺南蘇氏補刻本　二百三十六冊　存一百八十七種

330000－1788－0000395　01985－1　類叢部/叢書類/彙編之屬

知不足齋叢書一百九十六種　（清）鮑廷博編（清）鮑士恭續編　清乾隆三十七年至道光三年(1772－1823)長塘鮑氏刻彙印本　二百三十六冊　存一百九十三種

330000－1788－0000396　01973　類叢部/叢書類/彙編之屬

藝海珠塵二百六種　（清）吳省蘭編　清嘉慶南匯吳氏聽彝堂刻本　六十三冊　存一百六十一種

330000－1788－0000401　01411　集部/詞類/總集之屬

詞壇妙品十卷　（清）張淵懿輯　清宣統三年(1911)石印本　五冊

330000－1788－0000404　00428　集部/總集類/選集之屬/斷代

唐四家詩集二十八卷　清光緒十年(1884)上海同文書局石印本　四冊　存一種

330000－1788－0000411　00516　集部/別集

類/宋別集

曾南豐文集四卷 （宋）曾鞏撰　清宣統二年（1910）上海會文堂粹記石印本　二冊

330000－1788－0000418　00824　集部/別集類/清別集

茗柯文初編一卷二編二卷三編一卷四編一卷　（清）張惠言撰　清宣統三年（1911）上海掃葉山房石印本　宋墨庵題簽並批　二冊

330000－1788－0000422　00915　集部/別集類/清別集

越縵堂集十卷　（清）李慈銘撰　清光緒十六年（1890）刻本　六冊

330000－1788－0000425　00867　集部/別集類/清別集

濂亭文集八卷　（清）張裕釗撰　（清）查燕緒編　清宣統三年（1911）上海掃葉山房石印本　二冊

330000－1788－0000430　00677　集部/別集類/清別集

蠶尾集十卷後集二卷續集二卷　（清）王士禛撰　清宣統三年（1911）上海集成圖書公司影印本　四冊

330000－1788－0000431　00623　集部/別集類/明別集

懷星堂全集三十卷　（明）祝允明撰　清宣統二年（1910）中國書畫會鉛印本　八冊

330000－1788－0000433　01945－1　類叢部/叢書類/輯佚之屬

黃氏逸書考二百七十四種附六種　（清）黃奭輯　清道光甘泉黃氏刻民國十四年（1925）王鑒修補印本　八十冊　存二百種

330000－1788－0000435　01957　類叢部/叢書類/自著之屬

潛園總集十七種　（清）陸心源撰　清同治至光緒刻本　九十六冊　存十種

330000－1788－0000440　01352　集部/總集類/選集之屬/斷代

八家四六文註八卷首一卷　（清）吳鼒輯

（清）許貞幹注　**補註一卷**　陳衍撰　清光緒十八年（1892）上海圖書集成印書局鉛印本　八冊

330000－1788－0000451　00568　集部/別集類/宋別集

象山先生全集三十六卷　（宋）陸九淵撰　**附錄少湖徐先生學則辯一卷**　（明）徐階撰　清宣統二年（1910）江左書林鉛印本　八冊

330000－1788－0000454　01479　集部/戲劇類/傳奇之屬

玉獅堂十種曲　（清）陳烺填詞　清光緒十七年（1891）石印本　七冊

330000－1788－0000455　00903　集部/別集類/清別集

遜學齋文鈔十二卷首一卷末一卷續鈔五卷詩鈔十卷續鈔五卷　（清）孫衣言撰　清同治三年（1864）、十二年（1873）刻光緒增刻本　十二冊

330000－1788－0000457　00481　集部/別集類/唐五代別集

白香山詩長慶集二十卷後集十七卷別集一卷補遺二卷　（唐）白居易撰　（清）汪立名編訂　**白香山[居易]年譜一卷**　（清）汪立名撰　**白香山[居易]年譜舊本一卷**　（宋）陳振孫撰　清康熙四十一年至四十二年（1702－1703）汪立名一隅草堂刻本　十二冊

330000－1788－0000458　01651　集部/總集類/選集之屬/斷代

國初文讀本五卷　（清）沈汝桂編次　清乾隆刻本　二冊

330000－1788－0000459　01348　集部/總集類/選集之屬/斷代

宋四六選二十四卷　（清）彭元瑞　（清）曹振鏞輯　清宣統二年（1910）南通州翰墨林書局鉛印本　十冊

330000－1788－0000461　01354　集部/總集類/選集之屬/斷代

八家四六文註八卷首一卷　（清）吳鼒輯

（清）許貞幹注　**補註一卷**　陳衍撰　清光緒十八年(1892)上海圖書集成印書局鉛印本　八冊

330000－1788－0000463　00457　集部/別集類/唐五代別集

昌黎先生集四十卷外集十卷遺文一卷　（唐）韓愈撰　（宋）廖瑩中校正　**朱子校昌黎先生集傳一卷**　（宋）朱熹撰　**韓集點勘四卷**（清）陳景雲撰　清宣統三年(1911)石印本　十冊

330000－1788－0000464　01305　集部/總集類/選集之屬/通代

古文辭類纂七十五卷　（清）姚鼐輯　清同治八年(1869)刻本　十六冊

330000－1788－0000465　01456　集部/別集類/清別集

香屑集十八卷首一卷末一卷　（清）黃之雋撰（清）陳邦直注　清雍正十二年(1734)陳邦直刻九經閣印本　六冊

330000－1788－0000467　01464　集部/曲類/彈詞之屬

娛萱草彈詞三十二卷　（清）橘道人撰　清光緒二十年(1894)刻本　三冊　存十五卷(十一至二十、二十八至三十二)

330000－1788－0000469　02020　史部/紀傳類/正史之屬

史記一百三十卷　（漢）司馬遷撰　（南朝宋）裴駰集解　清光緒八年(1882)上海點石齋石印本　四冊

330000－1788－0000471　02160　史部/詔令奏議類/奏議之屬

皇清奏議六十八卷首一卷　題（清）琴川居士編　清光緒二十八年(1902)雲間麗澤學會石印本　八冊

330000－1788－0000472　02176　史部/傳記類/總傳之屬/通代

增廣尚友錄統編二十二卷　（清）應祖錫輯　清光緒二十八年(1902)鴻寶齋石印本　十

二冊

330000－1788－0000473　02305　史部/地理類/總志之屬/通代

天下郡國利病書一百二十卷　（清）顧炎武撰　清光緒二十七年(1901)上海圖書集成印書局鉛印本　二十八冊

330000－1788－0000474　02136　史部/紀事本末類/通代之屬

歷朝紀事本末七種　（清）陳如升　（清）朱記榮輯　清光緒十四年(1888)上海書業公所鉛印本(遼史紀事本末、金史紀事本末爲清光緒二十八年上海著易堂書局鉛印本)　五十六冊

330000－1788－0000475　10152　集部/詩文評類/文評之屬

楊升菴先生批點文心雕龍十卷　（南朝梁）劉勰撰　（明）楊慎批點　（明）梅慶生音注　明萬曆三十七年（1609）梅慶生刻天啓二年(1622)金陵陳長卿聚錦堂重修本　四冊

330000－1788－0000478　02651　史部/金石類/郡邑之屬/文字

粵東金石略九卷首一卷附二卷　（清）翁方綱撰　清光緒十七年(1891)廣州石經堂書局影印本　四冊

330000－1788－0000479　02046　史部/編年類/通代之屬

御批歷代通鑑輯覽一百二十卷　（清）傅恒等撰　清光緒十三年(1887)上海同文書局石印本　二十冊

330000－1788－0000481　01980　類叢部/叢書類/自著之屬

春在堂全書三十六種　（清）俞樾撰　清同治至光緒刻光緒末彙印本　五十冊　存十八種

330000－1788－0000482　01846　類叢部/叢書類/輯佚之屬

玉函山房輯佚書六百二十二種附一種　（清）馬國翰輯　清光緒九年(1883)長沙嫏嬛館刻本　九十八冊　存五百九十三種

330000－1788－0000483　00761　集部/別集類/清別集

有正味齋駢體文續集八卷詩續集八卷　（清）吳錫麟撰　清嘉慶刻本　四冊

330000－1788－0000484　02135　史部/紀事本末類/通代之屬

歷朝紀事本末九種　（清）陳如升　（清）朱記榮輯　（清）捷記主人增輯　清光緒二十八年（1902）上海捷記書局石印本　二十八冊

330000－1788－0000486　02214　史部/傳記類/總傳之屬/儒林

國朝漢學師承記八卷國朝經師經義目錄一卷國朝宋學淵源記二卷附記一卷　（清）江藩撰　清刻本　四冊

330000－1788－0000487　02051　史部/編年類/通代之屬

尺木堂綱鑑易知錄九十二卷　（清）吳乘權等輯　**御撰資治通鑑綱目三編二十卷**　（清）張廷玉等撰　清刻本　二十四冊

330000－1788－0000488　02450、02452、02453、02454、02455、02456、02460、02461、02462　史部/政書類/通制之屬

九通　（清）□□輯　清光緒二十七年至二十八年（1901－1902）貫吾齋石印本　一百二十七冊　缺六卷（通志考證一至三、文獻通考考證一至三）

330000－1788－0000490　02466　史部/政書類/通制之屬

欽定大清會典一百卷首一卷　（清）崑岡等修　清宣統元年（1909）上海商務印書館石印本　十冊

330000－1788－0000494　02350　史部/政書類/軍政之屬/邊政

朔方備乘六十八卷首十二卷　（清）何秋濤撰　清光緒石印本　八冊

330000－1788－0000495　01990　史部/紀傳類/正史之屬

欽定二十四史　清光緒三十一年（1905）上海久敬齋石印本　三十二冊　存四種

330000－1788－0000496　00575　類叢部/叢書類/郡邑之屬

永嘉叢書十三種　（清）孫衣言編　清同治至光緒瑞安孫氏詒善祠塾刻本　八冊　存一種

330000－1788－0000498　02559　史部/目錄類/總錄之屬/官修

欽定四庫全書簡明目錄二十卷　（清）紀昀等撰　清刻本　八冊　存十二卷（一、三至四、七至十五）

330000－1788－0000499　02195　史部/傳記類/總傳之屬/斷代

文獻徵存錄十卷　（清）錢林撰　清咸豐八年（1858）有嘉樹軒刻本　十二冊

330000－1788－0000500　02120　史部/叢編

痛史二十一種附九種　樂天居士輯　清宣統三年（1911）上海商務印書館鉛印本　三十一冊　存二十種

330000－1788－0000501　02116　史部/雜史類/斷代之屬

南疆繹史勘本三十卷首二卷　（清）溫睿臨撰　（清）李瑤勘定　**繹史摭遺十八卷卹謚考八卷**　（清）李瑤撰　清道光十年（1830）泥活字印本　十六冊

330000－1788－0000505　02780　史部/政書類

中外政治策論彙編二十四卷　（清）鴻寶齋主人編　清光緒二十七年（1901）鴻寶書局石印本　二十四冊

330000－1788－0000506　02117　史部/紀傳類/別史之屬

南天痕二十六卷附錄一卷　（清）凌雪撰　清宣統二年（1910）復古社鉛印本　六冊

330000－1788－0000507　01998、02002、02007、02010　史部/紀傳類/正史之屬

二十四史　清同治至光緒五省官書局據汲古閣本等合刻光緒五年（1879）湖北書局彙印本　一百四冊　存三種

330000－1788－0000509　01995、01997　史部/紀傳類/正史之屬

二十四史　清同治至光緒五省官書局據汲古閣本等合刻光緒五年(1879)湖北書局彙印本　三十二冊　存二種

330000－1788－0000510　02561　類叢部/叢書類/自著之屬

半巖廬所箸書九種　(清)邵懿辰撰　清宣統三年至民國二十年(1911－1931)仁和邵氏家祠刻本　六冊　存一種

330000－1788－0000511　02536　類叢部/叢書類/彙編之屬

元和江氏靈鶼閣叢書五十六種　(清)江標輯　清光緒元和江氏湖南使院刻蘇州振新書社印本　十二冊　存一種

330000－1788－0000512　02606　史部/目錄類/總錄之屬/私撰

楹書隅錄五卷續編四卷　(清)楊紹和藏並撰　清光緒二十年(1894)聊城楊氏海源閣刻宣統三年(1911)董康補刻本　八冊

330000－1788－0000515　02085－1　史部/雜史類/通代之屬

國語二十一卷　(三國吳)韋昭注　校刊明道本韋氏解國語札記一卷　(清)黃丕烈撰　明道本考異四卷　(清)汪遠孫撰　清光緒三年(1877)永康胡氏退補齋刻本　五冊

330000－1788－0000516　02316　史部/地理類/總志之屬/通代

歷代地理志韻編今釋二十卷皇朝輿地圖一卷皇朝輿地韻編二卷　(清)李兆洛撰　清光緒上海蜚英館石印本　四冊

330000－1788－0000517　02355　史部/地理類/方志之屬/郡縣志

[光緒]永嘉縣志三十八卷首一卷　(清)張寶琳修　(清)王棻　(清)孫詒讓纂　清光緒八年(1882)溫州維新書局刻民國二十四年(1935)劉景晨補版印本　二十四冊

330000－1788－0000518　02465　史部/政書類/通制之屬

欽定大清會典一百卷　(清)允祹等纂修　清刻本　二十四冊

330000－1788－0000519　02464　史部/政書類/通制之屬

九通通二百四十八卷首一卷　(清)劉可毅輯　清光緒二十八年(1902)武進劉氏石印本　六十冊

330000－1788－0000521　02085－2　史部/雜史類/通代之屬

戰國策三十三卷　(漢)高誘注　重刻剡川姚氏本戰國策札記三卷　(清)黃丕烈撰　清光緒三年(1877)永康胡氏退補齋刻本　五冊

330000－1788－0000522　02112　類叢部/叢書類/彙編之屬

藤花亭合刻十種　(清)梁廷枏撰　清道光八年至十年(1828－1830)刻本　八冊　存四種

330000－1788－0000523　01993、01996、02000、02004、02006、02008、02009　史部/紀傳類/正史之屬

二十四史附考證　清光緒十四年(1888)上海圖書集成印書局鉛印本　一百七十六冊　存七種

330000－1788－0000524　02642　史部/金石類/總志之屬/文字

金石萃編一百六十卷　(清)王昶撰　金石續編二十一卷首一卷　(清)陸耀遹撰　清光緒十九年(1893)上海醉六堂石印本　二十三冊　缺三卷(續編十四至十五、二十一)

330000－1788－0000525　02111、01850－1　類叢部/叢書類/彙編之屬

岱南閣叢書二十一種　(清)孫星衍編　清光緒六年至七年(1880－1881)刻本　三冊　存二種

330000－1788－0000526　02617　史部/目錄類/書志之屬/提要

善本書室藏書志四十卷附錄一卷　(清)丁丙撰　清光緒二十七年(1901)丁氏刻本　十

六冊

330000－1788－0000528　02114、02115　史部/雜史類/斷代之屬

明季北略二十四卷明季南略十八卷　（清）計六奇撰　清都城琉璃廠半松居士木活字印本　十七冊　缺三卷（南略十六至十八）

330000－1788－0000529　01988　史部/紀傳類/正史之屬

二十四史附考證　清光緒三十四年（1908）上海集成圖書公司鉛印本　三百六十冊　存二十三種

330000－1788－0000530　02483　史部/目錄類/通論之屬/考訂

欽定四庫全書考證一百卷　（清）王太岳（清）曹錫寶等撰　清乾隆武英殿木活字印本　九十六冊

330000－1788－0000531　02618　史部/目錄類/書志之屬/提要

善本書室藏書志四十卷附錄一卷　（清）丁丙撰　清光緒二十七年（1901）丁氏刻本　十六冊

330000－1788－0000533　02022　史部/紀傳類/正史之屬

漢書疏證三十六卷後漢書疏證三十卷　（清）沈欽韓撰　清光緒二十六年（1900）浙江官書局刻本　二十二冊　存三十三卷（漢書疏證一至二十二、二十五、二十七至三十六）

330000－1788－0000534　02191　史部/傳記類/總傳之屬/儒林

宋元學案一百卷首一卷考畧一卷　（清）黃宗羲撰　（清）全祖望修定　（清）王梓材（清）馮雲濠校並考　清光緒五年（1879）長沙寄廬刻本　四十八冊

330000－1788－0000535　02273　史部/史抄類

表節錄五卷　（清）岵岠輯　清刻本　二冊

330000－1788－0000537　02162　史部/詔令奏議類/奏議之屬

註陸宣公奏議十五卷制誥十卷別集一卷表一卷附校記二十五卷　（唐）陸贄撰　（宋）郎曄註　附錄一卷[陸贄]年譜輯畧一卷　（清）江榕撰　清光緒十一年（1885）淮南書局刻十二年（1886）增刻本　四冊

330000－1788－0000538　02703　史部/金石類/石之屬/通考

語石十卷　葉昌熾撰　清宣統元年（1909）蘇城徐穉圃刻本　四冊

330000－1788－0000540　02189　史部/傳記類/總傳之屬/儒林

宋元學案一百卷首一卷考畧一卷　（清）黃宗羲撰　（清）全祖望修定　（清）王梓材（清）馮雲濠校並考　清光緒五年（1879）長沙寄廬刻本　四十冊

330000－1788－0000541　00837　集部/別集類/清別集

歸盦文槀八卷　（清）葉裕仁撰　清光緒八年（1882）蔣銘勳校刻本　四冊

330000－1788－0000542　02528　史部/目錄類/專錄之屬

經義考三百卷　（清）朱彝尊撰　**經義考總目二卷**　（清）盧見曾編　清光緒二十三年（1897）浙江書局刻本（卷二百八十六、二百九十九至三百原缺）　五十冊

330000－1788－0000543　00974　集部/別集類/清別集

可青軒詩集一卷詩餘一卷　（清）長秀撰　清咸豐十一年（1861）文鰲都門刻本　一冊

330000－1788－0000544　02370　史部/地理類/方志之屬/郡縣志

[光緒]縉雲縣志十六卷首一卷末一卷　（清）何乃容（清）葛華修　（清）潘樹棠纂　清光緒二年至七年（1876－1881）刻本　十二冊

330000－1788－0000545　02190　史部/傳記類/總傳之屬/儒林

宋元學案一百卷首一卷考畧一卷　（清）黃宗羲撰　（清）全祖望修定　（清）王梓材

（清）馮雲濠校並考　清光緒五年（1879）長沙寄廬刻本　四十冊

330000－1788－0000546　02451　史部/政書類/通制之屬

九通　（清）□□輯　清光緒八年至二十二年（1882－1896）浙江書局刻本　四十八冊　存一種

330000－1788－0000548　02285－2　集部/總集類/氏族之屬

寶山錢氏家集　（清）王祖畲輯　清光緒二十六年（1900）刻本　一冊　存八種

330000－1788－0000549　01994/02001　史部/叢編

十七史　（明）毛晉編　明崇禎元年至十七年（1628－1644）毛氏汲古閣刻本　十七冊　存二種

330000－1788－0000550　03994　類叢部/叢書類/彙編之屬

漸西村舍彙刊（漸西村舍叢刻）四十四種（清）袁昶編　清光緒十六年至二十四年（1890－1898）桐廬袁氏刻本　宋慈襄題記六冊　存二種

330000－1788－0000551　01992－1、02005史部/紀傳類/正史之屬

二十四史　清同治至光緒五省官書局據汲古閣本等合刻光緒五年（1879）湖北書局彙印本　六十六冊　存四種

330000－1788－0000552　02447　史部/傳記類/科舉錄之屬

清秘述聞十六卷　（清）法式善編　清嘉慶四年（1799）刻本　六冊

330000－1788－0000553　01992－2　史部/紀傳類/正史之屬

四史　清光緒金陵書局江南書局刻本　八冊　存一種

330000－1788－0000554　02649　史部/金石類/郡邑之屬/文字

兩浙金石志十八卷補遺一卷　（清）阮元撰

清光緒十六年（1890）浙江書局刻本　十二冊

330000－1788－0000555　02472　史部/目錄類/書志之屬/提要

昭德先生郡齋讀書志二十卷　附志二卷　（宋）趙希弁撰　**考證一卷考異一卷校補一卷**　王先謙撰　清光緒十年（1884）長沙王氏刻本　十冊

330000－1788－0000556　02690　史部/金石類/金之屬/文字

筠清館金石文字五卷　（清）吳榮光撰　清道光二十二年（1842）南海吳榮光筠清館刻本　五冊

330000－1788－0000558　02065　史部/史抄類

史緯三百三十卷首一卷　（清）陳允錫刪修（清）羅大春刊補　清光緒二十九年（1903）文來書局石印本　六十冊

330000－1788－0000565　02446　史部/地理類/外紀之屬

瀛環志略十卷　（清）徐繼畬撰　清光緒二十一年（1895）上海寶文局石印本　四冊

330000－1788－0000567　02759　史部/史評類/考訂之屬

十七史商榷一百卷　（清）王鳴盛撰　清光緒二十三年（1897）點石齋石印本　四冊

330000－1788－0000568　02159　史部/詔令奏議類/奏議之屬

歷代名臣奏議選三十卷　（清）趙承恩輯　清光緒二十七年（1901）掃葉山房石印本　十冊

330000－1788－0000570　02201　史部/傳記類/總傳之屬/斷代

國朝先正事略六十卷　（清）李元度撰　清光緒二十一年（1895）上海點石齋石印本　八冊

330000－1788－0000571　02779　史部/史評類/史論之屬

歷代史事政治論三百八卷　（清）席裕福撰（清）金詠榴等編　清光緒三十年（1904）上海點石齋石印本　二十二冊　缺二十五卷（二

百九至二百三十三)

330000－1788－0000572　02681　史部/金石類/金之屬/文字
歷代鐘鼎彝器款識法帖二十卷　（宋）薛尚功撰　清光緒八年（1882）上海點石齋影印本　四冊

330000－1788－0000573　02555　史部/目錄類/總錄之屬/官修
欽定四庫全書總目二百卷首一卷　（清）紀昀等撰　**四庫未收書目提要五卷**　（清）阮元撰　清光緒十四年（1888）上海漱六山莊石印本　二十冊

330000－1788－0000574　02138　史部/紀事本末類/通代之屬
繹史一百六十卷世系圖一卷年表一卷　（清）馬驌撰　清光緒二十三年（1897）武林尚友齋石印本　二十四冊

330000－1788－0000575　02634　史部/目錄類/總錄之屬/彙刻
彙刻書目初編十卷　（清）顧修輯　**續編五卷新編一卷補編一卷**　（清）陳光照輯　清光緒元年（1875）長洲陳氏無夢園刻本　十冊

330000－1788－0000576　02108　史部/雜史類/通代之屬
重訂國語國策合註　（三國吳）韋昭註　（宋）鮑彪註　清同治九年（1870）經綸堂刻本　四冊　存二十一卷（國語一至二十一）

330000－1788－0000577　02177　史部/傳記類/總傳之屬/通代
尚友錄二十二卷補遺一卷　（明）廖用賢輯（清）張伯琮補輯　**校正尚友錄續集二十二卷**　（清）退思主人輯　清光緒二十六年（1900）著易堂書局鉛印本　六冊

330000－1788－0000578　02297　史部/史抄類
二十四史文鈔一百九卷　（清）納蘭常安選評　清光緒二十九年（1903）文來書局石印本　十六冊

330000－1788－0000580　02769　史部/史評類/史論之屬
史論類纂三十八卷　（清）徐庸盦輯　清光緒二十九年（1903）石印本　二十二冊

330000－1788－0000581　02766　史部/史評類/史論之屬
讀通鑑論十卷宋論五卷末一卷　（清）王夫之撰　清光緒二十六年（1900）山西書業昌書莊石印本　八冊

330000－1788－0000582　02050　史部/編年類/通代之屬
重訂王鳳洲先生綱鑑會纂四十六卷續宋元紀二十三卷　（明）王世貞撰　（明）陳仁錫訂　**御撰資治通鑑綱目三編四卷**　（清）張廷玉等奉敕撰　清光緒十三年（1887）上海點石齋石印本　十六冊

330000－1788－0000584　02137　史部/紀事本末類/通代之屬
繹史一百六十卷世系圖一卷年表一卷　（清）馬驌撰　清光緒二十三年（1897）武林尚友齋石印本　二十四冊

330000－1788－0000585　01520、01539、01547、02212、03542　類叢部/叢書類/彙編之屬
龍威秘書一百六十九種　（清）馬俊良編　清乾隆五十九年至嘉慶元年（1794－1796）浙江石門馬氏大酉山房刻本　九冊　存三十七種

330000－1788－0000588　00388　經部/叢編
通志堂經解一百四十種　（清）納蘭成德輯　清康熙十九年（1680）納蘭成德刻本（新訂三禮圖二十卷配清刻本）　五百八十冊　存一百三十六種

330000－1788－0000589　02771　史部/史評類/史論之屬
史論正鵠初集四卷二集四卷三集八卷　（清）王樹敏評點　清光緒二十七年（1901）上海久敬齋石印本　十六冊

330000－1788－0000590　01958　類叢部/叢

書類/自著之屬

師伏堂叢書十五種 （清）皮錫瑞撰　清光緒十九年至三十三年（1893－1907）善化皮氏刻本　四十冊

330000－1788－0000595　01841、02713　類叢部/叢書類/彙編之屬

文選樓叢書三十三種 （清）阮亨編　清嘉慶至道光阮元刻道光二十二年（1842）阮亨彙印本　三十九冊　存十一種

330000－1788－0000598　01913　類叢部/叢書類/彙編之屬

積學齋叢書二十種 徐乃昌編　清光緒南陵徐乃昌刻本　十六冊

330000－1788－0000600　01844　類叢部/叢書類/彙編之屬

心矩齋叢書八種 （清）蔣鳳藻編　清光緒九年至十四年（1883－1888）長洲蔣氏刻民國十四年（1925）蘇州文學山房重印本　二十四冊　存七種

330000－1788－0000604　02886　經部/叢編

重刊宋本十三經注疏四百十六卷附十三經注疏校勘記四百十六卷 （清）阮元撰　（清）盧宣旬摘錄　清嘉慶二十年（1815）南昌府學刻道光六年（1826）盱江朱華臨重校印本　一百二十冊

330000－1788－0000605　02888　經部/叢編

御纂七經 （清）李光地等撰　清光緒二十八年（1902）上海寶文書局石印本　三十二冊

330000－1788－0000606　02884　經部/叢編

重刊宋本十三經注疏四百十六卷附十三經注疏校勘記四百十六卷 （清）阮元撰　（清）盧宣旬摘錄　**校勘記識語四卷** （清）汪文臺撰　清光緒十三年（1887）上海脈望仙館石印本　三十二冊　缺一卷（附釋音禮記注疏校勘記六十三）

330000－1788－0000607　02889　經部/群經總義類/傳說之屬

七經精義 （清）黃淦撰　清嘉慶十六年

（1811）翼經堂刻本　十四冊

330000－1788－0000608　02890　經部/叢編

五經合纂大成 （清）同文書局主人輯　清光緒十一年（1885）上海同文書局石印本　二十四冊

330000－1788－0000610　01937　經部/叢編

通藝錄十九種附二種 （清）程瑤田撰　清嘉慶刻本　二十二冊　存十八種

330000－1788－0000612　03640　類叢部/類書類/專類之屬

佩文韻府一百六卷 （清）張玉書　（清）蔡升元等輯　**韻府拾遺一百六卷** （清）汪灝（清）何焯等輯　清刻本　二十四冊　存一百五卷（韻府拾遺一至八十八、九十至一百六）

330000－1788－0000613　03642　類叢部/類書類/通類之屬

御定駢字類編二百四十卷 （清）吳士玉（清）沈宗敬等奉敕輯　清光緒十三年（1887）上海同文書局石印本　四十八冊

330000－1788－0000614　03645　類叢部/類書類/專類之屬

子史精華一百六十卷 （清）吳士玉　（清）吳襄等輯　清刻本　二十四冊　缺四卷（六至八、六十一）

330000－1788－0000615　03637　類叢部/類書類/專類之屬

佩文韻府一百六卷 （清）張玉書　（清）蔡升元等輯　**韻府拾遺一百六卷** （清）汪灝（清）何焯等輯　清光緒十二年（1886）上海同文書局石印本　六十冊

330000－1788－0000616　03632　類叢部/類書類/專類之屬

新增說文韻府群玉二十卷 （元）陰時夫輯（元）陰中夫注　明萬曆英秀堂刻本　二十冊

330000－1788－0000617　03628　子部/小說家類/異聞之屬

太平廣記五百卷目錄十卷 （宋）李昉等輯清道光二十六年（1846）刻本　四十八冊

330000－1788－0000618　03633　類叢部/類書類/專類之屬

新增說文韻府群玉二十卷　（元）陰時夫輯（元）陰中夫注　明萬曆務本堂刻本　九冊缺二卷(五至六)

330000－1788－0000619　03639　類叢部/類書類/專類之屬

佩文韻府一百六卷　（清）張玉書　（清）蔡升元等輯　**韻府拾遺一百六卷**　（清）汪灝（清）何焯等輯　清光緒十二年(1886)上海同文書局石印本　五十八冊　存二百七卷(佩文韻府一至十八、二十二至一百六,韻府拾遺一至一百四)

330000－1788－0000620　03638　類叢部/類書類/專類之屬

佩文韻府一百六卷　（清）張玉書　（清）蔡升元等輯　**韻府拾遺一百六卷**　（清）汪灝（清）何焯等輯　清光緒九年(1883)上海同文書局石印本　六十冊

330000－1788－0000621　01870　類叢部/叢書類/家集之屬

如皋冒氏叢書三十四種附二種　冒廣生輯清光緒至民國如皋冒氏刻本　二十五冊　存二十七種

330000－1788－0000622　01902　類叢部/叢書類/彙編之屬

經訓堂叢書二十一種　（清）畢沅編　清乾隆至嘉慶鎮洋畢氏刻本　三十五冊　存二十種

330000－1788－0000625　02314　史部/地理類

李氏五種　（清）李兆洛撰　清光緒二十四年(1898)上海掃葉山房石印本　八冊　存四種

330000－1788－0000626　02781　史部/政書類/邦交之屬

中外时务策府統宗四十四卷　（清）文盛堂編纂　清光緒二十三年(1897)上海書局石印本　二十冊

330000－1788－0000627　02315　史部/地

理類

李氏五種　（清）李兆洛撰　清光緒二十四年(1898)上海掃葉山房石印本　七冊　存三種

330000－1788－0000629　02767　史部/叢編

史論彙函甲編二十六種　（清）述古齋主人輯　清光緒二十九年(1903)申江開文書局石印本　十六冊

330000－1788－0000630　02301　史部/地理類/總志之屬/通代

讀史方輿紀要一百三十卷方輿全圖總說五卷　（清）顧祖禹撰　清光緒二十七年(1901)上海圖書集成印書局鉛印本　三十二冊

330000－1788－0000631　01912　類叢部/叢書類/彙編之屬

鄦齋叢書二十種　徐乃昌編　清光緒二十六年(1900)南陵徐氏刻本　十六冊

330000－1788－0000632　01922　類叢部/叢書類/家集之屬

叢睦汪氏遺書十九種　（清）汪篯編　清光緒十二年(1886)錢唐汪氏長沙刻本　三十七冊

330000－1788－0000635　01919　類叢部/叢書類/彙編之屬

藕香零拾三十九種　繆荃孫編　清光緒至宣統刻本　三十二冊

330000－1788－0000636　01840　類叢部/叢書類/彙編之屬

新訂六譯館叢書八十九種　廖平撰　清光緒至民國刻民國十年(1921)四川存古書局彙印本　二十五冊　存三十四種

330000－1788－0000637　02887　經部/叢編

御纂七經　（清）李光地等撰　清光緒十九年(1893)湖南省城漱芳閣刻本　一百四十二冊

330000－1788－0000639　01857　類叢部/叢書類/彙編之屬

功順堂叢書十八種　（清）潘祖蔭編　清光緒吳縣潘氏刻本(周人經說卷五至八原缺)　三十二冊

330000－1788－0000640　02628　史部/目録類/總錄之屬/私撰

式古堂目録十七卷　（清）尤瑩編　清光緒十九年(1893)石印本　二冊

330000－1788－0000641　03296　子部/叢編

二十五子彙函　（清）鴻文書局編　清光緒三十年(1904)上海育文書局石印本　二十六冊　存二十三種

330000－1788－0000643　03295　子部/叢編

二十二子(二十二子彙函)　（清）浙江書局編　清光緒元年至三年(1875－1877)浙江書局刻本　七十八冊　存二十一種

330000－1788－0000644　03297　子部/叢編

二十五子彙函　（清）鴻文書局編　清光緒十九年(1893)上海鴻文書局石印本　十六冊

330000－1788－0000646　01987　史部/紀傳類/正史之屬

二十四史附考證　清光緒十八年(1892)武林竹簡齋石印本　二百冊

330000－1788－0000648　03294、03321　子部/叢編

二十二子(二十二子彙函)　（清）浙江書局編　清光緒元年至三年(1875－1877)浙江書局刻本　胡鼒堂跋　八十一冊　存二十一種

330000－1788－0000650　02180　史部/傳記類/總傳之屬/姓名

史姓韻編二十四卷　（清）汪輝祖撰　清光緒二十九年(1903)上海文瀾書局石印本　八冊

330000－1788－0000655　02643　史部/金石類/總志之屬/文字

金石萃編一百六十卷　（清）王昶撰　**金石續編二十一卷首一卷**　（清）陸耀遹撰　清光緒十九年(1893)上海醉六堂石印本　二十四冊

330000－1788－0000656　02685　史部/金石類/總志之屬

金石索十二卷首一卷　（清）馮雲鵬　（清）馮雲鵷輯　清光緒三十三年(1907)上海文新局石印本　十九冊

330000－1788－0000658　02063　史部/編年類/斷代之屬

十朝東華錄五百二十五卷　王先謙　潘頤福撰　清石印本　十八冊　存一百卷(咸豐東華錄一至一百)

330000－1788－0000660　01901　類叢部/叢書類/彙編之屬

經訓堂叢書二十一種　（清）畢沅編　清光緒十三年(1887)上海大同書局石印本　二十冊　缺一卷(續釋名一)

330000－1788－0000661　01904　類叢部/叢書類/彙編之屬

說鈴前集三十七種後集十六種　（清）吳震方編　清同治七年(1868)大文堂刻本　二十四冊

330000－1788－0000662　01845　類叢部/叢書類/彙編之屬

玉簡齋叢書二十二種　羅振玉輯　清宣統二年(1910)上虞羅氏刻本　二十冊

330000－1788－0000663　01850　類叢部/叢書類/彙編之屬

正覺樓叢刻(正覺樓叢書)二十九種　（清）崇文書局編　清光緒崇文書局刻本　三十四冊　存二十八種

330000－1788－0000664　01018、02622　類叢部/叢書類/自著之屬

藝風堂彙刻十六種　繆荃孫撰　清光緒至民國刻本　十冊　存二種

330000－1788－0000665　03627　類叢部/類書類/通類之屬

太平御覽一千卷目錄十五卷　（宋）李昉等輯　清光緒二十年(1894)上海積山書局石印本　三十二冊

330000－1788－0000666　03631　類叢部/類書類/通類之屬

玉海二百卷辭學指南四卷詩攷一卷詩地理攷六卷漢藝文志攷證十卷通鑑地理通釋十四卷漢制攷四卷踐阼篇集解一卷周易鄭康成注一

卷姓氏急就篇二卷急就篇補注四卷周書王會補注一卷小學紺珠十卷六經天文篇二卷通鑑答問五卷　（宋）王應麟撰　清嘉慶十一年（1806）江寧藩署刻本　一百二十冊

330000－1788－0000667　02659　史部/金石類/郡邑之屬/題跋

關中金石記八卷　（清）畢沅撰　**目錄一卷**（清）蔡錫棟編　**附記一卷**　（清）蔡汝霖輯　清光緒三十四年（1908）渭南嚴嶽蓮成都刻本　四冊

330000－1788－0000668　03641　類叢部/類書類/專類之屬

分類字錦六十四卷　（清）何焯等纂　清刻本　七十二冊

330000－1788－0000669　02623　史部/目錄類/書志之屬/提要

藝風藏書記八卷　繆荃孫撰　清光緒二十六年至二十七年（1900－1901）江陰繆氏刻本　二冊

330000－1788－0000670　03644　類叢部/類書類/通類之屬

欽定古今圖書集成一萬卷目錄四十卷　（清）蔣廷錫　（清）陳夢雷等輯　清光緒十年（1884）上海圖書集成書局鉛印本　一百二十四冊　存七百三十九卷（明倫彙編家範典一至九十九、一百一至一百三、一百五至一百十六，明倫彙編交誼典一至一百二十，博物彙編草木典一至一百三十、一百三十二至三百二十，博物彙編禽蟲典一至一百四十五、一百五十二至一百九十二）

330000－1788－0000675　02683　史部/金石類/金之屬/文字

積古齋鐘鼎彝器款識十卷　（清）阮元　（清）朱爲弼撰　清光緒五年（1879）武昌刻本　六冊

330000－1788－0000676　02017　類叢部/叢書類/彙編之屬

廣雅書局叢書一百五十九種　徐紹棨編　清光緒廣雅書局刻民國九年（1920）番禺徐紹棨彙編重印本　二十冊　存一種

330000－1788－0000677　01504　子部/小說家類/異聞之屬

螢窗異草初編四卷二編四卷三編四卷四編四卷　（清）長白浩歌子撰　（清）隨園老人評　清末上海錦章圖書局石印本　四冊　存八卷（初編一至四、二編一至四）

330000－1788－0000678　02215　史部/傳記類/總傳之屬/儒林

國朝漢學師承記八卷國朝經師經義目錄一卷國朝宋學淵源記二卷附記一卷　（清）江藩撰　清光緒二十二年（1896）寶慶勸學書社刻本　三冊

330000－1788－0000681　01847　史部/叢編

史學叢書四十三種　（清）□□輯　清光緒二十八年（1902）上海煥文書局點石齋石印本　三十二冊　存四十二種

330000－1788－0000683　01917　類叢部/叢書類/彙編之屬

嘯園叢書五十七種　（清）葛元煦編　清光緒二年至七年（1876－1881）仁和葛氏刻本　四十七冊　存五十五種

330000－1788－0000684　01979－1　類叢部/叢書類/彙編之屬

國粹叢書四十九種　（清）國學保存會編　清光緒至宣統鉛印本　二十七冊　存二十二種

330000－1788－0000686　01867　子部/藝術類/總論之屬

美術叢書　鄧實輯　清宣統三年（1911）上海神州國光社鉛印本　三十六冊　存九十四種

330000－1788－0000687　01975、03618　類叢部/叢書類/彙編之屬

十萬卷樓叢書五十一種　（清）陸心源編　清光緒歸安陸氏刻本　三十八冊　存二十一種

330000－1788－0000690　00510　集部/別集類/宋別集

林和靖詩集四卷拾遺一卷附錄一卷　（宋）林逋撰　清宣統二年（1910）上海文瑞樓石印本

二冊

330000－1788－0000693　00825　集部/別集類/清別集

茗柯文初編一卷二編二卷三編一卷四編一卷
（清）張惠言撰　清宣統三年(1911)上海掃葉山房石印本　一冊

330000－1788－0000695　00523　集部/別集類/宋別集

王臨川文集四卷　（宋）王安石撰　清宣統二年(1910)上海會文堂書局石印本　四冊

330000－1788－0000701　00670　集部/別集類/清別集

梅村集二十卷　（清）吳偉業撰　清宣統二年(1910)上海國學昌明社石印本　二冊

330000－1788－0000703　00680　集部/總集類/氏族之屬

寧都三魏全集八十三卷　（清）林時益編　清末刻本　七冊　存十八卷(魏季子文集一至六、魏叔子詩集一至八、魏伯子文集六至九)

330000－1788－0000705　00632　集部/別集類/明別集

青藤書屋文集三十卷　（明）徐渭撰　（明）袁宏道編　清宣統三年(1911)石印本　八冊

330000－1788－0000708　00426　集部/別集類/唐五代別集

唐丞相曲江張文獻公集十二卷附錄一卷千秋金鑑錄五卷　（唐）張九齡撰　清光緒十八年(1892)張曉如刻本　六冊

330000－1788－0000710　00678　集部/別集類/清別集

壯悔堂文集十卷遺稿一卷四憶堂詩集六卷遺稿一卷　（清）侯方域撰　（清）賈開宗等評點　清宣統二年(1910)上海掃葉山房石印本　四冊

330000－1788－0000712　00452　集部/別集類/唐五代別集

河東先生文集六卷　（唐）柳宗元撰　清宣統二年(1910)上海會文堂書局石印本　六冊

330000－1788－0000720　01137　集部/總集類/選集之屬　斷代

唐人萬首絕句選七卷　（清）王士禎輯　清宣統三年(1911)上海掃葉山房石印本　二冊

330000－1788－0000729　01440　集部/詞類/別集之屬

山中白雲詞八卷附錄一卷王田先生樂府指迷一卷　（宋）張炎撰　清宣統三年(1911)北京龍文閣書莊石印本　四冊

330000－1788－0000734　01403　集部/詞類/詞話之屬

詞林紀事二十二卷　（清）張宗橚撰　樂府指迷一卷　（宋）張炎撰　詞旨一卷　（宋）陸輔撰　詞韻考略一卷　（清）許昂霄撰　清末上海掃葉山房石印本　十冊

330000－1788－0000741　00684　集部/別集類/清別集

三魚堂文集十二卷賸言十二卷外集六卷　（清）陸隴其撰　附錄一卷　清宣統三年(1911)上海掃葉山房石印本　八冊

330000－1788－0000744　00469　集部/別集類/唐五代別集

孟東野集十卷附一卷　（唐）孟郊撰　追昔游集三卷　（唐）李紳撰　清宣統二年(1910)上海著易堂石印本　四冊

330000－1788－0000749　00529　集部/別集類/宋別集

蘇學士文集十六卷　（宋）蘇舜欽撰　清宣統三年(1911)北京龍文閣書局石印本　六冊

330000－1788－0000754　00471　集部/別集類/唐五代別集

習之先生文集二卷　（唐）李翱撰　清宣統三年(1911)上海會文堂書局石印本　二冊

330000－1788－0000755　00819　集部/別集類/清別集

校訂定盦全集十卷　（清）龔自珍撰　定盦[龔自珍]年譜藁本一卷　（清）黃守恆撰　清宣統元年(1909)上海時中書局鉛印本　宋慈

裒題記　四冊

330000－1788－0000756　00500　集部/別集類/唐五代別集

溫飛卿詩集七卷別集一卷集外詩一卷附錄諸家詩評一卷　（唐）溫庭筠撰　（明）曾益注　（清）顧予咸補注　（清）顧嗣立續注　清宣統二年（1910）上海國學扶輪社石印本　四冊

330000－1788－0000761　01448　集部/別集類/元別集

鐵崖樂府註十卷咏史註八卷逸編註八卷　（元）楊維楨撰　（清）樓卜瀍註　清宣統二年（1910）上海掃葉山房石印本　十冊

330000－1788－0000762　01557　集部/詩文評類/詩評之屬

緝雅堂詩話二卷　（清）潘衍桐撰　清光緒十七年（1891）杭州刻本　一冊

330000－1788－0000764　00660　集部/別集類/清別集

初學集二十卷　（清）錢謙益撰　（清）錢曾箋注　**牧翁先生[錢謙益]年譜一卷**　（清）葛萬里編　清宣統三年（1911）上海國學扶輪社石印本　九冊　缺四卷（初學集一至三、年譜）

330000－1788－0000765　01193　類叢部/叢書類/彙編之屬

漸西村舍彙刊（漸西村舍叢刻）四十四種　（清）袁昶編　清光緒十六年至二十四年（1890－1898）桐廬袁氏刻本　三冊　存一種

330000－1788－0000767　01262　類叢部/叢書類/彙編之屬

讀畫齋叢書四十六種　（清）顧修編　清光緒十五年（1889）翻刻嘉慶四年至十六年（1799－1811）桐川顧氏刻本　八冊　存四種

330000－1788－0000768　00415、01377、02198　類叢部/叢書類/家集之屬

如皋冒氏叢書三十四種附二種　冒廣生輯　清光緒至民國如皋冒氏刻本　五冊　存四種

330000－1788－0000772　01330　集部/總集類/課藝之屬

策論文的四卷　（清）吳鴻甲輯　（清）朱爾楷參訂　清光緒二十八年（1902）觀略齋刻本　四冊

330000－1788－0000773　01435　集部/詞類/別集之屬

翦紅詞草一卷　（清）惲毓巽撰　清宣統二年（1910）刻本　一冊

330000－1788－0000774　01369　集部/總集類/選集之屬/通代

名雋初集八卷　（清）戴咸弼編　清光緒五年（1879）嘉善愛暉書屋刻本　四冊

330000－1788－0000778　00708　集部/別集類/清別集

石笥山房集二十四卷　（清）胡天游撰　清宣統二年（1910）上海國學扶輪社鉛印本　十冊

330000－1788－0000780　00673　史部/傳記類/總傳之屬/斷代

漁洋感舊集小傳四卷補遺一卷　（清）盧見曾編　清宣統二年（1910）上海國學扶輪社鉛印本　一冊

330000－1788－0000781　00554　經部/春秋左傳類/傳說之屬

增批輯註東萊博議四卷　（宋）呂祖謙撰　（清）劉鍾英輯注　清宣統二年（1910）潤德堂鉛印本　四冊

330000－1788－0000784　01361　集部/總集類/選集之屬/斷代

唐駢體文鈔十七卷　（清）陳均纂　清嘉慶二十五年（1820）海昌陳氏刻本　四冊

330000－1788－0000785　00509　集部/別集類/宋別集

寇忠愍公詩集三卷　（宋）寇準撰　清宣統三年（1911）中華圖書館影印本　二冊

330000－1788－0000786　00431　集部/別集類/唐五代別集

李太白文集三十卷　（唐）李白撰　清康熙五十六年（1717）吳門繆曰芑雙泉草堂刻本　三冊　存二十五卷（六至三十）

330000－1788－0000787　01211　集部/總集類/郡邑之屬

穗城雪鴻集一卷　（清）王毓英撰　清光緒三十四年(1908)東甌日新印書局鉛印本　一冊

330000－1788－0000788　00939　集部/別集類/清別集

臥雲山房詩草一卷　（清）吳邦治著　（清）吳元愷等編　清同治元年(1862)刻本　一冊

330000－1788－0000790　00900　集部/別集類/清別集

遜學齋文鈔十二卷首一卷末一卷續鈔五卷詩鈔十卷續鈔五卷　（清）孫衣言撰　清同治三年(1864)、十二年(1873)刻光緒增刻本　八冊　缺十五卷(詩鈔一至十、詩續鈔一至五)

330000－1788－0000792　01014　集部/別集類

湘綺樓文集八卷　王闓運撰　清光緒三十四年(1908)京師湘靈文社鉛印本　四冊

330000－1788－0000795　01168　集部/總集類/選集之屬/通代

古唐詩合解古詩四卷唐詩十二卷　（清）王堯衢注　清芸經堂刻本　五冊　存十二卷(唐詩一至十二)

330000－1788－0000801　00875　集部/別集類/清別集

一粟軒詩集二卷文集四卷　（清）鮑臺撰　清道光二十六年(1846)鄭兆璜等刻本　六冊

330000－1788－0000802　00642、00647、01889　類叢部/叢書類/彙編之屬

國粹叢書四十九種　（清）國學保存會編　清光緒至宣統鉛印本　十三冊　存八種

330000－1788－0000803　00619　集部/別集類/明別集

陽明先生文集十六卷目錄二卷附陽明先生[王守仁]年譜二卷　（明）王守仁撰　清道光六年(1826)刻本　十三冊　缺八卷(目錄一至二,一、九、十五至十六,年譜一至二)

330000－1788－0000804　01221　集部/總集類/酬唱之屬

惜硯錄三卷　（清）林用光編　清咸豐三年(1853)林氏刻本　一冊　存二卷(一至二)

330000－1788－0000805　00654　集部/別集類/清別集

亭林文集六卷餘集一卷　（清）顧炎武撰　清光緒三十二年(1906)俞鍾潁山隱居刻本　三冊　缺二卷(文集二至三)

330000－1788－0000807　01497　子部/小說家類/雜事之屬

今世說八卷　（清）王晫撰　清刻本　二冊

330000－1788－0000808　01138　集部/總集類/選集之屬/斷代

唐人萬首絕句選七卷　（清）王士禛輯　清雍正刻本　七冊

330000－1788－0000814　00624　集部/別集類/明別集

甫田集三十五卷　（明）文徵明撰　**附錄一卷**（明）文嘉撰　清宣統三年(1911)上海千頃堂書莊會文學社書莊鉛印本　十二冊

330000－1788－0000816　01273　集部/總集類/選集之屬/通代

續古文苑二十卷　（清）孫星衍輯　清光緒九年(1883)江蘇書局刻本　六冊

330000－1788－0000817　00587　類叢部/叢書類/彙編之屬

武英殿聚珍版書一百三十八種　清刻本　一冊　存一種

330000－1788－0000820　01342　子部/雜著類/雜纂之屬

翼教叢編六卷附一卷　蘇輿輯　清光緒二十四年(1898)武昌刻本　三冊　存六卷(一至六)

330000－1788－0000821　00801　集部/別集類/清別集

孫敬軒先生遺稿一卷　（清）孫希旦撰　清林欣、張黻木活字印本　一冊

330000－1788－0000822　00479　集部/別集類/唐五代別集

白香山詩長慶集二十卷後集十七卷別集一卷補遺二卷　（唐）白居易撰　（清）汪立名編訂

白香山[居易]年譜一卷　（清）汪立名撰

白香山[居易]年譜舊本一卷　（宋）陳振孫撰　清宣統三年（1911）石印本　十二冊

330000－1788－0000827　00862　集部/別集類/清別集

太鶴山人集十三卷　（清）端木國瑚撰　清道光二十年（1840）瑞安洪坤刻本　六冊

330000－1788－0000828　00861　集部/別集類/清別集

太鶴山人集十三卷　（清）端木國瑚撰　清道光二十年（1840）瑞安洪坤刻本　六冊

330000－1788－0000829　01294　集部/總集類/選集之屬/通代

古文析義十六卷　（清）林雲銘輯注　清康熙二十一年（1682）刻本　八冊　存八卷（二至四、六至十）

330000－1788－0000830　01269　集部/總集類/選集之屬/通代

古文苑二十一卷　（宋）章樵注　清光緒十二年（1886）江蘇書局刻本　四冊

330000－1788－0000832　00791　集部/別集類/清別集

小信天巢詩鈔十八卷續鈔一卷　（清）陳石麟撰　清嘉慶十一年至十四年（1806－1809）刻本　四冊

330000－1788－0000833　00879　集部/別集類/清別集

待輯集一卷且甌歌一卷　（清）石方洛著　清光緒二十九年（1903）刻本　一冊

330000－1788－0000834　00906　子部/雜著類/雜考之屬

癸巳類稿十五卷　（清）俞正燮撰　清道光十六年（1836）求日益齋刻本　八冊

330000－1788－0000835　00753　集部/別集類/清別集

兩當軒詩鈔十四卷悔存詞鈔二卷　（清）黃景仁撰　清嘉慶四年（1799）長寧趙希璜河南高堰廳署刻二十二年（1817）侯官鄭炳文補刻書帶草堂印本　四冊

330000－1788－0000836　00550　集部/別集類/宋別集

羅鄂州小集六卷　（宋）羅願撰　**羅郢州遺文一卷**　（宋）羅頌撰　清光緒十九年（1893）黟縣李氏刻本　二冊

330000－1788－0000839　01413　集部/詞類/類編之屬

西泠詞萃　（清）丁丙編　清光緒錢塘丁氏刻本　二冊

330000－1788－0000841　00719　集部/別集類/清別集

寶綸堂詩鈔六卷　（清）齊召南撰　清光緒十三年（1887）郭傳璞金峨山館刻本　二冊

330000－1788－0000842　00492　集部/別集類/唐五代別集

樊南文集箋註八卷　（唐）李商隱撰　（清）馮浩編訂　清乾隆四十五年（1780）德聚堂刻同治七年（1868）桐鄉馮氏重修本　四冊

330000－1788－0000843　00602　類叢部/叢書類/彙編之屬

擇是居叢書初集十九種　張鈞衡編　清光緒至民國刻民國十五年（1926）吳興張氏彙印本　二冊　存一種

330000－1788－0000844　01258　集部/總集類/選集之屬/通代

文選六十卷　（南朝梁）蕭統輯　（唐）李善注　（清）何焯評　清善化經濟堂刻本　十二冊

330000－1788－0000845　00883、01795　類叢部/叢書類/自著之屬

敝帚齋遺書四種　（清）徐鼒撰　清咸豐十一年（1861）刻本　三冊　存一種

330000－1788－0000847　01254　集部/總集類/選集之屬/通代

文選六十卷　（南朝梁）蕭統輯　（唐）李善注　清光緒十八年(1892)上海廣百宋齋鉛印本　十冊

330000－1788－0000849　01253　集部/總集類/選集之屬/通代

文選六十卷　（南朝梁）蕭統輯　（唐）李善注　清同治八年(1869)金陵書局刻本　十冊

330000－1788－0000851　01581　子部/儒家類/儒學之屬/蒙學

讀書作文譜十二卷父師善誘法二卷　（清）唐彪輯著　清大文堂刻本　二冊

330000－1788－0000852　00771　集部/別集類/清別集

述學內篇三卷外篇一卷補遺一卷別錄一卷校勘記一卷附錄一卷　（清）汪中撰　（清）汪喜孫編　清同治八年(1869)揚州書局刻本　二冊

330000－1788－0000853　00957　集部/總集類/郡邑之屬

石城七子詩鈔　翁長森輯　清光緒十六年(1890)刻本　一冊　存一種

330000－1788－0000854　01003　集部/別集類/清別集

諭慶堂遺集四卷　（清）戴望撰　清光緒元年(1875)會稽趙之謙刻本　二冊

330000－1788－0000855　00901　集部/別集類/清別集

遜學齋文別鈔不分卷　（清）孫衣言撰　清刻本　一冊

330000－1788－0000856　00772　集部/別集類/清別集

述學內篇三卷外篇一卷補遺一卷別錄一卷校勘記一卷附錄一卷　（清）汪中撰　（清）汪喜孫編　清同治八年(1869)揚州書局刻本　二冊

330000－1788－0000858　00982　集部/別集類/清別集

寶研齋詩鈔四卷附試帖詩鈔二卷　（清）花杰撰　清咸豐二年(1852)刻本　一冊　缺二卷（試帖詩鈔一至二）

330000－1788－0000859　00960　集部/別集類/清別集

二思齋文存六卷　（清）何文明撰　清光緒七年(1881)刻本　一冊　存三卷（四至六）

330000－1788－0000860　00657　集部/別集類/清別集

蒿菴集三卷　（清）張爾岐撰　附錄一卷　清乾隆三十八年(1773)胡德琳刻本　一冊　存二卷（蒿菴集二至三）

330000－1788－0000861　00863　集部/別集類/清別集

通甫類稿四卷續編二卷通父詩存四卷詩存之餘二卷　（清）魯一同撰　清咸豐九年(1859)刻本　一冊　存四卷（通甫類稿一至四）

330000－1788－0000862　00970　集部/別集類/清別集

翠岩室詩鈔二卷　（清）韓弼元撰　清咸豐十年(1860)刻本　一冊

330000－1788－0000864　00496　集部/別集類/唐五代別集

李義山詩集三卷　（唐）李商隱撰　（清）朱鶴齡箋注　（清）沈厚塽輯評　李義山詩譜一卷附錄諸家詩評一卷　清同治九年(1870)廣州倅署刻三色套印本　四冊

330000－1788－0000865　00528　集部/別集類/宋別集

蘇文忠公詩集五十卷目錄二卷　（宋）蘇軾撰　（清）紀昀評點　清同治八年(1869)韞玉山房粵東省城刻翰墨園朱墨套印本　十二冊

330000－1788－0000866　00641　類叢部/叢書類/彙編之屬

峭帆樓叢書十八種　趙詒琛編　清宣統三年至民國八年(1911－1919)新陽趙氏峭帆樓刻本　一冊　存一種

330000－1788－0000867　01609　子部/藝術類/書畫之屬/法帖

有明名賢遺翰二卷　（清）謝若農輯　清光緒十三年（1887）漢皋文淵書局刻本　二册

330000－1788－0000868　00846　集部/別集類/清別集

且甌集九卷　（清）項霽撰　清咸豐三年（1853）刻民國二十五年（1936）補刻本　二册

330000－1788－0000869　00433　集部/別集類/唐五代別集

杜工部集二十卷附錄一卷［杜甫］年譜一卷諸家詩話一卷唱酬題詠附錄一卷　（唐）杜甫撰　（清）錢謙益箋註　清宣統三年（1911）時中書局石印本　八册

330000－1788－0000870　00847　集部/別集類/清別集

且甌集九卷　（清）項霽撰　清咸豐三年（1853）刻民國二十五年（1936）補刻本　二册

330000－1788－0000871　01174　集部/總集類/選集之屬/斷代

唐詩三百首補註八卷　（清）孫洙編　（清）陳婉俊輯註　清光緒十七年（1891）文美齋刻本　四册

330000－1788－0000872　00788　集部/別集類/清別集

白鶴山房詩鈔十四卷　（清）葉紹本撰　清道光二年（1822）歸安葉氏刻本　二册

330000－1788－0000874　00810　集部/別集類/清別集

小謨觴館詩集八卷詩續集二卷詩餘附錄一卷文集四卷文續集二卷　（清）彭兆蓀撰　清江左書林刻本　一册　存六卷（文集一至四、文續集一至二）

330000－1788－0000875　01491　子部/小說家類/雜事之屬

世說新語三卷釋名一卷佚文一卷攷證一卷　（南朝宋）劉義慶撰　（南朝梁）劉孝標注　引用書目一卷　葉德輝輯　校勘小識二卷　王先謙撰　清光緒十七年至十九年（1891－1893）思賢講舍刻本　六册

330000－1788－0000878　01213　集部/總集類/酬唱之屬

清尊集十六卷　（清）汪遠孫輯　清道光十九年（1839）錢塘汪氏振綺堂刻本　四册

330000－1788－0000879　00518　集部/別集類/宋別集

宛陵先生文集六十卷　（宋）梅堯臣撰　清宣統二年（1910）上海據清康熙徐惇復白華書屋刻本影印本　十册

330000－1788－0000880　01180　集部/總集類/郡邑之屬

東甌詩存四十六卷補遺一卷　（清）曾唯輯　清乾隆五十五年（1790）刻本　八册　存三十卷（一至十、十五至二十二、二十七至三十四、三十九至四十二）

330000－1788－0000881　01576　集部/詩文評類/文評之屬

文心雕龍十卷　（南朝梁）劉勰撰　（清）黃叔琳輯注　（清）紀昀評　清道光十三年（1833）盧坤兩廣節署刻朱墨套印本　四册

330000－1788－0000882　00783　集部/別集類/清別集

韋廬詩內集四卷首一卷末一卷外集四卷首一卷末一卷　（清）李秉禮撰　清嘉慶刻本　一册　存六卷（首、內集一至四、末）

330000－1788－0000883　00484　集部/別集類/唐五代別集

樊川詩集四卷補遺一卷外集一卷別集一卷　（唐）杜牧撰　（清）馮集梧注　清嘉慶六年（1801）德裕堂刻本　四册

330000－1788－0000884　00424　集部/總集類/選集之屬/斷代

初唐四傑集三十七卷　（清）項家達編　清同治十二年（1873）鄒氏叢雅居刻本　一册　存一種

330000－1788－0000885　01493　子部/小說家類/雜事之屬

世說新語三卷釋名一卷佚文一卷攷證一卷

（南朝宋）劉義慶撰　（南朝梁）劉孝標注　**引用書目一卷**　葉德輝輯　**校勘小識二卷**　王先謙撰　清光緒十七年至十九年（1891－1893）思賢講舍刻本　六冊

330000－1788－0000886　00454　集部/別集類/唐五代別集

昌黎先生詩增注証訛十一卷　（唐）韓愈撰（清）黃鉞增注証訛　**昌黎先生〔韓愈〕年譜一卷**　（清）黃鉞編　清道光二十八年（1848）黃中民刻咸豐七年（1857）四明鮑氏二客軒印本　薛鍾斗批校　六冊

330000－1788－0000887　01167　集部/總集類/選集之屬/通代

古唐詩合解古詩四卷唐詩十二卷　（清）王堯衢注　清道光二十五年（1845）碧梧齋刻本　六冊

330000－1788－0000889　00449　集部/別集類/唐五代別集

唐陸宣公集二十二卷　（唐）陸贄撰　清雍正元年（1723）年羹堯刻本　四冊

330000－1788－0000892　01583　集部/詩文評類/文評之屬

藝概六卷　（清）劉熙載撰　清刻本　二冊

330000－1788－0000894　00402　集部/總集類/選集之屬/通代

六朝唐賦讀本不分卷　（清）馬傳庚選註　清光緒元年（1875）琉璃廠翰寶齋刻本　二冊

330000－1788－0000895　00829　集部/別集類/清別集

珤研盦吟艸一卷　（清）方成珪撰　清道光二十六年（1846）木活字印本　一冊

330000－1788－0000897　01646　集部/總集類/彙編之屬

一百二十名家全稿一百二十卷　（清）俞長城輯　清光緒十九年（1893）鴻寶齋石印本　十二冊

330000－1788－0000898　00672　集部/別集類/清別集

漁洋山人精華錄訓纂十卷目錄二卷自撰年譜二卷補十卷　（清）王士禎撰　（清）惠棟注補　**金氏精華錄箋註辯訛一卷**　（清）惠棟撰　清光緒十七年（1891）會稽徐氏述史樓刻本　十六冊　缺一卷（金氏精華錄箋註辯訛）

330000－1788－0000904　00892　集部/別集類/清別集

抱山草堂遺稿二卷　（清）楊寶彝撰　清光緒二年（1876）楊峴吳門刻本　一冊

330000－1788－0000905　00919　集部/別集類/清別集

二十四孝詩不分卷　（清）薛源撰　清同治刻本　一冊

330000－1788－0000907　00582　子部/儒家類/儒學之屬/性理

潛室陳先生木鍾集十一卷　（宋）陳埴撰　清同治六年（1867）陳思熿東甌郡齋刻本　四冊

330000－1788－0000913　00998－1　史部/地理類/雜志之屬

瑞安百詠一卷　（清）黃紹第撰　清刻本　一冊

330000－1788－0000914　01356　集部/總集類/選集之屬/斷代

八家四六文註八卷首一卷　（清）吳鼒輯（清）許貞幹注　**補註一卷**　陳衍撰　清光緒十八年（1892）上海圖書集成印書局鉛印本　四冊

330000－1788－0000915　00998－2　史部/地理類/雜志之屬

瑞安百詠一卷　（清）黃紹第撰　清刻本　一冊

330000－1788－0000916　00766　集部/別集類/清別集

淵雅堂全集五十六卷附錄二種六卷　（清）王芑孫撰　清嘉慶刻本　二十冊

330000－1788－0000917　01358　集部/總集類/選集之屬/斷代

國朝駢體正宗十二卷補編一卷 （清）曾燠輯 續編八卷 （清）張鳴珂輯 清光緒二十一年（1895）湖南大雅書局刻本 十冊

330000－1788－0000918 00998－3 史部/地理類/雜志之屬

瑞安百詠一卷 （清）黃紹第撰 清刻本 一冊

330000－1788－0000919 00890 集部/別集類/清別集

宛湄書屋文鈔十一卷詩集二卷詩後集二卷詩續錄一卷 （清）李光廷撰 清光緒四年（1878）端溪書院刻本 四冊 存十一卷（文鈔一至十一）

330000－1788－0000924 00984 集部/別集類/清別集

自知齋詩稿四卷附詞一卷 （清）黃長森撰 清咸豐十一年（1861）刻同治印本 一冊

330000－1788－0000925 00414 類叢部/叢書類/家集之屬

如皋冒氏叢書三十四種附二種 冒廣生輯 清光緒至民國如皋冒氏刻本 一冊 存一種

330000－1788－0000927 00784 集部/別集類/清別集

滑疑集八卷 （清）韓錫胙撰 （清）宗稷辰重編 清咸豐五年（1855）石門山房刻本 五冊

330000－1788－0000929 00442 集部/別集類/唐五代別集

歲寒堂讀杜二十卷 （清）范鼇雲撰 清道光二十四年（1844）嘉興范玉琨刻本 七冊 缺二卷（一至二）

330000－1788－0000930 00613 集部/別集類/明別集

環菴先生遺稿十卷 （明）虞原璩撰 清刻本（卷一、卷六配清抄本） 一冊

330000－1788－0000931 00789 集部/別集類/清別集

噉蔗全集文八卷詩八卷附喪禮詳考一卷周官隨筆一卷 （清）張義年撰 （清）錢大昕

（清）陳以綱評輯 清光緒十九年（1893）鉛印本 六冊

330000－1788－0000932 00845 集部/別集類/清別集

且甌集九卷 （清）項霽撰 清咸豐三年（1853）刻民國二十五年（1936）補刻本 二冊

330000－1788－0000934 00792 集部/別集類/清別集

筠心書屋詩鈔十二卷 （清）褚廷璋撰 （清）姚鼐編定 清嘉慶十一年（1806）晉江張氏鑑湖亭刻本 四冊

330000－1788－0000935 00909 集部/別集類/清別集

息來園吟草六卷補遺一卷 （清）鄭作朋撰 清道光十二年（1832）刻本 一冊

330000－1788－0000936 01578 集部/詩文評類/文評之屬

文心雕龍十卷 （南朝梁）劉勰撰 （清）黃叔琳輯注 （清）紀昀評 清道光十三年（1833）盧坤兩廣節署刻朱墨套印本 喬晟批 四冊

330000－1788－0000937 01579 集部/詩文評類/文評之屬

文心雕龍十卷 （南朝梁）劉勰撰 （清）黃叔琳輯注 （清）紀昀評 清道光十三年（1833）盧坤兩廣節署刻朱墨套印本 四冊

330000－1788－0000938 00562 集部/別集類/宋別集

宋王忠文公文集五十卷目錄四卷 （宋）王十朋撰 梅溪王忠文公［十朋］年譜一卷 （清）徐炯文編 清光緒二年（1876）溫州梅溪書院刻本 十六冊

330000－1788－0000939 00728 集部/別集類/清別集

補校袁文箋正七卷首一卷 （清）袁枚撰 （清）汪漫山人補校 （清）石韞玉箋 清道光三年（1823）粵東省城西湖街簡書齋刻本 八冊

330000－1788－0000940 01488 集部/戲劇

類/傳奇之屬

桃花扇四卷首一卷 （清）孔尚任撰 清光緒
二十一年(1895)合肥李氏蘭雪堂刻本 四冊
缺一卷(四)

330000－1788－0000941 00521 集部/總集
類/氏族之屬

合諸名家評註三蘇文定十八卷 （宋）蘇洵
（宋）蘇軾 （宋）蘇轍撰 （明）楊慎輯
（明）李維楨評注 清刻本 五冊 存九卷
(十至十八)

330000－1788－0000943 01577 集部/詩文
評類/文評之屬

文心雕龍十卷 （南朝梁）劉勰撰 （清）黃叔
琳輯注 （清）紀昀評 清光緒元年(1875)湖
南書局刻本 四冊

330000－1788－0000944 00420 集部/別集
類/漢魏六朝別集

庾子山集十六卷總釋一卷 （北周）庾信撰
（清）倪璠註 ［庾信］年譜一卷 （清）倪璠
撰 清刻本 十一冊 缺一卷(一)

330000－1788－0000946 01647 經部/群經
總義類

四書五經義讀本不分卷 （清）崇實齋主人輯
清光緒二十九年(1903)鉛印本 二冊

330000－1788－0000948 00785 集部/別集
類/清別集

滑疑集八卷 （清）韓錫胙撰 （清）宗稷辰重
編 清咸豐五年(1855)石門山房刻本 四冊

330000－1788－0000949 02151 史部/政書
類/通制之屬

建炎以來朝野雜記甲集二十卷乙集二十卷
（宋）李心傳撰 清刻本 十冊 缺一卷(乙
集十四)

330000－1788－0000951 01642 類叢部/類
書類/專類之屬

文選類聯二卷 （清）馮培光纂輯 清光緒四
年(1878)順邑龍山倚魚山閣刻本 一冊

330000－1788－0000952 00908 集部/別集

類/清別集

**缾水齋詩集十七卷別集二卷詩話一卷附錄一
卷** （清）舒位撰 清光緒十二年(1886)邊保
樞刻十七年(1891)增修本 八冊

330000－1788－0000953 00821 集部/別集
類/清別集

**定盦文集三卷續集四卷續錄一卷古今體詩二
卷己亥雜詩一卷詞選四卷詞錄一卷** （清）龔
自珍撰 清同治七年(1868)刻本 三冊 存
五卷(文集一至三、續集一至二)

330000－1788－0000954 01390 集部/詞
類/總集之屬

景刊宋金元明本詞四十種 吳昌綬編 陶湘
續編 清宣統三年至民國六年(1911－1917)
仁和吳氏雙照樓刻民國十二年(1923)武進陶
氏涉園續刻本 一冊 存一種

330000－1788－0000955 00872 類叢部/叢
書類/自著之屬

古桐書屋六種 （清）劉熙載撰 清同治至光
緒刻本 一冊 存一種

330000－1788－0000956 00661 集部/別集
類/清別集

牧齋有學集五十一卷 （清）錢謙益撰 清康
熙二十四年(1685)金匱山房刻本 九冊 存
四十三卷(一至六、十五至五十一)

330000－1788－0000957 01383 集部/詞
類/類編之屬

詞學全書四種 （清）查培繼編 清乾隆十一
年(1746)致和堂刻本 一冊 存一種

330000－1788－0000958 01074 子部/雜著
類/雜說之屬

訄書不分卷 章炳麟撰 清光緒二十五年
(1899)刻本 一冊

330000－1788－0000961 01460 集部/別集
類/清別集

江戶竹枝詞一卷 郭則澐撰 清光緒三十三
年(1907)鉛印本 一冊

330000－1788－0000962 01401 集部/詞

類/詞譜之屬

詞律二十卷 （清）萬樹撰　清刻本　九冊

330000－1788－0000964　00826　類叢部/叢
書類/自著之屬

石經閣集六種 （清）馮登府撰　清道光十一
年至十七年（1831－1837）刻本　一冊　存
一種

330000－1788－0000965　00907　集部/別集
類/清別集

**缾水齋詩集十七卷別集二卷詩話一卷附錄一
卷** （清）舒位撰　清光緒十二年（1886）邊保
樞刻十七年（1891）增修本　八冊

330000－1788－0000966　00405、01773、
03500　類叢部/叢書類/彙編之屬

正誼堂全書六十三種續刻五種 （清）張伯行
編　（清）楊浚重編　清同治五年（1866）福州
正誼書院刻同治八年至光緒十三年（1869－
1887）續刻本　六冊　存三種

330000－1788－0000967　01447　史部/史評
類/詠史之屬

楊鐵崖先生詠史古樂府四卷 （明）楊維楨撰
（清）王榮絋編　清乾隆三十七年（1772）刻
本　二冊

330000－1788－0000968　00422　集部/別集
類/漢魏六朝別集

徐孝穆全集六卷 （南朝陳）徐陵撰　（清）吳
兆宜箋注　**備考一卷** （清）徐文炳撰　清善
化經濟書堂刻本　四冊

330000－1788－0000969　00653　集部/別集
類/清別集

亭林詩集五卷文集六卷 （清）顧炎武撰　清
刻本　四冊　缺二卷（文集一至二）

330000－1788－0000971　00986　集部/別集
類/清別集

檞巢詩選五卷 （清）李必恒撰　清嘉慶十四
年（1809）夏味堂半舫齋刻本　二冊

330000－1788－0000972　00813　類叢部/叢
書類/自著之屬

沈西雍先生遺著五種 （清）沈濤撰　清道光
刻本　一冊　存一種

330000－1788－0000974　00561　集部/別集
類/宋別集

宋王忠文公文集五十卷目錄四卷 （宋）王十
朋撰　**梅溪王忠文公[十朋]年譜一卷** （清）
徐炯文編　清光緒二年（1876）溫州梅溪書院
刻本　八冊

330000－1788－0000978　00920　集部/別集
類/清別集

吳徵士遺文一卷遺詩一卷 （清）吳廷香撰
清同治二年（1863）刻本　一冊

330000－1788－0000981　00710　集部/別集
類/清別集

板橋集五種 （清）鄭燮撰　清乾隆清暉書屋
刻本　二冊

330000－1788－0000984　00904　集部/別集
類/清別集

垂涕集二卷 （清）林大椿撰　清同治十三年
（1874）菜香室刻本　一冊

330000－1788－0000987　00981　集部/別集
類/清別集

希古堂文乙集一卷 （清）譚宗浚撰　清光緒
六年（1880）刻本　一冊

330000－1788－0000988　00848　集部/別集
類/清別集

六吉齋詩鈔五卷 （清）鮑作雨撰　清同治十
二年（1873）南堤項氏刻本　一冊

330000－1788－0000990　00838　集部/別集
類/清別集

**榴實山莊文稿一卷詩鈔六卷詞鈔一卷試律二
卷** （清）吳存義撰　清同治至光緒刻本　一
冊　存一卷（榴實山莊文稿）

330000－1788－0000991　00588　集部/別集
類/宋別集

東山詩選二卷 （宋）葛紹體撰　清光緒二十
七年（1901）太平陳樹鈞刻本　一冊

330000 – 1788 – 0000994　01554　集部/詩文評類/詩評之屬

北江詩話六卷　（清）洪亮吉撰　清宣統元年（1909）上海掃葉山房石印本　二冊

330000 – 1788 – 0000996　00880　集部/別集類/清別集

求是齋詩鈔三卷　（清）林大椿撰　清同治十三年（1874）刻本　一冊

330000 – 1788 – 0000997　00887　集部/別集類/清別集

不櫛吟續刻三卷　（清）潘素心撰　清道光三年（1823）刻本　一冊

330000 – 1788 – 0000998　00874　集部/總集類/氏族之屬

怡園同懷吟草二卷　（清）曾佩雲　（清）曾喬雲撰　清同治十一年（1872）繫虹舫刻本　一冊

330000 – 1788 – 0000999　00808　集部/別集類/清別集

小謨觴館文注四卷續注二卷　（清）彭兆蓀撰　（清）孫元培　（清）孫長熙注　清光緒刻本　二冊　存四卷（文注一至四）

330000 – 1788 – 0001000　00439　集部/別集類/唐五代別集

杜詩鏡銓二十卷諸家論杜一卷　（清）楊倫撰　**讀書堂杜工部文集註解二卷**　（清）張溍撰　清同治十一年（1872）望三益齋刻本　十二冊

330000 – 1788 – 0001002　00777/00778　類叢部/叢書類/彙編之屬

振綺堂叢刊八種　（清）□□輯　清嘉慶至光緒汪氏振綺堂刻本　二冊　存二種

330000 – 1788 – 0001004　01287　集部/總集類/選集之屬/通代

古文喈鳳新編八卷　（清）汪基鈔輯　清聚盛堂刻本　二冊

330000 – 1788 – 0001005　01482　類叢部/叢書類/彙編之屬

天壤閣叢書二十種增刊六種　（清）王祖源（清）王懿榮編　清同治至光緒福山王氏刻民國十六年（1927）姚氏一雲精舍彙印本　一冊　存一種

330000 – 1788 – 0001006　00790　集部/別集類/清別集

味義根齋詩稿一卷二集一卷　（清）董正揚撰　清道光二十三年（1843）刻本　一冊　存一卷（詩稿）

330000 – 1788 – 0001007　00596　集部/別集類/金別集

元遺山詩集箋注十四卷　（金）元好問撰（元）張德輝類次　（清）施國祁箋　[元好問]年譜一卷　（清）施國祁訂　**附錄一卷**（明）儲瓘輯　（清）華希閔增　**補載一卷**（清）施國祁輯　清道光二年（1822）南潯瑞松堂蔣氏刻本　六冊

330000 – 1788 – 0001009　00940　類叢部/叢書類

竹素齋叢書　清光緒十七年（1891）竹素齋刻本　四冊　存一種

330000 – 1788 – 0001010　00971　集部/別集類/清別集

英峰老樵詩草不分卷　（清）英峰老樵撰　清同治十二年（1873）皖江公局刻本　一冊

330000 – 1788 – 0001011　01173　集部/總集類/選集之屬/斷代

唐詩三百首註疏六卷　（清）孫洙編　（清）章燮注　清道光十五年（1835）浙蘭慎言堂刻本　六冊

330000 – 1788 – 0001012　01010　類叢部/叢書類/自著之屬

緣督廬遺書六種　葉昌熾撰　清宣統至民國刻蘇州文學山房印本　四冊　存一種

330000 – 1788 – 0001013　00972　集部/別集類/清別集

蟲鳥吟十卷　（清）蕭德宣撰　清同治五年（1866）刻本　四冊

330000－1788－0001015　00817　集部/別集類/清別集

定盦文集三卷續集一卷別集一卷補一卷文集一卷餘集一卷續集四卷　（清）龔自珍撰　清同治七年(1868)刻本　六冊

330000－1788－0001016　01005　集部/別集類/清別集

晚華居遺集七卷　（清）周恩煦撰　劉聯官編　清宣統元年(1909)周氏鉛印本　二冊

330000－1788－0001017　00973　集部/別集類/清別集

古硯香齋遺詩四卷　（清）余世松撰　清光緒三十二年(1906)湘綺樓刻本　一冊

330000－1788－0001018　00480　集部/別集類/唐五代別集

白香山詩長慶集二十卷後集十七卷別集一卷補遺二卷　（唐）白居易撰　（清）汪立名編訂　**白香山[居易]年譜一卷**　（清）汪立名撰　**白香山[居易]年譜舊本一卷**　（宋）陳振孫撰　清康熙四十一年至四十二年(1702－1703)汪立名一隅草堂刻本　四冊　存二十二卷（長慶集一至二十、年譜、年譜舊本）

330000－1788－0001019　00835　集部/別集類/清別集

琴士詩鈔十二卷文鈔六卷　（清）趙紹祖撰　清道光十二年(1832)趙氏古墨齋刻本　六冊

330000－1788－0001021　00756　集部/別集類/清別集

有正味齋駢體文二十四卷　（清）吳錫麒撰　（清）王廣業箋　清咸豐九年(1859)青箱塾刻本　十冊

330000－1788－0001024　01017、01019　集部/別集類

藝風堂文集七卷外篇一卷續集八卷外集一卷　繆荃孫撰　清光緒二十六年至二十七年(1900－1901)、宣統二年(1910)刻民國二年(1913)印本　八冊　存十六卷（文集一至七、外篇、續集一至八）

330000－1788－0001025　00549　集部/別集類/宋別集

岳忠武王文集八卷[岳飛]年譜一卷末一卷　（宋）岳飛撰　（清）黃邦寧纂修　清光緒十二年(1886)上海簡玉山房刻本　四冊

330000－1788－0001036　00886　集部/別集類/清別集

思貽堂詩集六卷　（清）金衍宗撰　清光緒至宣統鉛印本　二冊

330000－1788－0001038　00976　類叢部/叢書類/自著之屬

吳翊寅所著書七種　（清）吳翊寅撰　清光緒十九年至二十一年(1893－1895)廣州刻本　三冊　存一種

330000－1788－0001040　01457　集部/總集類/選集之屬/通代

水流雲在館集杜詩存不分卷　（唐）杜甫撰　（清）周天麟輯　**水流雲在館集蘇詩存不分卷**　（宋）蘇軾撰　（清）周天麟輯　清光緒十七年(1891)石印本　二冊

330000－1788－0001042　01438　集部/總集類/選集之屬/斷代

六逝集存六種　（清）梁葇編　清光緒刻本　一冊　存三種

330000－1788－0001043　00977　類叢部/叢書類/郡邑之屬

橫山草堂叢書二十二種附三種　陳慶年編　清宣統二年至民國八年(1910－1919)丹徒陳氏刻本　一冊　存一種

330000－1788－0001046　00807　集部/別集類/清別集

大雲山房文稿初集四卷二集四卷　（清）惲敬撰　清光緒十四年(1888)官書處刻本　八冊

330000－1788－0001048　01199　集部/總集類/酬唱之屬

臺江驪唱集一卷天南鴻爪集一卷　黃鼎瑞輯　清光緒三十四年(1908)永嘉刻本　一冊

330000－1788－0001049　00434　集部/別集

類/唐五代別集

杜工部集二十卷附錄一卷[杜甫]年譜一卷諸
家詩話一卷唱酬題詠附錄一卷　（唐）杜甫撰
　（清）錢謙益箋註　清宣統二年（1910）上海
神州國光社鉛印本　八冊　缺一卷（年譜）

330000－1788－0001050　00816　集部/別集
類/清別集

研六室文鈔十卷　（清）胡培翬撰　清道光十
七年（1837）涇川書院刻本　四冊

330000－1788－0001051　00289、00407　類
叢部/叢書類/彙編之屬

玉海堂景宋元本叢書二十種別行二種　劉世
珩編　清光緒至民國貴池劉氏玉海堂影刻本
　六冊　存二種

330000－1788－0001052　01200　集部/總集
類/酬唱之屬

臺江驪唱集一卷天南鴻爪集一卷　黃鼎瑞輯
　清光緒三十四年（1908）永嘉刻本　一冊

330000－1788－0001053　00989　集部/別
集類

樊山集二十八卷公牘三卷時文一卷批判十五
卷續集二十八卷　樊增祥撰　二家詠古詩一
卷二家試帖二卷二家詞鈔五卷　樊增祥編
清光緒十九年至三十二年（1893－1906）刻本
　六冊　存二十四卷（樊山集一至二十四）

330000－1788－0001054　01366　集部/總集
類/郡邑之屬

東甌先正文錄十二卷栝蒼先正文錄三卷補遺
一卷　（明）陳遇春輯　清道光十四年（1834）
永嘉郭博古齋刻本　十六冊

330000－1788－0001055　01513　子部/小說
家類/異聞之屬

燕山外史註釋八卷補註一卷　（清）陳球撰
（清）傅聲谷注　清光緒五年（1879）東甌師古
齋刻本　二冊

330000－1788－0001057　01181　集部/總集
類/郡邑之屬

羅陽詩始四卷　（清）董斿輯　清同治五年

（1866）羅陽書院刻本　二冊

330000－1788－0001058　01483　集部/戲劇
類/雜劇之屬

倚晴樓七種曲　（清）黃燮清撰　清光緒三十
三年（1907）海鹽開通新書局石印本　二冊
存一種

330000－1788－0001062　01339　集部/總集
類/課藝之屬

經心書院集四卷　（清）左紹佐輯　清光緒十
四年（1888）湖北官書處刻本　四冊

330000－1788－0001063　00876　集部/別集
類/清別集

欠泉庵文集二卷　（清）周煥樞撰　清末瑞安
刻本　二冊

330000－1788－0001064　00893　集部/別集
類/清別集

哀生閣初稿四卷續稿三卷　（清）王大經撰
清光緒十一年（1885）平湖王氏刻本　六冊

330000－1788－0001065　00938　集部/別集
類/清別集

綠杉野屋詩集四卷　（清）蕭元吉撰　清光緒
十八年（1892）石印本　一冊　存二卷（三至
四）

330000－1788－0001068　00859　集部/別集
類/清別集

太霞山館詩稿二卷文集四卷　（清）董斿撰
清同治刻本　三冊　存四卷（文集一至四）

330000－1788－0001069　00605　集部/別集
類/明別集

宋文憲公全集五十三卷首四卷　（明）宋濂撰
　清嘉慶十五年（1810）金華府學刻本　十
四冊

330000－1788－0001071　00696　集部/別集
類/清別集

穆堂別稿五十卷　（清）李紱撰　清道光十一
年（1831）珊城阜祺堂刻本　十六冊

330000－1788－0001073　01340　集部/總集

類/課藝之屬

尊經書院初集十二卷 王闓運輯 清光緒十年(1884)刻本 十二冊

330000－1788－0001075 01140 集部/總集類/選集之屬/通代

阮亭選古詩三十二卷 (清)王士禛選 五七言今體詩鈔十八卷 (清)姚鼐輯 清同治五年(1866)金陵書局刻本 十冊

330000－1788－0001076 00508 類叢部/叢書類/郡邑之屬

留香室叢刻十種 (清)祝昌泰 (清)梁章鉅編 清嘉慶十六年至十七年(1811－1812)浦城祝氏留香室刻本 五冊 存一種

330000－1788－0001077 00929 集部/別集類

蔚廬文集四卷詩集四卷蔚廬四十五自定詩稿一卷補過精舍詩草一卷 劉人熙撰 王芝祥等輯 清光緒二十二年(1896)大梁刻本 四冊 存四卷(文集一至四)

330000－1788－0001078 00806 集部/別集類/清別集

大雲山房文稿初集四卷二集四卷 (清)惲敬撰 清光緒十四年(1888)刻本 八冊

330000－1788－0001079 01429 類叢部/叢書類/家集之屬

瑞安項氏遺書□□種 (清)項璵撰 清光緒十二年(1886)項氏刻本 一冊 存一種

330000－1788－0001081 00606 集部/別集類/明別集

太師誠意伯劉文成公集二十卷首一卷 (明)劉基撰 清光緒元年(1875)刻本 十四冊

330000－1788－0001082 00850 集部/別集類/清別集

茹古堂文集三卷 (清)曹應樞撰 清咸豐四年(1854)唐虞勳錄古齋刻本 一冊

330000－1788－0001083 00723 集部/別集類/清別集

小倉山房詩集三十六卷文集三十五卷外集八卷 (清)袁枚撰 清刻本 十六冊

330000－1788－0001084 01245 集部/總集類/選集之屬/通代

文選六十卷 (南朝梁)蕭統輯 (唐)李善注 清同治八年(1869)金陵書局刻本 十冊

330000－1788－0001087 01267 集部/總集類/選集之屬/通代

文選古字通疏證六卷 (清)薛傳均撰 清道光二十一年(1841)刻本 一冊

330000－1788－0001089 01266 集部/總集類/選集之屬/通代

文選古字通疏證六卷 (清)薛傳均撰 清道光二十一年(1841)刻本 一冊

330000－1788－0001094 01275 集部/詩文評類/文法之屬/文法

謝疊山先生文章軌範七卷 (宋)謝枋得輯 清光緒元年(1875)湖北崇文書局刻三色套印本 二冊

330000－1788－0001097 01650 集部/總集類/課藝之屬

制義體要十九卷 (清)陳兆崙輯 (清)孫衣言校補 清光緒三年(1877)湖北崇文書局刻本 四冊

330000－1788－0001098 01164 集部/總集類/選集之屬/斷代

近人詩錄一卷 雷瑨撰 清光緒二十九年(1903)上海商務印書館鉛印本 一冊

330000－1788－0001100 00913 集部/別集類/清別集

湖唐林館駢體文二卷 (清)李慈銘撰 清光緒十年(1884)刻本 一冊

330000－1788－0001101 00827 類叢部/叢書類/自著之屬

中復堂全集九種附一種 (清)姚瑩撰 清同治六年(1867)姚濬昌安福縣署刻本 二十四冊

330000－1788－0001103 00617 集部/別集

類/明別集

王文成公全書三十八卷 (明)王守仁撰 清光緒浙江書局刻本 二十四冊

330000－1788－0001104 00722 類叢部/叢書類/自著之屬

沈歸愚詩文全集十四種 (清)沈德潛撰 清乾隆教忠堂刻本 八冊 存五種

330000－1788－0001105 01202 集部/總集類/酬唱之屬

嗜古軒贈言錄一卷 (清)蔡慶恒輯 清道光二十九年(1849)刻本 一冊

330000－1788－0001107 00531 集部/別集類/宋別集

蘇文忠詩合註五十卷首一卷目錄一卷 (宋)蘇軾撰 (清)馮應榴輯 清乾隆五十八年(1793)桐鄉馮氏踵息齋刻同治九年(1870)補修本 十四冊 缺一卷(目錄)

330000－1788－0001108 00763 集部/別集類/清別集

復齋文集二十一卷詩集四卷首一卷末一卷 (清)曾鏞撰 清嘉慶二十五年(1820)刻本 十冊 缺六卷(首、詩集一至四、末)

330000－1788－0001110 00628 集部/別集類/明別集

震川先生集三十卷別集十卷附錄一卷補編一卷 (明)歸有光撰 (清)歸莊校勘 (清)錢謙益選定 (清)歸玠編輯 清光緒六年(1880)常熟歸氏刻本 十六冊

330000－1788－0001111 01141 集部/總集類/選集之屬/斷代

五言詩十七卷七言詩歌行鈔十五卷 (清)王士禛輯 **七言今體詩鈔九卷** (清)姚鼐輯 清刻本 七冊 缺七卷(五言詩六至八、七言詩歌行鈔十二至十五)

330000－1788－0001112 00718 集部/別集類/清別集

全謝山文鈔十六卷 (清)全祖望撰 清宣統二年(1910)上海國學扶輪社鉛印本 八冊

330000－1788－0001114 00738 集部/別集類/清別集

惜抱軒集八十八卷 (清)姚鼐撰 清光緒三十三年(1907)上海校經山房刻本 十六冊

330000－1788－0001117 01037 類叢部/叢書類/自著之屬

石遺室叢書十九種 陳衍撰 清光緒至民國刻本 八冊 存四種

330000－1788－0001118 01132 集部/總集類/選集之屬/斷代

初唐四傑集三十七卷 (清)項家達編 清同治十二年(1873)鄒氏叢雅居刻本 七冊 存三種

330000－1788－0001119 00844 集部/別集類/清別集

甘泉鄉人稿二十四卷餘稿二卷 (清)錢泰吉撰 **皇清敕授修職郎誥封朝議大夫顯考警石府君[錢泰吉]年譜一卷** (清)錢應溥撰 **四水子遺著一卷** (清)錢友泗撰 **邠農偶吟稿一卷** (清)錢炳森撰 清同治十一年(1872)嘉興錢氏白下刻光緒十一年(1885)增刻本 七冊

330000－1788－0001120 00978 集部/別集類/清別集

琴海集二卷附正字一卷 (清)陳玉鄰撰 **琴海集正字一卷** (清)宗德懋撰 清光緒二十一年(1895)刻本 宋慈裒識 一冊

330000－1788－0001122 00805 集部/別集類/清別集

大雲山房文稿初集四卷二集四卷 (清)惲敬撰 清光緒十四年(1888)官書處刻本 四冊

330000－1788－0001125 01043 集部/別集類

補學齋詩鈔四卷 胡調元撰 清光緒三十三年(1907)鉛印本 一冊

330000－1788－0001126 00752 集部/別集類/清別集

兩當軒集二十卷補遺二卷附錄四卷 (清)黃

景仁撰　**兩當軒集攷異二卷**　（清）黃志述撰　清光緒二年（1876）武進黃氏家塾刻本　六冊

330000－1788－0001127　00743　集部/別集類/清別集

潛研堂詩集十卷詩續集十卷文集五十卷　（清）錢大昕撰　清嘉慶十一年（1806）刻本　八冊　存三十二卷（文集一至十六、三十五至五十）

330000－1788－0001128　01649　史部/傳記類/科舉錄之屬/歷科鄉試錄

硃卷文類　清刻本　三冊

330000－1788－0001129　01011　集部/別集類/清別集

敬孚類稿十六卷　（清）蕭穆撰　清光緒三十二年至三十三年（1906－1907）刻本　四冊

330000－1788－0001130　00815－1　集部/別集類/清別集

儀衛軒文集十二卷文外集一卷詩集五卷　（清）方東樹撰　**方儀衛先生[東樹]年譜一卷**　（清）鄭福照輯　清同治七年（1868）李鴻章刻本　六冊

330000－1788－0001131　00491　集部/別集類/唐五代別集

玉谿生詩箋註三卷樊南文集箋註八卷首一卷附年譜一卷　（唐）李商隱撰　（清）馮浩編訂　（清）胡重等參校　清乾隆四十五年（1780）德聚堂刻嘉慶元年（1796）增刻本　四冊　存四卷（玉谿生詩箋註一至三、年譜）

330000－1788－0001132　00781　集部/別集類/清別集

二水樓文集二十卷首一卷詩集十八卷　（清）李茹旻撰　清光緒十七年（1891）李鳴梧味憩廬刻本　十冊

330000－1788－0001133　00966　集部/別集類/清別集

西㲼山居殘草一卷補編一卷　（清）王星誠撰　清同治十年（1871）刻本　一冊

330000－1788－0001136　00392　集部/楚辭類

楚辭章句十七卷　（漢）王逸撰　（宋）洪興祖補注　清同治十一年（1872）金陵書局刻本　四冊

330000－1788－0001137　00958　集部/別集類/清別集

自鏡齋文鈔一卷詩鈔一卷補遺一卷試帖一卷雜錄一卷詠花詞一卷　（清）潘曾瑋撰　清光緒十三年（1887）刻本　二冊　存三卷（補遺、試帖、詠花詞）

330000－1788－0001138　01022　集部/別集類/清別集

拙尊園叢稿六卷　（清）黎庶昌撰　清光緒十九年（1893）上海醉六堂石印本　二冊

330000－1788－0001140　00748　集部/別集類/清別集

愚谷文存十四卷續編二卷補遺一卷拜經樓詩集十二卷續編四卷萬花漁唱一卷拜經樓詩話四卷　（清）吳騫撰　清嘉慶十六年（1811）刻本　四冊　存十四卷（文存一至十四）

330000－1788－0001141　01187　集部/別集類/清別集

百美新詠一卷集詠一卷圖傳一卷　（清）顏希源撰　清嘉慶十年（1805）刻本　四冊

330000－1788－0001142　01329　類叢部/叢書類/彙編之屬

武英殿聚珍版書一百三十八種　清刻本　二冊　存一種

330000－1788－0001143　00747　集部/別集類/清別集

戴東原集十二卷　（清）戴震撰　**戴東原先生[震]年譜一卷附覆校札記一卷**　（清）段玉裁撰　清宣統二年（1910）渭南嚴氏孝義家塾成都刻本　六冊

330000－1788－0001144　00877　集部/別集類/清別集

欠泉庵文集二卷　（清）周煥樞撰　清末瑞安

刻本　二册

330000－1788－0001145　00878　集部/別集
類/清別集

欠泉庵文集二卷　(清)周煥樞撰　清末瑞安
刻本　二册

330000－1788－0001146　00842　集部/別集
類/清別集

退一步齋詩集十六卷文集四卷蕉軒續錄二卷
　(清)方濬師撰　(清)呂景端編校　清光緒
十八年(1892)鉛印本　十册　缺二卷(蕉軒
續錄一至二)

330000－1788－0001149　00769　集部/別集
類/清別集

**述學內篇三卷外篇一卷補遺一卷別錄一卷校
勘記一卷附錄一卷**　(清)汪中撰　(清)汪喜
孫編　清同治八年(1869)揚州書局刻本
二册

330000－1788－0001150　00649　集部/別集
類/明別集

西廬文集四卷補錄一卷　(明)張寯撰　清宣
統二年(1910)上海國學扶輪社鉛印本　二册
存四卷(一至四)

330000－1788－0001151　00832　集部/別集
類/清別集

東塾集六卷申範一卷　(清)陳澧撰　清光緒
十八年(1892)廣東菊坡精舍刻本　四册

330000－1788－0001152　00519　集部/別集
類/宋別集

曾樂軒稿一卷　(宋)張維撰　**復古編二卷**
(宋)張有撰　**安陸集一卷**　(宋)張先撰　清
乾隆四十六年(1781)安邑葛鳴陽刻本　一册
存二卷(曾樂軒稿、安陸集)

330000－1788－0001153　00865　集部/別集
類/清別集

半巖廬遺集二卷　(清)邵懿辰撰　清光緒三
十四年(1908)邵章等刻本　一册　存一卷
(遺詩)

330000－1788－0001154　00724　類叢部/叢
書類/自著之屬

隨園三十種　(清)袁枚撰　清乾隆至嘉慶刻
本　八册　存一種

330000－1788－0001156　00557　集部/別集
類/宋別集

**宋陳文節公詩集五卷文集十九卷首一卷末一
卷**　(宋)陳傅良撰　清道光十四年(1834)杭
州詁經精舍刻本　八册

330000－1788－0001158　01334　類叢部/叢
書類/彙編之屬

文選樓叢書三十三種　(清)阮亨編　清嘉慶
至道光阮元刻道光二十二年(1842)阮亨彙印
本　八册　存一種

330000－1788－0001159　00793　集部/別集
類/清別集

笛漁小稿十卷　(清)朱昆田撰　清康熙五十
三年(1714)秀水朱稻孫刻本　一册

330000－1788－0001160　00539　集部/別集
類/宋別集

劉左史文集四卷　(宋)劉安節撰　清刻本
一册

330000－1788－0001161　00648　集部/別集
類/明別集

炳燭齋文集初刻一卷續刻一卷　(明)顧大韶
撰　清宣統元年(1909)國學扶輪社鉛印本
二册

330000－1788－0001162　00851　集部/別集
類/清別集

茹古堂文集三卷　(清)曹應樞撰　清咸豐四
年(1854)唐虞勳錄古齋刻本　一册

330000－1788－0001166　00852　集部/別集
類/清別集

梅雪堂詩集十卷　(清)曹應樞撰　清咸豐三
年(1853)唐虞勳錄古齋刻本　三册

330000－1788－0001172　00954　集部/別集
類/清別集

五山草堂初編二卷　(清)龍令憲撰　清光緒
三十四年(1908)刻本　一册

330000 - 1788 - 0001173　01060　集部/別集類

亨帚軒吟稿一卷　褚傳誥撰　**嶺南吟草一卷**　高誼撰　清宣統元年（1909）鉛印本　一冊

330000 - 1788 - 0001177　00717　集部/別集類/清別集

全謝山文鈔十六卷　（清）全祖望撰　清宣統二年（1910）上海國學扶輪社鉛印本　八冊

330000 - 1788 - 0001179　00910　集部/別集類/清別集

盍山文錄八卷詩錄二卷　（清）顧雲撰　清光緒十五年（1889）南京刻本　四冊

330000 - 1788 - 0001180　01004　集部/別集類/清別集

譎麈堂遺集四卷　（清）戴望撰　清光緒元年（1875）會稽趙之謙刻本　一冊　缺一卷（詩二）

330000 - 1788 - 0001181　00504　集部/別集類/唐五代別集

羅昭諫集八卷　（唐）羅隱撰　清同治六年（1867）方坦餐秀書屋刻本　二冊

330000 - 1788 - 0001184　00812　集部/別集類/清別集

養一齋文集二十卷　（清）李兆洛撰　清光緒四年（1878）刻本　八冊

330000 - 1788 - 0001188　01437　集部/詞類/別集之屬

水雲欸乃一卷泥爪詞一卷竹窗秋籟一卷悔餘詞一卷雙紅豆詞二卷　（清）周天麟撰　**月樓琴語一卷**　（清）蕭恆貞撰　清光緒十七年（1891）石印本　一冊

330000 - 1788 - 0001189　00787　類叢部/叢書類/彙編之屬

清風室叢刊二十種　（清）錢保塘編　清同治十年至民國二十五年（1871 - 1936）海寧錢氏清風室刻本　一冊　存一種

330000 - 1788 - 0001191　00612　集部/別集

類/明別集

卓忠毅公遺稿三卷首一卷附錄一卷　（明）卓敬撰　（清）林從炯編　清嘉慶張德標刻本　一冊

330000 - 1788 - 0001192　00831　集部/別集類/清別集

通義堂文集十六卷　（清）劉毓崧撰　清光緒十四年（1888）青溪舊屋刻本（卷六至十六原缺）　三冊

330000 - 1788 - 0001194　01454　類叢部/叢書類/自著之屬

西堂全集四種附一種　（清）尤侗撰　清刻本　六冊　存一種

330000 - 1788 - 0001196　00768　集部/別集類/清別集

述學內篇三卷外篇一卷補遺一卷別錄一卷校勘記一卷附錄一卷　（清）汪中撰　（清）汪喜孫編　清同治八年（1869）揚州書局刻本　二冊

330000 - 1788 - 0001198　01428　集部/詞類/別集之屬

井華詞二卷　（清）沈景修撰　清光緒二十五年（1899）刻本　一冊

330000 - 1788 - 0001199　01436　集部/詞類/別集之屬

濯絳宦存薰一卷　劉毓盤撰　清宣統元年（1909）刻本　林損題記　一冊

330000 - 1788 - 0001200　01425　集部/別集類/清別集

問山詩集十卷文集八卷紫雲詞一卷　（清）丁煒撰　（清）朱彝尊選　（清）吳綺　（清）徐釚評　清咸豐四年（1854）雁江景義堂刻本　一冊　存一卷（紫雲詞）

330000 - 1788 - 0001201　01422、02539、02732　類叢部/叢書類/彙編之屬

蟬隱盧叢書十八種　羅振常編　清宣統二年至民國二十五年（1910 - 1936）上虞羅氏膡寫及鉛印本三十三年（1944）吳興周延年彙印本

孫延昣跋　三冊　存三種

330000 - 1788 - 0001203　00815 - 2　類叢部/叢書類/自著之屬

儀衛軒全集四種　（清）方東樹撰　清同治方宗誠刻本　二冊　存一種

330000 - 1788 - 0001204　00563　集部/別集類/宋別集

宋王忠文公文集五十卷目錄四卷　（宋）王十朋撰　**梅溪王忠文公[十朋]年譜一卷**　（清）徐炯文編　清光緒二年（1876）溫州梅溪書院刻本　十六冊

330000 - 1788 - 0001205　00914　集部/別集類/清別集

湖唐林館駢體文二卷　（清）李慈銘撰　清光緒十年（1884）刻本　一冊

330000 - 1788 - 0001206　00594　集部/總集類/郡邑之屬

正學淵源六種十四卷　（清）金律輯　清雍正至乾隆金華金氏刻本　一冊　存一種

330000 - 1788 - 0001207　00767　集部/別集類/清別集

寄鴻堂文集四卷　（清）李宗傳撰　清同治三年（1864）宗稷辰等山東刻本　四冊

330000 - 1788 - 0001208　01009　集部/別集類

招隱山房詩鈔八卷末一卷　戴啟文撰　清宣統元年（1909）鉛印本　二冊

330000 - 1788 - 0001209　01920　類叢部/叢書類/彙編之屬

懺花盦叢書三十種　（清）宋澤元編　清光緒山陰宋氏刻十三年（1887）彙印本　六十四冊

330000 - 1788 - 0001211　00942　集部/總集類/氏族之屬

金山姚氏二先生集四卷　（清）張文虎輯　清光緒二年（1876）松韻草堂刻本　一冊

330000 - 1788 - 0001212　00590　集部/別集類/宋別集

文山別集十四卷　（宋）文天祥撰　清宣統二年（1910）東雅社鉛印本　四冊

330000 - 1788 - 0001213　00622　集部/別集類/明別集

何大復先生集三十八卷附錄一卷　（明）何景明撰　清宣統元年（1909）厚生印書館石印本　八冊

330000 - 1788 - 0001216　00626　集部/別集類/明別集

楊椒山先生垂範集不分卷　（明）楊繼盛撰　清光緒六年（1880）聚文齋刻本　一冊

330000 - 1788 - 0001217　00636　集部/別集類/明別集

汲古堂集二十八卷　（明）何白撰　清道光十六年（1836）東甌梅嶼守直堂刻本　十冊

330000 - 1788 - 0001219　01280　集部/總集類/選集之屬/通代

唐宋八家文讀本三十卷　（清）沈德潛輯　清嘉慶十八年（1813）刻本　八冊

330000 - 1788 - 0001220　00667　集部/別集類/清別集

吳詩集覽二十卷補註二十卷吳詩談藪二卷拾遺一卷　（清）吳偉業撰　（清）靳榮藩注並輯　清乾隆四十年（1775）凌雲亭刻四十六年（1781）重修本　二十冊

330000 - 1788 - 0001221　01170　集部/總集類/選集之屬/通代

古唐詩合解古詩四卷唐詩十二卷　（清）王堯衢注　清道光二十五年（1845）碧梧齋刻本　七冊　存十三卷（古詩一至四、唐詩一至九）

330000 - 1788 - 0001222　00664　集部/別集類/清別集

梅村詩集箋注十八卷　（清）吳偉業撰　（清）吳翌鳳箋注　清嘉慶十九年（1814）嚴榮滄浪吟榭刻本　八冊

330000 - 1788 - 0001223　00634　集部/別集類/明別集

陳忠裕公全集三十卷兵垣奏議一卷首一卷末

一卷［陳子龍］自著年譜三卷 （明）陳子龍撰
（清）王昶輯 清嘉慶八年（1803）斡山草堂
刻本 十二冊

330000－1788－0001224 00662 集部/別集
類/清別集
錢牧齋文鈔不分卷 （清）錢謙益撰 清宣統
元年（1909）國學扶輪社鉛印本 二冊

330000－1788－0001226 00860 集部/別集
類/清別集
太鶴山人集十三卷 （清）端木國瑚撰 清道
光二十年（1840）瑞安洪坤刻本 六冊

330000－1788－0001227 00411 集部/別集
類/漢魏六朝別集
陶淵明集八卷首一卷末一卷 （晉）陶潛撰
清光緒五年（1879）廣州翰墨園刻三色套印本
二冊

330000－1788－0001228 00714 集部/別集
類/清別集
鮚埼亭集三十八卷全謝山先生經史問答十卷
鮚埼亭集外編五十卷 （清）全祖望撰 全氏
世譜一卷［全祖望］年譜一卷 （清）董秉純撰
清嘉慶刻同治十一年（1872）印本 二十
四冊

330000－1788－0001229 01126 集部/總集
類/選集之屬/斷代
應試唐詩類釋十九卷 （清）臧岳編 清刻本
五冊 存十六卷（一、五至十九）

330000－1788－0001230 00843 集部/別集
類/清別集
私艾齋文集六卷 （清）吳育撰 清嘉慶刻本
二冊

330000－1788－0001231 00558、00574、
01677、01829、01830、02142 類叢部/叢書類/
郡邑之屬
永嘉叢書十三種 （清）孫衣言編 清同治至
光緒瑞安孫氏詒善祠塾刻本 三十一冊 存
六種

330000－1788－0001232 01008 集部/別集

在山草堂燼餘詩十四卷附詩餘一卷 （清）黃
紹憲撰 清宣統三年（1911）鉛印本 四冊
缺一卷（詩餘）

330000－1788－0001233 01405 集部/詞
類/總集之屬
詞綜三十八卷 （清）朱彝尊輯 （清）汪森增
定 （清）柯崇樸編次 （清）周篔辨譌
（清）王昶補纂 明詞綜十二卷國朝詞綜四十
八卷國朝詞綜二集八卷 （清）王昶輯 清嘉
慶七年（1802）青浦王氏刻本 十八冊 缺八
卷（國朝詞綜二集一至八）

330000－1788－0001234 00758 集部/別集
類/清別集
有正味齋駢文箋注十六卷補注一卷 （清）吳
錫麒撰 （清）葉聯芬注 清道光二十年
（1840）慈谿葉氏刻本 八冊

330000－1788－0001235 00542、00555、
02881、03223 類叢部/叢書類/郡邑之屬
永嘉叢書十三種 （清）孫衣言編 清同治至
光緒瑞安孫氏詒善祠塾刻本 二十三冊 存
四種

330000－1788－0001236 01191 集部/總集
類/郡邑之屬
莆風清籟集六十卷 （清）鄭王臣輯 清光緒
刻民國十三年（1924）補刻本 二十冊

330000－1788－0001242 01656 集部/總集
類/課藝之屬
江漢炳靈集二卷 （清）張之洞輯 清同治九
年（1870）刻本 四冊

330000－1788－0001243 01381 集部/總集
類/選集之屬/斷代
國朝八家四六文鈔八種 （清）吳鼒編 清較
經堂刻本 一冊 存三種

330000－1788－0001244 00551 集部/別集
類/宋別集
朱子集一百四卷目錄二卷 （宋）朱熹撰 清
咸豐十年至同治元年（1860－1862）浙江紫霞

洲祠堂刻本　四十冊

330000－1788－0001245　01290　集部/總集類/選集之屬/通代

古文觀止十二卷　（清）吳乘權　（清）吳大職輯　清浙蘭慎言堂刻本　六冊

330000－1788－0001246　00898　集部/別集類/清別集

遜學齋文鈔十二卷首一卷末一卷續鈔五卷詩鈔十卷續鈔五卷　（清）孫衣言撰　清同治三年(1864)、十二年(1873)刻光緒增刻本　六冊　存二十一卷(文鈔二至十二、詩鈔一至十)

330000－1788－0001247　00421　集部/別集類/漢魏六朝別集

庾子山全集十卷　（北周）庾信撰　（清）吳兆宜箋注　清貴文堂刻本　八冊

330000－1788－0001248　01148　集部/總集類/彙編之屬

宋元明詩約鈔三百首二卷　（清）朱梓　（清）冷昌言輯　清道光二十一年(1841)南京李光明莊刻本　二冊

330000－1788－0001250　00952　集部/別集類/清別集

石帆詩草四卷　（清）胡維勳撰　清同治五年(1866)杏莊刻本　一冊

330000－1788－0001251　01559　集部/詩文評類/詩評之屬

平等閣詩話二卷　狄葆賢撰　清末鉛印本二冊

330000－1788－0001257　01136　集部/總集類/選集之屬/通代

詩比興箋四卷　（清）陳沆輯　清光緒九年(1883)刻本　二冊

330000－1788－0001258　01925　類叢部/叢書類/彙編之屬

藝海珠塵二百六種　（清）吳省蘭編　清嘉慶南匯吳氏聽彝堂刻本　三十九冊　存一百九種

330000－1788－0001260　01549　集部/詩文評類/詩評之屬

隨園詩話十六卷補遺十卷　（清）袁枚撰　清刻本　一冊　缺六卷(補遺五至十)

330000－1788－0001263　00683　集部/別集類/清別集

鈍翁文集十六卷　（清）汪琬撰　清宣統二年(1910)上海國學扶輪社石印本　八冊

330000－1788－0001267　01015、01635　集部/別集類

湘綺樓全集三十卷　王闓運撰　清宣統三年(1911)上海國學扶輪社石印本　八冊　存十六卷(文集一至八、箋啟一至八)

330000－1788－0001268　01652　集部/總集類/選集之屬/斷代

明文明初集一卷二集一卷　（清）路德輯　清道光二十六年(1846)刻本　一冊

330000－1788－0001269　01163　集部/總集類/選集之屬/斷代

唐詩近體四卷　（清）胡本淵評選　清光緒六年(1880)刻本　二冊

330000－1788－0001272　01514　子部/小說家類/異聞之屬

燕山外史註釋八卷　（清）陳球撰　（清）傅聲谷注　清光緒三十二年(1906)上海海左書局石印本　四冊

330000－1788－0001273　01176　集部/總集類/選集之屬/通代

咏物詩選註釋八卷　（清）俞琰輯　（清）易開緙　（清）孫洊鳴註　清刻本　四冊

330000－1788－0001275　01071　集部/別集類

散原精舍詩二卷　陳三立撰　清宣統元年(1909)石印本　一冊

330000－1788－0001278　00839　集部/別集類/清別集

逢原齋文鈔四卷補遺一卷詩鈔三卷駢體文附錄一卷　（清）華文漪撰　清道光六年(1826)

林滋秀刻本　三冊

330000－1788－0001279　01648　類叢部/類書類/專類之屬

縮本增選多寶船不分卷　(清)點石齋主人輯　清光緒八年(1882)上海點石齋石印本　八冊

330000－1788－0001280　01285　類叢部/叢書類/自著之屬

潛園總集十七種　(清)陸心源撰　清同治至光緒刻本　八冊　存一種

330000－1788－0001281　00389　集部/小說類/長篇之屬

皋鶴堂批評第一奇書金瓶梅一百回　(明)笑笑生撰　(清)張竹坡評　清刻本　二十冊

330000－1788－0001282　00997　史部/地理類/雜志之屬

瑞安百詠一卷　(清)黃紹第撰　清刻本　一冊

330000－1788－0001286　00453　集部/別集類/唐五代別集

昌黎先生集四十卷外集十卷遺文一卷　(唐)韓愈撰　(宋)廖瑩中校正　**朱子校昌黎先生集傳一卷**　(宋)朱熹撰　**韓集點勘四卷**　(清)陳景雲撰　清同治八年至九年(1869－1870)江蘇書局刻本　十冊　缺十一卷(外集一至十、遺文)

330000－1788－0001289　01412　集部/詞類/詞話之屬

蓮子居詞話四卷　(清)吳衡照輯　清道光十二年(1832)錢唐汪氏振綺堂刻同治六年(1867)重修本　二冊

330000－1788－0001291　01634　集部/總集類/尺牘之屬

止園尺牘六卷　(清)鍾昌言撰　清同治七年(1868)刻本　三冊　缺二卷(五至六)

330000－1788－0001292　00894　集部/別集類/清別集

駐帆閣駢體文二卷　(清)馬沅撰　清光緒七

年(1881)合肥張氏刻本　一冊

330000－1788－0001293　01433　類叢部/叢書類/郡邑之屬

學海堂叢刻十三種　(清)□□編　清光緒三年(1877)、十二年(1886)刻本　一冊　存一種

330000－1788－0001295　00655　集部/別集類/清別集

亭林餘集一卷　(清)顧炎武撰　清刻本　一冊

330000－1788－0001296　00493　集部/別集類/唐五代別集

玉谿生詩詳註三卷首一卷樊南文集箋註八卷首一卷　(唐)李商隱撰　(清)馮浩編訂　清乾隆四十五年(1780)德聚堂刻嘉慶元年(1796)增刻本　四冊　缺九卷(首、文集箋註一至八)

330000－1788－0001297　01427　集部/詞類/別集之屬

寄廬詞存二卷　(清)錢國珍撰　清咸豐十年(1860)江都錢氏古章安署刻本　一冊

330000－1788－0001298　00610　集部/別集類/明別集

卓忠毅公遺稿三卷首一卷附錄一卷　(明)卓敬撰　(清)林從炯編　清嘉慶張德標刻本　薛鍾斗批校　一冊

330000－1788－0001299　01555　集部/詩文評類

拜經樓叢書(愚谷叢書)二十三種　(清)吳騫撰　清乾隆至嘉慶海昌吳氏刻彙印本　一冊　存一種

330000－1788－0001300　00611　集部/別集類/明別集

卓忠毅公遺稿三卷首一卷附錄一卷　(明)卓敬撰　(清)林從炯編　清嘉慶張德標刻本　一冊

330000－1788－0001301　01153　集部/總集類/選集之屬/斷代

國朝正雅集九十九卷首一卷　（清）符葆森輯
清咸豐六年至七年（1856－1857）京師半畝園刻本　二十六冊　缺二十卷（首，一至二、十九至二十二、三十七至四十三、八十四至八十九）

330000－1788－0001302　01270　集部/總集類/選集之屬/通代

古文苑二十一卷　（宋）章樵注　清光緒十二年（1886）江蘇書局刻本　四冊

330000－1788－0001303　01119　集部/總集類/選集之屬/通代

樂府詩集一百卷目錄二卷　（宋）郭茂倩輯清同治十三年（1874）湖北崇文書局刻本　十二冊　缺二十八卷（四十九至六十一、六十九至八十三）

330000－1788－0001304　00427、00540、02741、02898、02907、02923、02924、02927、02928、03540　類叢部/叢書類/彙編之屬

武英殿聚珍版書一百三十八種　清光緒二十五年（1899）廣雅書局刻本　三十八冊　存十一種

330000－1788－0001305　01128、01445　類叢部/叢書類/彙編之屬

懺花盦叢書三十種　（清）宋澤元編　清光緒山陰宋氏刻十三年（1887）彙印本　十八冊　存二種

330000－1788－0001306　00543、00576、02143、03222　類叢部/叢書類/郡邑之屬

永嘉叢書十三種　（清）孫衣言編　清同治至光緒瑞安孫氏詒善祠墊刻本　二十三冊　存四種

330000－1788－0001307　01195　集部/總集類/酬唱之屬

西泠酬倡集五卷二集五卷三集五卷　（清）秦緗業等撰　清光緒刻本　二冊　存五卷（西泠酬倡集一至五）

330000－1788－0001308　01256　集部/總集類/選集之屬/通代

文選六十卷　（南朝梁）蕭統輯　（唐）李善注　（清）何焯評　清江右文彬堂刻朱墨套印本　十二冊

330000－1788－0001309　00584　集部/別集類/宋別集

劉後村詩集十六卷詩話二卷文集三十卷（宋）劉克莊撰　（清）姚廷謙校訂　清康熙五十九年（1720）姚廷謙刻本　三冊　存十六卷（詩集一至十六）

330000－1788－0001311　01259　集部/總集類/選集之屬/通代

文選六十卷　（南朝梁）蕭統輯　（唐）李善注　（清）何焯評　清乾隆三十七年（1772）長洲葉樹藩海錄軒刻朱墨套印本　十六冊

330000－1788－0001312　01458　類叢部/叢書類/郡邑之屬

三怡堂叢書二十種　張鳳臺編　清光緒三十二年至民國十二年（1906－1923）河南官書局刻本　一冊　存一種

330000－1788－0001313　01020　集部/別集類/清別集

莫宮草文一卷詩一卷　黃壽裒撰　清光緒二十五年（1899）刻本　二冊

330000－1788－0001315　01463　史部/地理類/雜志之屬

甌江竹枝詞一卷　（清）郭鍾岳撰　溫州竹枝詞一卷　（清）方鼎銳撰　清同治十一年（1872）和天倪齋、剡綠軒刻本　一冊

330000－1788－0001316　01255　集部/總集類/選集之屬/通代

文選六十卷　（南朝梁）蕭統輯　（唐）李善注　（清）何焯評　清味經堂刻朱墨套印本　十六冊

330000－1788－0001318　00423　集部/別集類/唐五代別集

駱侍御全集四卷　（唐）駱賓王撰　駱侍御文集考異一卷　（清）陳坡撰　清道光二十九年（1849）梅林駱氏滋德堂刻本　四冊

330000－1788－0001319　01486　集部/戲劇類/傳奇之屬

雙珠記二卷　（明）沈鯨撰　清刻本　一冊　存一卷（二）

330000－1788－0001321　00477　集部/別集類/唐五代別集

李長吉宣谷集句解定本四卷　（唐）李賀撰（清）姚佺箋　（清）蕭琯　（清）蔣文運評（清）丘象隨註　清刻本　宋慈袌跋　四冊

330000－1788－0001324　00755　集部/別集類/清別集

大俞山房詩稿四卷　（清）黃璋撰　清乾隆五十二年（1787）刻本　四冊

330000－1788－0001325　00830　集部/別集類/清別集

躬恥齋文鈔二十卷文後編六卷詩鈔十四卷詩後編七卷　（清）宗稷辰撰　清咸豐元年（1851）、九年（1859）越峴山館刻本　七冊　存十七卷（躬恥齋文鈔一至十七）

330000－1788－0001326　01395　集部/詞類/總集之屬

宋六十一家詞選十二卷　馮煦輯　清宣統二年（1910）上海掃葉山房石印本　四冊

330000－1788－0001329　00884　集部/別集類/清別集

紅巖山房詩稿十二卷　（清）徐鏞撰　（清）徐善員編　清光緒海甯徐亨記木活字印本　四冊

330000－1788－0001332　00773　類叢部/叢書類/彙編之屬

風雨樓叢書二十三種　鄧實編　清宣統順德鄧氏鉛印本　一冊　存一種

330000－1788－0001333　01172　集部/總集類/選集之屬/斷代

唐詩三百首註疏六卷　（清）孫洙編　（清）章燮注　清道光十四年（1834）刻本　二冊

330000－1788－0001334　00934　集部/別集類/清別集

憶琴書屋存藁四卷　（清）黃文涵撰　清光緒二年（1876）王頤正刻本　一冊　存二卷（一至二）

330000－1788－0001336　00864　集部/別集類/清別集

鳳研齋存稿二卷　（清）陳乙撰　清道光十七年（1837）陳襄刻本　一冊

330000－1788－0001343　00764　集部/別集類/清別集

復齋文集二十一卷詩集四卷首一卷末一卷（清）曾鏞撰　清嘉慶二十五年（1820）刻本十四冊

330000－1788－0001344　01217　集部/總集類/郡邑之屬

國朝嚴州詩錄八卷　（清）宗源瀚輯　清光緒二年（1876）刻本　二冊

330000－1788－0001349　01392　集部/詞類/總集之屬

詞選二卷　（清）張惠言輯　**附錄一卷**　（清）鄭善長輯　**續詞選二卷**　（清）董毅輯　清同治十一年（1872）會稽章氏刻本　一冊

330000－1788－0001351　00953　集部/別集類/清別集

燕筑吟一卷　（清）何楷章撰　清光緒木活字印本　一冊

330000－1788－0001352　01426　集部/詞類/別集之屬

滄江虹月詞三卷　（清）汪初撰　清嘉慶九年（1804）汪氏振綺堂刻光緒十五年（1889）汪曾唯增刻本　一冊

330000－1788－0001353　01481　子部/藝術類/音樂之屬/樂譜

瓶笙館修簫譜四卷　（清）舒位撰　清道光十三年（1833）錢塘汪氏振綺堂刻本　一冊

330000－1788－0001354　01047　集部/別集類/清別集

據梧集一卷　陳詩撰　清光緒二十九年（1903）上海商務印書館鉛印本　一冊

330000－1788－0001356　01201　集部/總集類/酬唱之屬

臺江驪唱集一卷天南鴻爪集一卷　黃鼎瑞輯　清光緒三十四年(1908)永嘉刻本　一冊

330000－1788－0001357　00932　集部/別集類/清別集

墨花軒詩詞刪存不分卷附詩餘一卷　（清）張葆謙撰　清同治四年(1865)張氏墨花軒刻本　一冊

330000－1788－0001360　01450　集部/詞類/別集之屬

新樂府詞一卷　（清）萬斯同撰　清同治八年(1869)刻本　一冊

330000－1788－0001361　01516　子部/小說家類/雜事之屬

里乘十卷　（清）許奉恩撰　清刻本　三冊　存三卷(二至四)

330000－1788－0001362　01385　集部/詞類/總集之屬

絕妙好詞箋七卷　（宋）周密輯　（清）查爲仁　（清）厲鶚箋　**絕妙好詞續鈔一卷**　（清）余集輯　**絕妙好詞又續鈔一卷**　（清）徐楙補錄　清同治十一年(1872)會稽章氏刻本　四冊

330000－1788－0001363　01248　集部/總集類/選集之屬/通代

重訂文選集評十五卷首一卷末一卷　（清）于光華輯　清刻本　十四冊　缺二卷(六、十)

330000－1788－0001367　01182　集部/總集類/郡邑之屬

樂成詩錄四卷　（清）鄭一龍輯　清光緒十九年至二十年(1893－1894)刻本　二冊

330000－1788－0001368　00882　集部/別集類/清別集

未灰齋文集八卷外集一卷　（清）徐鼒撰　清咸豐十一年(1861)福寧郡齋刻本　三冊　存五卷(文集一至五)

330000－1788－0001369　00686　集部/別集類/清別集

問山文集八卷　（清）丁煒撰　（清）黃與堅等選　清刻本　一冊　存六卷(三至八)

330000－1788－0001370　01452　類叢部/叢書類/自著之屬

西堂全集四種附一種　（清）尤侗撰　清刻本　一冊　存一種

330000－1788－0001371　00926　集部/別集類/清別集

雲起軒詩錄一卷　（清）文廷式撰　清光緒三十四年(1908)鉛印本　一冊

330000－1788－0001373　01186　類叢部/叢書類/自著之屬

隨園三十種　（清）袁枚撰　清乾隆至嘉慶刻本　二冊　存一種

330000－1788－0001375　01640　類叢部/類書類/專類之屬

類聯集錦八卷　（清）張宗濤輯　清刻本　二冊

330000－1788－0001376　00840　集部/別集類/清別集

艮庭雜著一卷艮庭小慧一卷艮庭詞三卷　（清）江聲撰　清乾隆江氏近市居篆刻本　一冊　缺三卷(艮庭詞一至三)

330000－1788－0001379　01521　類叢部/叢書類/彙編之屬

武英殿聚珍版書一百三十八種　清光緒二十五年(1899)廣雅書局刻本　一冊　存一種

330000－1788－0001381　01449　集部/詞類/別集類

四明萬季野先生新樂府詞二卷　（清）萬斯同撰　清同治七年(1868)刻本　一冊

330000－1788－0001382　00721　集部/別集類/清別集

春酒堂文集一卷　（清）周容撰　清宣統二年(1910)上海國學扶輪社鉛印本　一冊

330000－1788－0001384　00936　集部/別集類/清別集

寒香館文鈔八卷詩鈔四卷　（清）賀熙齡撰
皇清誥授朝議大夫掌四川道監察御史加二級
前翰林院編修京畿道監察御史提督湖北學政
賀蔗農先生崇祀鄉賢錄一卷　清道光二十八
年(1848)刻本　一冊　存二卷(詩鈔一至二)

330000－1788－0001386　00643、00749、
02173、02989　類叢部/叢書類/彙編之屬
張氏適園叢書七種　張鈞衡編　清宣統三年
(1911)上海國學扶輪社鉛印本　五冊　存
四種

330000－1788－0001394　01040　集部/別
集類
補學齋詩鈔四卷　胡調元撰　清光緒三十三
年(1907)鉛印本　一冊

330000－1788－0001395　00980　集部/別集
類/清別集
榴南山房詩存不分卷　（清）王蕙滋撰　清同
治十三年(1874)刻光緒六年(1880)補刻本
一冊

330000－1788－0001396　00918　集部/別集
類/清別集
吳摯甫詩集一卷　（清）吳汝綸撰　清宣統二
年(1910)上海國學扶輪社石印本　一冊

330000－1788－0001397　00921　類叢部/叢
書類/自著之屬
春在堂全書三十六種　（清）俞樾撰　清同治
至光緒刻光緒末彙印本　十二冊　存七種

330000－1788－0001401　00409　集部/別集
類/漢魏六朝別集
陶淵明文集十卷　（晉）陶潛撰　清光緒五年
(1879)番禺俞秀山刻本　三冊

330000－1788－0001402　00408　集部/別集
類/漢魏六朝別集
陶淵明文集十卷　（晉）陶潛撰　清光緒五年
(1879)會稽陶濬宣稷山樓影宋刻本　二冊

330000－1788－0001403　01877　類叢部/叢
書類/彙編之屬
祕書廿一種　（清）汪士漢編　清嘉慶三年

(1798)刻本　十五冊　存十七種

330000－1788－0001404　01876　類叢部/叢
書類/彙編之屬
祕書二十八種　（清）汪士漢編　清同治二年
(1863)刻本　十二冊　存二十七種

330000－1788－0001405　01842　類叢部/叢
書類/彙編之屬
文林綺繡十一種　（明）凌迪知編　清光緒二
十二年(1896)鴻寶齋書局石印本　十二冊

330000－1788－0001406　01882　類叢部/叢
書類/彙編之屬
唐人說薈一百六十四種　（清）陳世熙編　清
宣統三年(1911)上海掃葉山房石印本　十
六冊

330000－1788－0001407　01843　類叢部/叢
書類/彙編之屬
文林綺繡十一種　（明）凌迪知編　清光緒二
十二年(1896)鴻寶齋書局石印本　六冊　存
五種

330000－1788－0001414　01871、03497　類
叢部/叢書類/彙編之屬
風雨樓叢書二十三種　鄧實編　清宣統順德
鄧氏鉛印本　九冊　存五種

330000－1788－0001417　01495　子部/小說
家類/雜事之屬
世說新語六卷　（南朝宋）劉義慶撰　（南朝
梁）劉孝標注　清光緒二十二年(1896)上海
埽葉山房石印本　四冊

330000－1788－0001418　01475　集部/戲劇
類/雜劇之屬
增像第六才子書五卷首一卷　（元）王德信
（元）關漢卿撰　（清）金人瑞評　清光緒十五
年(1889)上海鴻寶齋石印本　六冊

330000－1788－0001419　01317　子部/儒家
類/儒學之屬/經濟
麻代經濟文編三十二卷　（清）顧炎武輯　清
光緒二十四年(1898)浙紹會文堂石印本
八冊

330000－1788－0001420　01278　集部/總集類/選集之屬/通代

唐宋八大家類選十四卷　（清）儲欣輯　清乾隆五十一年(1786)寶章堂刻本　十冊

330000－1788－0001421　00646　集部/別集類/明別集

重刊疑雨集四卷　（明）王彥泓撰　清宣統元年(1909)豐記印書局鉛印本　一冊　存一卷（一）

330000－1788－0001422　01654　集部/總集類/課藝之屬

試帖玉芙蓉集四卷　（清）同文書局主人選輯　清光緒十年(1884)上海同文書局石印本　四冊

330000－1788－0001423　01286　集部/總集類/彙編之屬

明選古文神駒六種　清光緒京城鴻文齋石印本　二十冊

330000－1788－0001425　01626　集部/總集類/尺牘之屬

曲園尺牘五卷　（清）俞樾撰　清光緒十七年(1891)上海石印本　一冊

330000－1788－0001427　01638　新學/幼學類

文學興國策二卷　（美國）林樂知譯　清光緒二十二年(1896)圖書集成局鉛印本　二冊

330000－1788－0001430　01622　集部/總集類/尺牘之屬

歸錢尺牘五卷　（清）顧械輯　清宣統二年(1910)保定官書局石印本　六冊

330000－1788－0001437　01603　集部/總集類/尺牘之屬

國朝名人書札二卷　吳增祺編纂　清宣統三年(1911)上海商务印书館鉛印本　四冊

330000－1788－0001438　01639　子部/藝術類/遊藝之屬/聯語

雙魚罌齋錄聯語□□種　（清）雙魚罌齋主人輯　清同治刻本　四冊　存三種

330000－1788－0001439　01623　集部/總集類/尺牘之屬

錢牧齋尺牘三卷補遺一卷　（清）錢謙益撰　清宣統二年(1910)上海商務印書館鉛印本　三冊

330000－1788－0001442　01624　集部/總集類/尺牘之屬

賴古堂全集三種　（清）周亮工輯　清宣統三年(1911)上海國學扶輪社石印本　九冊　存二種

330000－1788－0001443　01537、01985－2　類叢部/叢書類/彙編之屬

知不足齋叢書一百九十六種　（清）鮑廷博編　（清）鮑士恭續編　清乾隆三十七年至道光三年(1772－1823)長塘鮑氏刻彙印本　二冊　存四種

330000－1788－0001444　00671　集部/別集類/清別集

梅村集二十卷　（清）吳偉業撰　清宣統二年(1910)上海國學昌明社石印本　六冊

330000－1788－0001449　00448　集部/別集類/唐五代別集

唐陸宣公集二十二卷　（唐）陸贄撰　清光緒二十年(1894)上海鴻寶齋石印本　六冊

330000－1788－0001450　01467　集部/戲劇類/傳奇之屬

藏園九種曲　（清）蔣士銓撰　清乾隆經綸堂刻本　十二冊

330000－1788－0001452　01499　子部/小說家類

檮杌閒評五十卷五十回首一卷　清京都坊刻本　十二冊

330000－1788－0001453　01131　集部/總集類/彙編之屬

五朝詩別裁集　（清）□□輯　清小酉山房刻本　四十冊

330000－1788－0001454　01288　集部/總集類/選集之屬/通代

古文淵鑒六十四卷 （清）徐乾學等輯注 清成文堂影印本 二十四冊

330000－1788－0001455 00734 集部/別集類/清別集

甌北詩鈔二十卷 （清）趙翼撰 清道光二十三年（1843）味經堂刻本 四冊

330000－1788－0001456 01264 類叢部/叢書類/彙編之屬

增廣文選六種 （清）鴻寶齋書局輯 清光緒二十一年（1895）鴻寶齋書局石印本 十二冊

330000－1788－0001457 01470 集部/戲劇類/總集之屬/傳奇

笠翁傳奇十種 （清）李漁撰 清刻本 七冊 存七種

330000－1788－0001458 01439 集部/詞類/別集之屬

有正味齋詞集八卷 （清）吳錫麒撰 清宣統元年（1909）掃葉山房石印本 三冊

330000－1788－0001463 00725 集部/別集類/清別集

小倉山房詩集三十七卷補遺二卷 （清）袁枚撰 清末上海文明書局石印本 五冊

330000－1788－0001465 01617 集部/總集類/尺牘之屬

玉餘尺牘續編四卷 （清）莊士敏撰 清刻本 三冊 缺一卷（一）

330000－1788－0001467 01637 集部/總集類/尺牘之屬

依樣葫蘆四卷 （清）畏壘山人撰 （清）香湖居士錄 清光緒二年（1876）上洋掃葉山房刻本 四冊

330000－1788－0001470 01123 集部/總集類/選集之屬/斷代

唐賢三昧集三卷 （清）王士禛輯 清末上海錦章圖書局石印本 六冊

330000－1788－0001477 01410 集部/詞類/詞話之屬

詞苑叢談十二卷 （清）徐釚撰 清末上海有正書局鉛印本 四冊

330000－1788－0001478 01599 集部/總集類/尺牘之屬

歷代名人小簡二卷 吳曾祺輯 清宣統元年（1909）上海商務印書館鉛印本 二冊

330000－1788－0001479 01600 集部/總集類/尺牘之屬

歷代名人小簡二卷 吳曾祺輯 清宣統元年（1909）上海商務印書館鉛印本 二冊

330000－1788－0001481 01597 集部/總集類/尺牘之屬

歷代名人書札二卷 吳曾祺輯 清宣統三年（1911）上海商務印書館鉛印本 二冊

330000－1788－0001482 01605 集部/總集類/尺牘之屬

國朝名人小簡二卷 吳曾祺輯 清宣統元年（1909）上海商務印書館鉛印本 一冊

330000－1788－0001483 01604 集部/總集類/尺牘之屬

國朝名人小簡二卷 吳曾祺輯 清宣統三年（1911）上海商務印書館鉛印本 二冊

330000－1788－0001484 00645 集部/別集類/明別集

疑雨集四卷 （明）王彥泓撰 清宣統元年（1909）豐記印書局鉛印本 二冊

330000－1788－0001485 01625 集部/總集類/尺牘之屬

小倉山房尺牘六卷 （清）袁枚撰 清刻本 一冊

330000－1788－0001488 01166 集部/總集類/選集之屬/通代

古唐詩合解古詩四卷唐詩十二卷 （清）王堯衢注 清刻本 八冊

330000－1788－0001489 01527 集部/詩文評類/詩評之屬

詩品詩課鈔一卷 （清）鍾寶撰 詩品一卷

瑞安市博物館（玉海樓）古籍普查登記目錄

（唐）司空圖撰　清嘉慶二十一年（1816）小仙巢刻本　一冊

330000－1788－0001490　00782　類叢部/叢書類/自著之屬

隨園三十種　（清）袁枚撰　清刻本　四冊　存一種

330000－1788－0001491　00410　集部/別集類/漢魏六朝別集

陶淵明集十卷　（晉）陶潛撰　清光緒二年（1876）桐城徐椒岑刻本　二冊

330000－1788－0001492　01219　集部/總集類/課藝之屬

江左校士錄六卷　（清）黃體芳輯　清光緒十一年（1885）刻本　一冊　存一卷（經古一）

330000－1788－0001493　01235　集部/總集類/選集之屬/斷代

香痕盦影集四卷閨秀詩一卷　（清）吳仲編　清宣統元年（1909）鉛印本　四冊　缺一卷（香痕盦影集一）

330000－1788－0001496　01165　集部/總集類/郡邑之屬

粵十三家集　（清）伍元薇輯　清道光二十年（1840）詩雪軒刻本　四十二冊　缺十八卷（李駕部前集一至二、青霞漫稿、瑤石山人詩稿十四至十六、區太史詩集一至五、六瑩堂二集三至八、附錄）

330000－1788－0001497　01645　經部/叢編

經香紆紫十二卷　（宋）王應麟撰　（清）張羅澄輯　清光緒二十八年（1902）夢孔山房石印本　六冊

330000－1788－0001498　00400　集部/總集類/選集之屬/通代

御定歷代賦彙一百四十卷目錄二卷外集二十卷逸句二卷補遺二十二卷　（清）陳元龍輯　清光緒十二年（1886）雙梧書屋石印本　十六冊

330000－1788－0001499　00499　集部/別集類/唐五代別集

溫飛卿詩集七卷別集一卷集外詩一卷附錄諸家詩評一卷　（唐）溫庭筠撰　（明）曾益注　（清）顧予咸補注　（清）顧嗣立續注　清宣統二年（1910）上海國學扶輪社石印本　四冊

330000－1788－0001500　01281　集部/總集類/選集之屬/通代

唐宋八家文讀本三十卷首一卷　（清）沈德潛輯　清石印本　八冊

330000－1788－0001501　00608　類叢部/叢書類/彙編之屬

正誼堂全書六十三種續刻五種　（清）張伯行編　（清）楊浚重編　清同治五年（1866）福州正誼書院刻同治八年至光緒十三年（1869－1887）續刻本　二冊　存一種

330000－1788－0001503　01283　集部/總集類/彙編之屬

陳太僕批選八家文鈔　（清）陳兆崙編　清光緒二十六年（1900）天津文美齋石印本　六冊

330000－1788－0001505　00705　集部/總集類/選集之屬/斷代

詳註嚶求集二卷　（清）繆艮撰　（清）倪照注　清光緒十六年（1890）上海積山書局石印本　一冊

330000－1788－0001506　01558　集部/詩文評類/詩評之屬

樵隱詩話十三卷　（清）林鈞撰　清光緒二年至三年（1876－1877）刻本　六冊　存十二卷（一至十二）

330000－1788－0001507　01362　類叢部/類書類/專類之屬

皇朝駢文類苑十四卷首一卷　（清）姚燮選　清光緒十二年（1886）刻本　二十四冊

330000－1788－0001508　01620　集部/總集類/尺牘之屬

蘇黃尺牘四卷　（清）黃始篆輯　清同治元年（1862）刻本　三冊

330000－1788－0001509　00803　集部/別集類/清別集

煙霞萬古樓文集六卷 （清）王曇撰 清道光
二十年(1840)刻本 二冊

330000－1788－0001510 00552 集部/別集
類/宋別集

朱文公詩賦全集十卷朱文公詩集補遺一卷訓
蒙詩一卷 （宋）朱熹撰 朱文公序文全集二
十一卷庭訓一卷墨蹟一卷 （宋）朱熹撰 清
刻采芝山房印本 十二冊

330000－1788－0001511 01627 類叢部/叢
書類/彙編之屬

申報館叢書正集五十七種附錄三種 （清）尊
聞閣主編 續集一百四十二種 蔡爾康編
清同治至光緒上海申報館鉛印本 一冊 存
一種

330000－1788－0001512 00726 集部/別集
類/清別集

小倉山房詩集三十一卷補遺一卷附錄一卷
(清)袁枚撰 清兩儀堂刻本 六冊

330000－1788－0001513 01444 集部/總集
類/選集之屬/斷代

熙朝樂府十四卷 （清）周鈞鳌撰 （清）陳福
綏評 清光緒六年(1880)刻本 六冊

330000－1788－0001516 01244 集部/總集
類/選集之屬/通代

文選六十卷 （南朝梁）蕭統輯 （唐）李善注
文選考異十卷 （清）胡克家撰 清光緒六
年(1880)四明林植梅刻本 二十四冊

330000－1788－0001521 01315 集部/總集
類/選集之屬/斷代

皇朝經世文續編一百二十卷 （清）葛士濬輯
清光緒十四年(1888)鉛印本 二十四冊

330000－1788－0001527 01192 類叢部/叢
書類/郡邑之屬

粟香室叢書五十九種 金武祥編 清光緒至
民國江陰金氏刻本 一冊 存一種

330000－1788－0001529 00401 集部/總集
類/選集之屬/斷代

七十二明珠樓賦鈔四卷 （清）何卓然編輯

清咸豐三年(1853)刻本 二冊

330000－1788－0001530 01263 類叢部/叢
書類/彙編之屬

讀畫齋叢書四十六種 （清）顧修編 清光緒
十五年(1889)讀畫齋刻本 三冊 存二種

330000－1788－0001531 01409 集部/詞
類/類編之屬

天籟軒五種 （清）葉申薌撰 清道光閩中葉
氏天籟軒刻本 十二冊 存三種

330000－1788－0001532 00849 集部/別集
類/清別集

六吉齋詩鈔五卷 （清）鮑作雨撰 清同治十
二年(1873)南堤項氏刻本 一冊

330000－1788－0001533 01295、01296 集
部/總集類/選集之屬/通代

古文析義六卷二編八卷 （清）林雲銘輯注
清經國堂刻本 十四冊

330000－1788－0001534 00946 集部/別集
類/清別集

女書癡存稿三卷 （清）錢蕙孃撰 清道光五
年(1825)刻本 一冊

330000－1788－0001535 01544 集部/詩文
評類/詩評之屬

聲調譜三卷談龍錄一卷 （清）趙執信撰 清
乾隆三年(1738)、三十九年(1774)因園刻本
一冊

330000－1788－0001536 01466 集部/戲劇
類/總集之屬/選集

紅雪樓九種曲 （清）蔣士銓撰 清煥乎堂刻
本 六冊

330000－1788－0001539 01343 新學/報章

湘報文編三卷 （清）湘報館編 清光緒上海
廣智書局鉛印本 三冊

330000－1788－0001540 01653 集部/總集
類/選集之屬/斷代

國朝存真訂註四卷 （清）鄭杰撰 清刻本
五冊

330000－1788－0001541　01510　子部/小說家類/雜事之屬

才情集十卷　（明）吳敬所輯　清光緒二十年(1894)上海晉記書莊鉛印本　四冊

330000－1788－0001542　01302　集部/總集類/選集之屬/通代

古文辭類纂七十四卷　（清）姚鼐輯　**續古文辭類纂三十四卷**　王先謙輯　清光緒三十三年(1907)上海商務印書館鉛印本　八冊　存七十四卷(古文辭類纂一至七十四)

330000－1788－0001547　01124　集部/總集類/選集之屬/通代

御選唐宋詩醇四十七卷目錄二卷　（清）高宗弘曆輯　清緯文堂刻本　二十三冊　缺二卷(四十四至四十五)

330000－1788－0001549　00759　集部/別集類/清別集

有正味齋駢體文二十四卷首一卷　（清）吳錫麒撰　（清）王廣業箋　（清）葉聯芬注　清光緒十五年(1889)上海蜚英館石印本　四冊

330000－1788－0001555　00786　集部/別集類/清別集

香草齋詩註六卷　（清）黃任撰　（清）陳應魁注　清嘉慶十九年(1814)陳應魁刻本　六冊

330000－1788－0001556　00891　類叢部/叢書類/自著之屬

有恆心齋集六種附一種　（清）程鴻詔撰　清同治刻本　四冊　存三種

330000－1788－0001557　01306　集部/總集類/選集之屬/通代

古文辭類纂七十四卷　（清）姚鼐輯　清同治刻本　十二冊

330000－1788－0001564　01265　集部/總集類/選集之屬/通代

文選五卷首一卷　（南朝梁）蕭統輯　（唐）李善注　**文選考異一卷**　（清）胡克家撰　清光緒十四年(1888)同文書局石印本　六冊

330000－1788－0001565　00916　集部/別集類/清別集

越縵堂集十卷　（清）李慈銘撰　清光緒十六年(1890)刻本　四冊

330000－1788－0001569　00950　集部/別集類/清別集

自鳴稿二卷　（清）王壽康撰　清咸豐五年(1855)槎東別墅刻本　一冊

330000－1788－0001572　01659、01688　類叢部/叢書類/彙編之屬

宜稼堂叢書七種　（清）郁松年編　清道光二十年至二十二年(1840－1842)上海郁氏刻本　十二冊　存二種

330000－1788－0001576　01592　類叢部/叢書類/彙編之屬

弢廬叢書□□種　（清）汪宗沂輯　清光緒三十四年(1908)溫州務本石印本　一冊　存一種

330000－1788－0001577　01490　類叢部/叢書類/彙編之屬

古今說海一百三十五種　（明）陸楫等編　清宣統元年(1909)上海集成圖書公司鉛印本　十二冊

330000－1788－0001578　01032　集部/別集類/清別集

含暉堂遺稿二卷　（清）陳觀西撰　清咸豐元年(1851)刻本　一冊

330000－1788－0001579　00924　集部/別集類/清別集

于湖小集六卷附金梁事詩一卷　（清）袁昶撰　清光緒二十年(1894)水明樓刻本　二冊　存五卷(于湖小集一至五)

330000－1788－0001580　01393　集部/詞類/總集之屬

詞選七種　（清）張惠言輯　清刻本　四冊　存四種

330000－1788－0001581　01337　集部/總集類/課藝之屬

詁經精舍三集經解二卷辭賦三卷戊辰己巳庚

午年官師課合刻六卷　（清）俞樾編　清同治六年至九年（1867－1870）刻本　一冊　存一卷（庚午年一）

330000－1788－0001582　01299　集部/總集類/選集之屬/通代

古文辭類纂七十四卷　（清）姚鼐輯　續古文辭類纂三十四卷　王先謙輯　清光緒三十三年（1907）上海商務印書館鉛印本　十二冊

330000－1788－0001585　01781　集部/別集類/清別集

大雲山房文稿初集四卷二集四卷言事二卷　（清）惲敬撰　清嘉慶二十年（1815）刻本　八冊

330000－1788－0001588　01734　類叢部/叢書類/自著之屬

中復堂全集九種附一種　（清）姚瑩撰　清道光刻本　二十二冊　存七種

330000－1788－0001591　00729　集部/別集類/清別集

袁文箋正十六卷補注一卷　（清）袁枚撰　（清）石韞玉箋　清光緒十四年（1888）上海蜚英館石印本　二冊

330000－1788－0001595　01944　類叢部/叢書類/自著之屬

吉雨山房全集二種附二種　（清）郭篯齡撰　清光緒十六年（1890）刻本　二十二冊

330000－1788－0001596　01512　子部/小說家類/異聞之屬

燕山外史註釋八卷補註一卷　（清）陳球撰　（清）傅聲谷注　清光緒五年（1879）東甌師古齋刻本　二冊

330000－1788－0001597　01046　集部/別集類/清別集

尊瓠室詩一卷　陳詩撰　清光緒三十四年（1908）鉛印本　一冊

330000－1788－0001600　01044　集部/別集類/清別集

尊瓠室詩一卷　陳詩撰　清光緒三十四年

（1908）鉛印本　一冊

330000－1788－0001601　01000　史部/地理類/雜志之屬

瑞安百詠一卷　（清）黃紹第撰　清刻本　一冊

330000－1788－0001602　00537　類叢部/叢書類/彙編之屬

海山仙館叢書五十六種　（清）潘仕成編　清道光二十五年至咸豐元年（1845－1851）番禺潘氏刻光緒十一年（1885）增刻彙印本　一冊　存一種

330000－1788－0001603　00809　集部/別集類/清別集

小謨觴館文集四卷　（清）彭兆蓀撰　清光緒七年（1881）近性樓刻本　一冊

330000－1788－0001604　00811　集部/別集類/清別集

小謨觴館文續集二卷　（清）彭兆蓀撰　清光緒九年（1883）刻本　一冊

330000－1788－0001605　01184　集部/總集類/選集之屬/通代

歷朝名媛詩詞十二卷　（清）陸昶輯　清宣統三年（1911）上海掃葉山房石印本　四冊

330000－1788－0001607　00985　集部/別集類/清別集

四勿齋遺詩一卷　（清）介祺撰　清光緒二十九年（1903）刻朱印本　一冊

330000－1788－0001608　01783　集部/別集類/清別集

養一齋文集二十卷　（清）李兆洛撰　清光緒四年（1878）刻本　八冊

330000－1788－0001609　01744　集部/別集類/清別集

月齋文集八卷詩集四卷　（清）張穆撰　（清）吳履敬　（清）吳式訓編　清咸豐八年（1858）壽陽祁寯藻北京刻本　四冊

330000－1788－0001611　00231　集部/總集

類/選集之屬/通代
御定歷代賦彙一百四十卷外集二十卷逸句二卷補遺二十二卷目錄四卷 （清）陳元龍輯 清康熙四十五年（1706）刻本 六十二冊 缺六卷（御定歷代賦彙一至二、一百二十二至一百二十五）

330000－1788－0001613 01661、01763 集部/總集類/彙編之屬
漢魏六朝一百三家集（漢魏六朝百三名家集） （明）張溥編 明婁東張氏刻本 二冊 存二種

330000－1788－0001617 01722 集部/別集類/清別集
崇百藥齋文集二十卷續集四卷三集十二卷 （清）陸繼輅撰 清光緒四年（1878）陸祐勤等興國州署刻本 四冊 存十四卷（文集一至十四）

330000－1788－0001618 01735 集部/別集類/清別集
漱六山房文集十二卷詩集十三卷 （清）郝植恭撰 清光緒四年（1878）、六年（1880）刻本 十冊

330000－1788－0001620 01679 集部/別集類/宋別集
宋宗忠簡公集八卷首一卷 （宋）宗澤撰 清咸豐元年（1851）刻本 二冊

330000－1788－0001621 01805 集部/總集類/選集之屬/通代
御選唐宋文醇五十八卷目錄一卷 （清）高宗弘曆輯 清光緒三年（1877）浙江書局刻本 十九冊 缺三卷（二十八至三十）

330000－1788－0001628 01692、01701、02934 類叢部/叢書類/郡邑之屬
金華叢書六十八種 （清）胡鳳丹編 清同治七年至光緒八年（1868－1882）永康胡氏退補齋刻民國補刻本 二十六冊 存三種

330000－1788－0001629 01723 集部/別集類/清別集

白華前稿六十卷 （清）吳省欽撰 清乾隆四十八年（1783）刻本 十冊

330000－1788－0001630 01741 集部/別集類/清別集
徧行堂集十六卷 （清）釋澹歸撰 清宣統三年（1911）上海國學扶輪社鉛印本 八冊

330000－1788－0001631 01798 集部/別集類/清別集
金峨山館文集不分卷 （清）郭傳璞撰 清光緒刻本 二冊

330000－1788－0001632 01815 集部/詩文評類/詩評之屬
海山詩屋詩話十卷 （清）李文泰撰 清光緒四年（1878）粵冬羊城森寶閣鉛印本 五冊

330000－1788－0001635 01775 集部/叢編
四忠遺集 （清）羅文謙編 清光緒二十三年（1897）湘南書局刻本 二冊 存一種

330000－1788－0001637 01724 集部/別集類/清別集
校訂定盦全集十卷 （清）龔自珍撰 **定盦[龔自珍]年譜藁本一卷** （清）黃守恆撰 清宣統元年（1909）上海時中書局鉛印本 八冊

330000－1788－0001639 01729 集部/別集類/清別集
青虛山房集十一卷 （清）王太岳撰 清光緒十九年（1893）定興鹿傳霖刻本 六冊

330000－1788－0001641 01705 集部/別集類/明別集
盤谷集五卷 （明）劉鷹撰 清光緒二十七年（1901）東甌劉氏刻本 二冊

330000－1788－0001642 01747 集部/別集類/清別集
曇雲閣詩集八卷補遺一卷附錄二卷外集一卷詞鈔一卷詞續刻一卷音匏隨筆一卷 （清）曹楙堅撰 清道光二十三年（1843）刻同治十二年（1873）增刻本 五冊 缺三卷（附錄一至二、外集）

330000－1788－0001643　01746　集部/別集類/清別集

慎盦文鈔二卷詩鈔二卷　（清）左宗植撰　清光緒元年(1875)刻本　三冊

330000－1788－0001644　01743　集部/別集類/清別集

青草堂集十二卷二集十六卷　（清）趙國華撰　清同治十一年(1872)、光緒八年(1882)趙國華濟南刻本　六冊　缺十卷(六至十二,二集一至二、十二)

330000－1788－0001645　01715　集部/別集類/清別集

七頌堂詩集十卷文集二卷識小錄一卷　（清）劉體仁撰　清同治四年至六年(1865－1867)劉璸刻七年(1868)增刻本　四冊

330000－1788－0001646　01785　集部/別集類/清別集

復初齋文集三十五卷　（清）翁方綱撰　清道光十六年(1836)刻光緒三年(1877)重修本　十冊

330000－1788－0001648　01780　集部/別集類/清別集

集虛齋學古文十二卷附離騷經解畧一卷　（清）方楘如撰　清刻本　四冊

330000－1788－0001649　01709　集部/別集類/清別集

寒松堂全集十二卷[魏象樞]年譜一卷　（清）魏象樞撰　清嘉慶十六年(1811)魏煜刻本　十三冊

330000－1788－0001650　01771　集部/別集類/宋別集

龍川文集三十卷補遺一卷　（宋）陳亮撰　**附錄二卷**　（清）應寶時補編　**札記一卷**　（明）宋廷輔撰　清同治八年(1869)永康應寶時刻本　十冊

330000－1788－0001651　01810　集部/詩文評類/詩評之屬

藝苑名言八卷首一卷　（清）蔣瀾撰　清乾隆

四十年(1775)刻本　二冊　存五卷(首、一至四)

330000－1788－0001652　01708　集部/別集類/明別集

新刻張太岳先生詩文集四十七卷　（明）張居正撰　清刻本　十冊

330000－1788－0001653　01670　集部/別集類/唐五代別集

唐丞相曲江張文獻公集十二卷附錄一卷千秋金鑑錄五卷　（唐）張九齡撰　清光緒十八年(1892)張曉如刻本　四冊　缺七卷(十一至十二、千秋金鑑錄一至五)

330000－1788－0001655　01807　集部/總集類/選集之屬/通代

咏物詩選註釋八卷　（清）俞琰輯　（清）易開緒　（清）孫洊鳴註　清同治七年(1868)緯文堂刻本　四冊

330000－1788－0001656　01786　集部/別集類/清別集

煙霞萬古樓文集六卷　（清）王曇撰　清道光二十年(1840)刻本　二冊

330000－1788－0001659　01720　集部/別集類/清別集

紀文達公遺集三十二卷　（清）紀昀撰　（清）紀樹馨編　清嘉慶十七年(1812)紀樹馥刻本　十六冊

330000－1788－0001660　03913　類叢部/叢書類/彙編之屬

滂喜齋叢書五十種　（清）潘祖蔭編　清同治至光緒吳縣潘氏京師刻本　一冊　存一種

330000－1788－0001661　01812　集部/別集類/清別集

快軒詩則四卷　（清）林滋秀撰　清道光刻本　一冊　存二卷(一至二)

330000－1788－0001662　01733　集部/別集類/清別集

綠雪堂遺集二十卷　（清）王衍梅撰　清道光二十年(1840)刻本　七冊

330000－1788－0001663　01821　集部/別集
類/唐五代別集

杜詩鏡銓二十卷　（清）楊倫撰　**讀書堂杜工
部文集註解二卷**　（清）張溍撰　清光緒十八
年(1892)鉛印本　七冊

330000－1788－0001664　01765　集部/別集
類/唐五代別集

樊南文集詳註八卷　（唐）李商隱撰　（清）馮
浩編訂　清乾隆四十五年(1780)德聚堂刻同
治七年(1868)桐鄉馮氏重修本　四冊

330000－1788－0001665　01779　類叢部/叢
書類/自著之屬

鹿洲全集七種　（清）藍鼎元撰　清同治十一
年(1872)同文堂刻本　十一冊

330000－1788－0001666　01691　集部/別集
類/元別集

余忠宣公文集六卷　（元）余闕撰　（清）余秉
剛編　清同治六年(1867)皖江臬署刻本
二冊

330000－1788－0001667　01714　類叢部/叢
書類/自著之屬

西堂全集四種附一種　（清）尤侗撰　清康熙
刻本　二十四冊　存四種

330000－1788－0001668　01811　集部/詩文
評類/詩評之屬

漁隱叢話前集六十卷後集四十卷　（宋）胡仔
撰　清乾隆五年至六年(1740－1741)海鹽楊
佑啓耘經樓刻本　三冊　缺四十卷(漁隱叢
話前集四十一至六十、後集二十一至四十)

330000－1788－0001669　01826　集部/總集
類/選集之屬/通代

古文辭類纂七十五卷附錄一卷　（清）姚鼐輯
　校勘記一卷　（清）李承淵撰　**續古文辭類
纂二十八卷**　（清）黎庶昌輯　清光緒二十七
年(1901)滁州李氏求要堂刻三十二年(1906)
補刻本　十五冊　缺三十九卷(古文辭類纂
一至三十一,續古文辭類一至三、七至八、十
六至十八)

330000－1788－0001670　01666　集部/別集
類/唐五代別集

昌黎先生詩增注証訛十一卷　（唐）韓愈撰
（清）黃鉞增注証訛　**昌黎先生[韓愈]年譜一
卷**　（清）黃鉞編　清道光二十八年(1848)黃
中民刻咸豐七年(1857)四明鮑氏二客軒印本
四冊

330000－1788－0001673　01774　集部/別集
類/明別集

二谷山人集十卷　（明）侯一元撰　清光緒十
七年至十八年(1891－1892)浙甌梅師古齋刻
本　清廷諤氏跋　六冊

330000－1788－0001676　01676　集部/別集
類/宋別集

屏山全集二十卷　（宋）劉子翬撰　清道光十
八年(1838)溫陵李廷鈺秋柯草堂刻本　六冊

330000－1788－0001677　01745　集部/別集
類/清別集

硯食齋詩鈔四卷　（清）彭定瀾撰　清同治二
年(1863)刻本　四冊

330000－1788－0001678　01832　集部/別集
類/唐五代別集

樊川詩集四卷別集一卷外集一卷補遺一卷
（唐）杜牧撰　（清）馮集梧注　清嘉慶六年
(1801)德裕堂刻本　四冊

330000－1788－0001679　01764　集部/別集
類/漢魏六朝別集

曹集銓評十卷　（三國魏）曹植撰　（清）丁晏
詮評　**曹集逸文一卷**　（清）丁晏輯　**魏陳思
王[曹植]年譜一卷附錄一卷**　（清）丁晏撰
清同治十一年(1872)金陵書局刻本　二冊

330000－1788－0001680　01682　集部/別集
類/宋別集

西山先生真文忠公文集五十五卷目錄二卷
（宋）真德秀撰　清同治四年(1865)刻本　二
十八冊

330000－1788－0001681　01752　集部/別集
類/清別集

焦尾閣遺稿一卷 （清）盧德儀撰 （清）王彥威 （清）王彥澈輯 清光緒九年（1883）刻本 一冊

330000－1788－0001682 01787 類叢部/叢書類/自著之屬

煙嶼樓集四種 （清）徐時棟撰 清同治至光緒刻彙印本 八冊 存一種

330000－1788－0001684 01742 類叢部/叢書類/彙編之屬

心矩齋叢書十一種 （清）蔣鳳藻編 清光緒長洲蔣氏刻本 四冊 存一種

330000－1788－0001685 01831 集部/別集類/清別集

南雷文定前集十一卷後集四卷三集三卷四集四卷附錄一卷 （清）黃宗羲撰 清黃氏耕餘樓刻本 八冊

330000－1788－0001686 01684 集部/別集類/宋別集

廬陵宋丞相信國公文忠烈先生全集十六卷附文忠烈公從祀原案錄一卷 （宋）文天祥撰 （清）文有煥等編輯 清雍正三年（1725）文氏五桂堂刻道光二十三年（1843）補刻本 二十冊

330000－1788－0001687 01738 集部/別集類/清別集

哀生閣初稿四卷續稿三卷 （清）王大經撰 清光緒十一年（1885）平湖王氏刻本 四冊 缺二卷（初稿一至二）

330000－1788－0001688 01731 集部/別集類/清別集

思伯子堂詩集三十二卷 （清）張際亮撰 清同治八年（1869）姚濬昌湖口刻本 九冊 缺三卷（十八至二十）

330000－1788－0001689 02786－18 史部/傳記類/科舉錄之屬/歷科鄉試錄

[光緒己卯科]浙江鄉試硃卷一卷 （清）陳聯科撰 清刻本 一冊

330000－1788－0001690 01721 集部/別集

類/清別集

紀文達公遺集三十二卷 （清）紀昀撰 （清）紀樹馨編 清嘉慶十七年（1812）紀樹馥刻本 十冊

330000－1788－0001691 01837 集部/總集類/選集之屬/斷代

唐詩三百首註疏六卷 （清）孫洙編 （清）章燮注 清道光十五年（1835）浙蘭慎言堂刻本 二冊

330000－1788－0001692 01662 集部/詩文評類/文評之屬

文心雕龍十卷 （南朝梁）劉勰撰 （清）黃叔琳輯注 （清）紀昀評 清道光十三年（1833）盧坤兩廣節署刻朱墨套印本 四冊

330000－1788－0001693 01808 集部/總集類/彙編之屬

新刻諸葛宗岳史四公文集 （清）劉質慧輯 清同治十二年（1873）三原劉氏述荊堂刻本 十四冊

330000－1788－0001694 01706 集部/別集類/明別集

華泉先生集選四卷 （明）邊貢撰 邊仲子詩一卷 （明）邊習撰 （清）王士禎 （清）徐夜選 清康熙刻本 一冊

330000－1788－0001695 01749 類叢部/叢書類/自著之屬

桐城吳先生全書六種附二種 （清）吳汝綸撰 清光緒三十年（1904）王恩綏等刻民國印本 五冊 存二種

330000－1788－0001696 01681 類叢部/叢書類/家集之屬

洪氏晦木齋叢書二十一種 （清）洪汝奎編 清同治八年至宣統元年（1869－1909）刻本 一冊 存一種

330000－1788－0001697 01683 集部/別集類/宋別集

陸象山先生文集三十六卷附校勘署一卷 （宋）陸九淵撰 象山先生[陸九淵]年譜一卷

（宋）李子願編　**少湖徐先生學則辯一卷**
（明）徐階撰　**陸梭山公家制一卷**　（宋）陸九
韶撰　清同治十年(1871)大儒家廟刻光緒七
年(1881)陸氏素位堂增刻本　十二冊

330000－1788－0001698　01796　集部/別集
類/清別集

心白日齋集六卷　（清）尹耕雲撰　清光緒十
年(1884)刻本　二冊　存四卷(一至四)

330000－1788－0001699　01673　集部/別集
類/宋別集

**欒城集五十卷後集二十四卷三集十卷應詔集
十二卷**　（宋）蘇轍撰　清道光十二年(1832)
眉州三蘇祠刻三蘇全集本　十二冊　缺十二
卷(欒城集一至十、四十九至五十)

330000－1788－0001700　01672　集部/別集
類/宋別集

**蘇文忠公詩編註集成四十六卷集成總案四十
五卷諸家雜綴酌存一卷蘇海識餘四卷牋詩圖
一卷**　（清）蘇軾撰　（清）王文誥輯注　清光
緒十四年(1888)浙江書局刻本　二十四冊

330000－1788－0001702　01712　集部/別集
類/清別集

變雅堂文集八卷詩集十卷附錄二卷　（清）杜
濬撰　清光緒二十年(1894)黃岡沈氏刻本
六冊

330000－1788－0001703　01777　集部/別集
類/清別集

居業齋文稿二十卷　（清）金德嘉撰　清康熙
刻本　五冊　缺三卷(三至五)

330000－1788－0001704　01794　類叢部/叢
書類/自著之屬

覆瓿集十三種附一種　（清）張文虎撰　清同
治至光緒刻本　二冊　存一種

330000－1788－0001705　01728　集部/別集
類/清別集

清素堂詩集九卷詞鈔一卷　（清）石鈞撰　清
乾隆六十年(1795)白雪書屋刻本　一冊　缺
四卷(一至四)

330000－1788－0001706　01737　集部/別集
類/清別集

笠杖集六卷　（清）張盛藻撰　清光緒七年
(1881)刻本　一冊　存四卷(一至四)

330000－1788－0001707　01766、01767　集
部/總集類/彙編之屬

三唐人集　（清）馮焌光編　清光緒南海馮氏
讀有用書齋刻本　五冊　存二種

330000－1788－0001708　01689　集部/別集
類/元別集

雁門集十四卷附卷一卷　（元）薩都拉撰
（清）薩龍光編注　**雁門集倡和錄一卷別錄一
卷**　（清）薩龍光輯　清嘉慶十二年(1807)刻
本　四冊　存七卷(一至七)

330000－1788－0001709　01788　類叢部/叢
書類/自著之屬

煙嶼樓集四種　（清）徐時棟撰　清同治至光
緒刻彙印本　七冊　存一種

330000－1788－0001710　01768　集部/總集
類/彙編之屬

三唐人集　（清）馮焌光編　清光緒南海馮氏
讀有用書齋刻本　一冊　存一種

330000－1788－0001711　01674　集部/總集
類/尺牘之屬

三蘇全集四種　（清）弓翊清等編　清道光七
年至十二年(1827－1832)眉州三蘇祠刻本
三冊　存一種

330000－1788－0001712　01825　集部/總集
類/選集之屬/通代

文選六十卷　（南朝梁）蕭統輯　（唐）李善注
（清）何焯評　清乾隆三十七年(1772)長洲
葉樹藩海錄軒刻朱墨套印本　十一冊　缺四
卷(五至八)

330000－1788－0001713　01784　集部/別集
類/清別集

忠雅堂文集十二卷　（清）蔣士銓撰　清嘉慶
二十一年(1816)藏園刻本　六冊

330000－1788－0001714　01707　類叢部/叢

書類/自著之屬

梓溪文鈔二種 （明）舒芬撰　明萬曆四十八年（1620）舒璪刻本　四冊　存一種

330000－1788－0001716　01727　集部/別集類/清別集

忠雅堂詩集二十七卷補遺二卷銅絃詞附南北曲一卷　（清）蔣士銓撰　清嘉慶三年（1798）揚州刻本　五冊

330000－1788－0001721　01762　集部/別集類/清別集

鬱華閣遺集四卷　（清）盛昱撰　清光緒二十八年（1902）楊鍾義武昌刻留垞叢刻朱印本　一冊

330000－1788－0001722　01740　集部/別集類/清別集

餐鞠軒詩草一卷　（清）伍淡如撰　清光緒十四年（1888）刻本　一冊

330000－1788－0001723　01797　集部/別集類/清別集

漱六山房全集十一卷　（清）吳昆田撰　清光緒刻本　三冊　缺五卷（詩一至四、文一）

330000－1788－0001724　01791　集部/別集類/清別集

孟塗文集十卷駢體文二卷　（清）劉開撰　清光緒十二年（1886）張壽榮刻本　四冊

330000－1788－0001727　01799　集部/別集類/清別集

童溫處公遺書六卷首一卷　（清）童兆蓉撰　清光緒寧鄉童氏柮陰書屋刻本　三冊　缺三卷（二至三、六）

330000－1788－0001728　01710　集部/別集類/明別集

雪鴻堂詩蒐逸三卷附錄一卷　（明）謝三秀撰　清咸豐元年（1851）王介臣遵義刻本　一冊

330000－1788－0001729　01792　類叢部/叢書類/自著之屬

藝風堂彙刻十六種　繆荃孫撰　清光緒至民國刻本　四冊　存一種

330000－1788－0001730　01776、03446　類叢部/叢書類/自著之屬

船山遺書五十八種　（清）王夫之撰　清同治四年（1865）湘鄉曾國荃金陵刻光緒十三年（1887）船山書院補刻本　二冊　存二種

330000－1788－0001731　01793　集部/別集類/清別集

顯志堂稿十二卷　（清）馮桂芬撰　清光緒二年（1876）吳縣馮氏校邠盧刻本　八冊

330000－1788－0001732　01718　集部/別集類/清別集

鮚埼亭集三十八卷經史問答十卷鮚埼亭集外編五十卷　（清）全祖望撰　**全氏世譜一卷〔全祖望〕年譜一卷**　（清）董秉純撰　清嘉慶九年（1804）、十六年（1811）刻　二十二冊

330000－1788－0001734　01730　集部/別集類/清別集

錢南園先生遺集五卷　（清）錢灃撰　清光緒十九年（1893）保山劉樹堂浙江書局刻本　四冊

330000－1788－0001735　01719　集部/別集類/清別集

樂善堂全集定本三十卷　（清）高宗弘曆撰　清乾隆二十四年（1759）內府刻本　六冊　缺六卷（一至六）

330000－1788－0001736　01739　集部/別集類/清別集

函雅堂集二十四卷　王詠霓撰　清光緒刻本　八冊

330000－1788－0001737　01717　集部/別集類/清別集

黃葉邨莊詩集八卷續集一卷後集一卷　（清）吳之振撰　清康熙三十五年（1696）刻四十一年（1702）、五十一年（1712）增刻本　四冊

330000－1788－0001738　01665　集部/別集類/唐五代別集

新刊五百家註音辯昌黎先生文集四十卷　（唐）韓愈撰　（宋）魏仲舉輯注　清乾隆四十

九年(1784)刻本　六冊

330000 – 1788 – 0001739　01778　集部/別集類/清別集

思綺堂文集十卷　(清)章藻功撰　清康熙六十一年(1722)聚錦堂刻本　十冊

330000 – 1788 – 0001740　01663　集部/別集類/唐五代別集

杜詩詳註二十五卷首一卷附錄二卷　(唐)杜甫撰　(清)仇兆鰲輯注　清康熙刻本　二十冊

330000 – 1788 – 0001742　01498　子部/小說家類/異聞之屬

西京雜記二卷　(漢)劉歆撰　清乾隆五十二年(1787)抱經堂刻本　一冊

330000 – 1788 – 0001745　01914　類叢部/叢書類/郡邑之屬

橫山草堂叢書二十二種附三種　陳慶年編　清宣統二年至民國八年(1910 – 1919)丹徒陳氏刻本　冒廣生題記　八冊　存十四種

330000 – 1788 – 0001747　01873　類叢部/叢書類/自著之屬

番禺陳氏東塾叢書初函四種附一種　(清)陳澧撰　清咸豐至光緒刻本　七冊　存四種

330000 – 1788 – 0001749　01933　集部/別集類/清別集

惜抱軒集八十八卷　(清)姚鼐撰　清光緒三十三年(1907)上海校經山房刻本　十六冊

330000 – 1788 – 0001752　02675　史部/金石類/總志之屬/題跋

九鐘精舍金石跋尾甲編一卷乙編一卷　吳士鑑撰　清宣統二年(1910)刻本　宋慈襄跋　二冊

330000 – 1788 – 0001755　02662　史部/金石類/石之屬/通考

匋齋藏石記四十四卷首一卷匋齋藏甎記二卷　(清)端方輯　清宣統二年(1910)上海商務印書館石印本　十二冊

330000 – 1788 – 0001757　02718　史部/金石類/總志之屬/目錄

竹崦盦金石目錄五卷　(清)趙魏藏并撰　清宣統元年(1909)錢塘吳士鑑長沙刻本　四冊

330000 – 1788 – 0001759　02689　史部/金石類/金之屬/圖像

攀古廎彝器款識二卷　(清)潘祖蔭撰　清同治十一年(1872)潘氏滂喜齋刻民國三年(1914)重印本　二冊

330000 – 1788 – 0001769　02696　史部/金石類/金之屬

奇觚室吉金文述二十卷首一卷　(清)劉心源撰　清光緒二十八年(1902)石印本　十冊

330000 – 1788 – 0001776　02417　史部/地理類/雜志之屬

蜀中名勝記三十卷　(明)曹學佺撰　清宣統二年(1910)成都茹古書局刻本　十冊

330000 – 1788 – 0001777　02418　史部/地理類/雜志之屬

蜀中名勝記三十卷　(明)曹學佺撰　清宣統二年(1910)成都茹古書局刻本　十冊

330000 – 1788 – 0001779　02131　新學/史志/諸國史

世界諸國名義考　(日本)秋鹿見二撰　(清)沈誦清譯　清光緒二十九年(1903)上海廣智書局鉛印本　一冊

330000 – 1788 – 0001780　02129、02130　史部/叢編

史學小叢書□□種　清光緒上海廣智書局鉛印本　二冊　存二種

330000 – 1788 – 0001781　00577　類叢部/叢書類/郡邑之屬

永嘉叢書十三種　(清)孫衣言編　清同治至光緒瑞安孫氏詒善祠塾刻本　三冊　存一種

330000 – 1788 – 0001783　02127　新學/史志

最近支那史二卷　(日本)河野通之　(日本)石村貞一輯　清光緒上海振東室學社影印本　三冊

330000－1788－0001784　02351　史部/地理類/外紀之屬

地球韻言四卷　（清）張士瀛撰　清光緒二十九年(1903)上海商務印書館鉛印本　二冊

330000－1788－0001785　02786－19　史部/傳記類/科舉錄之屬/歷科鄉試錄

[咸豐壬子科]浙江鄉試硃卷一卷　（清）葉寶衡撰　**[補行咸豐辛酉科並同治壬戌恩科]浙江鄉試硃卷一卷**　（清）吳鴻翔撰　**[同治癸酉科]浙江鄉試硃卷一卷**　（清）王黼廊撰　**[補行咸豐辛酉科並同治壬戌恩科]浙江鄉試硃卷一卷**　（清）朱鼎撰　清刻本　一冊

330000－1788－0001789　02633　史部/目錄類/總錄之屬/彙刻

彙刻書目初編十卷補編一卷新編一卷續編一卷　（清）顧修輯　清嘉慶二十五年(1820)璜川吳氏刻本　十冊

330000－1788－0001792　02073　新學/史志/別國史

支那通史七卷　（日本）那珂通世編　清光緒二十七年(1901)上海東文學社石印本　五冊　存四卷(一至四)

330000－1788－0001794　02709　史部/金石類/錢幣之屬

錢錄十六卷　（清）梁詩正等輯　清光緒二十年(1894)上海積山書局石印本　一冊

330000－1788－0001796　02132　史部/地理類/外紀之屬

萬國近政考略十六卷　（清）鄒弢撰　清光緒二十七年(1901)三借廬鉛印本　四冊

330000－1788－0001800　02076　子部/小說家類/異聞之屬

山海經十八卷　（晉）郭璞傳　（清）畢沅校正　清光緒二十三年(1897)文瑞樓鉛印本　一冊

330000－1788－0001801　02079、02128　新學/雜著/叢編

西學啓蒙十六種　（英國）赫德編　（英國）艾約瑟譯　清光緒二十四年(1898)石印本　三冊　存三種

330000－1788－0001803　02302　史部/地理類/總志之屬/通代

讀史方輿紀要一百三十卷方輿全圖總說五卷　（清）顧祖禹撰　清光緒二十五年(1899)二林齋鉛印本　二十九冊　缺十一卷(二十六至三十三、四十六至四十八)

330000－1788－0001804　00255　集部/總集類/選集之屬/通代

歷朝賦鈔十九卷首一卷　（清）沈鈞德點閱　清乾隆三十年(1765)然藜閣刻本　十冊

330000－1788－0001809　00329　經部/小學類/文字之屬/字書/字典

康熙字典十二集三十六卷總目一卷檢字一卷辨似一卷等韻一卷補遺一卷備考一卷　（清）張玉書等纂修　清刻本　四十冊

330000－1788－0001812　02222　史部/傳記類/別傳之屬/年譜

朱子[熹]年譜四卷考異四卷　朱子論學切要語二卷　（清）王懋竑撰　（清）王懋竑輯　清乾隆十七年(1752)寶應王氏白田草堂刻清末浙江書局補刻本　四冊

330000－1788－0001813　02521　類叢部/叢書類/彙編之屬

崇文書局彙刻書三十二種　（清）崇文書局編　清光緒元年(1875)湖北崇文書局刻本　四冊　存一種

330000－1788－0001816　02407　史部/地理類/專志之屬

洛陽伽藍記五卷　（北魏）楊衒之撰　**集證一卷**　（清）吳若準集證　清道光十四年(1834)吳若準刻本　二冊

330000－1788－0001818　02409　類叢部/叢書類/郡邑之屬

三怡堂叢書二十種　張鳳臺編　清光緒三十二年至民國十二年(1906－1923)河南官書局刻本　六冊　存一種

330000－1788－0001819　02636　史部/目録類/總錄之屬/彙刻

江刻書目三種　（清）江標輯　清光緒元和江氏師鄭室刻上海朝記書莊印本　四冊

330000－1788－0001820　02239　史部/傳記類/別傳之屬/年譜

雷塘庵主弟子記八卷　（清）張鑑錄　（清）阮常生等續編　清道光二十一年(1841)甘泉羅士琳刻咸豐儀徵阮氏琅嬛仙館補刻本　二冊

330000－1788－0001821　02435、02436　史部/地理類/外紀之屬

適可齋記言四卷記行六卷　（清）馬建忠撰　清光緒二十二年(1896)刻本　四冊

330000－1788－0001824　02405　史部/地理類/山川之屬/水志

莫愁湖志六卷首一卷　（清）馬士圖撰　**莫愁湖楹聯便覽一卷**　（清）釋壽安編　清光緒八年(1882)刻本（莫愁湖楹聯便覽爲清光緒五年刻本）　三冊

330000－1788－0001826　02538　史部/目録類/通論之屬/掌故瑣記

藏書紀事詩七卷　葉昌熾撰　清宣統二年(1910)刻本　五冊　缺一卷（五）

330000－1788－0001827　02770　史部/史評類/史論之屬

朱九江先生論史口說二卷　（清）邱煒萲撰　清光緒二十六年(1900)粵東學院前實經閣刻本　一冊

330000－1788－0001828　02429　史部/地理類/雜志之屬

南越筆記十六卷　（清）李調元輯　清刻本　四冊

330000－1788－0001829　02603　類叢部/叢書類/彙編之屬

小石山房叢書三十八種　（清）顧湘編　清道光刻同治十三年(1874)虞山顧氏補刻本　一冊　存一種

330000－1788－0001830　02077　史部/地理類/外紀之屬

日本國志四十卷首一卷　（清）黃遵憲輯　清光緒二十四年(1898)浙江書局刻本　十冊

330000－1788－0001831　02086　史部/雜史類/通代之屬

國語二十一卷　（三國吳）韋昭注　**校刊明道本韋氏解國語札記一卷**　（清）黃丕烈撰　**明道本考異四卷**　（清）汪遠孫撰　清光緒三年(1877)永康胡氏退補齋刻本　四冊　缺三卷（國語一至三）

330000－1788－0001832　02072　史部/紀傳類/別史之屬

東觀漢記二十四卷　（漢）劉珍等撰　清乾隆六十年(1795)掃葉山房刻本　二冊

330000－1788－0001833　02459　史部/政書類/通制之屬

三通序不分卷　（清）吳巖輯　（清）康綸筠校　清道光十年(1830)刻本　一冊

330000－1788－0001834　02216　史部/傳記類/別傳之屬/年譜

孔孟編年　（清）狄子奇輯　清道光安雅堂刻本　一冊　存一種

330000－1788－0001835　02680　史部/金石類/金之屬/文字

歷代鐘鼎彝器款識法帖二十卷　（宋）薛尚功撰　清嘉慶二年(1797)儀徵阮元小琅環僊館刻本　四冊

330000－1788－0001836　02205　史部/傳記類/總傳之屬/儒林

國史儒林傳二卷　（清）阮元撰　清刻本　二冊

330000－1788－0001837　02015　史部/紀傳類/正史之屬

校刊史記集解索隱正義札記五卷　（清）張文虎撰　清同治十一年(1872)金陵書局刻本　二冊

330000－1788－0001838　02234　史部/傳記類/別傳之屬/年譜

顧亭林先生[炎武]年譜一卷 （清）張穆編
清道光二十四年（1844）刻本 一冊

330000－1788－0001839 02319 史部/地理
類/水利之屬

水道提綱二十八卷 （清）齊召南撰 清光緒
四年（1878）津門徐士鑾霞城精舍刻本 七冊
缺五卷（二十四至二十八）

330000－1788－0001842 02377 史部/地理
類/方志之屬/郡縣志

[乾隆]鎮洋縣志十四卷首一卷末一卷 （清）
金鴻修 （清）李鱗纂 清乾隆十年（1745）刻
本 一冊 存二卷（三至四）

330000－1788－0001843 02187 史部/傳記
類/總傳之屬/仕宦

宋名臣言行錄前集十卷後集十四卷續集八卷
別集二十六卷外集十七卷 （宋）□□輯 明
崇禎十一年（1638）刻清康熙六年（1667）京師
書肆風月莊左衛門印本 六冊 存二十四卷
（前集一至十、後集一至十四）

330000－1788－0001845 02283 史部/傳記
類/總傳之屬/家乘

[廣東中山]欖溪麥氏族譜十二卷 （清）麥祈
纂修 清光緒十九年（1893）詩禮堂刻本 十
二冊

330000－1788－0001846 02374 史部/地理
類/方志之屬/郡縣志

[康熙]臨海縣志十五卷首一卷 （清）洪若皋
纂 清康熙二十二年（1683）刻同治至光緒重
印本 一冊 存二卷（六至七）

330000－1788－0001848 02434 史部/地理
類/外紀之屬

環遊地球新錄四卷 （清）李圭撰 清光緒四
年（1878）鉛印本 四冊

330000－1788－0001850 02772 史部/史評
類/史論之屬

洪稚存先生評史十八卷 （清）洪亮吉撰
（清）龔熙評點 清光緒三十一年（1905）同文
公記石印本 四冊 存四卷（一至四）

330000－1788－0001853 02762 史部/史評
類/史論之屬

歷代史論十二卷宋史論三卷元史論一卷
（明）張溥撰 明史論四卷 （清）谷應泰撰
左傳史論二卷 （清）高士奇撰 清光緒九年
（1883）都城蒼松山房刻朱墨套印本 八冊

330000－1788－0001855 00259 集部/總集
類/選集之屬/通代

佩文齋詠物詩選四百八十六卷 （清）汪霦等
輯 清康熙四十六年（1707）內府刻本 六十
四冊

330000－1788－0001858 02491 類叢部/叢
書類/彙編之屬

端溪叢書十九種 梁鼎芬等編 清光緒二十
五年（1899）番禺端溪書院刻本 一冊 存
一種

330000－1788－0001864 02280 史部/傳記
類/總傳之屬/姓名

元和姓纂十卷 （唐）林寶撰 （清）孫星衍
（清）洪瑩補 清光緒六年（1880）金陵書局刻
本 四冊

330000－1788－0001865 02088 史部/雜史
類/斷代之屬

國語補音三卷 （宋）宋庠撰 札記一卷
（清）錢保塘撰 清光緒二年（1876）成都尊經
書院刻本 一冊

330000－1788－0001866 02354 史部/地理
類/方志之屬/郡縣志

[光緒]永嘉縣志三十八卷首一卷 （清）張寶
琳修 （清）王棻 （清）孫詒讓纂 清光緒八
年（1882）溫州維新書局刻本 三十冊

330000－1788－0001868 02591 史部/目錄
類/總錄之屬/官修

大梁書院藏書總目一卷附藏書閱書規則一卷
（清）顧璜編 清光緒二十四年（1898）刻本
一冊

330000 － 1788 － 0001870 02540、03141、
03143、03144、03239 經部/叢編

皇清經解續編一千四百三十卷　王先謙輯
清光緒十四年(1888)江陰南菁書院刻本(卷
三十原缺)　十六冊　存五種

330000－1788－0001872　02041、03889　類
叢部/叢書類/自著之屬

甌北全集八種　(清)趙翼撰　清乾隆至嘉慶
趙翼湛貽堂刻本　二十冊　存二種

330000－1788－0001873　02097　史部/雜史
類/通代之屬

戰國策三十三卷　(漢)高誘注　重刻剡川姚
氏本戰國策札記三卷　(清)黃丕烈撰　清光
緒三年(1877)永康胡氏退補齋刻本　五冊

330000－1788－0001875　02251　類叢部/叢
書類/自著之屬

桐華閣叢書六種三十七卷　(清)杜貴墀撰
清光緒二十年至三十三年(1894－1907)刻本
　二冊　存一種

330000－1788－0001876　02385　史部/地理
類/山川之屬/山志

華峯山志五卷　(清)鑑傳編　清光緒二十六
年(1900)粵東增城海門禪院刻本　二冊

330000－1788－0001879　02055　史部/叢編

資治通鑑彙刻八種　清同治至光緒江蘇書局
刻本　一冊　存一種

330000－1788－0001880　02607　史部/目錄
類/總錄之屬/私撰

鐵琴銅劍樓藏書目錄二十四卷　(清)瞿鏞撰
　清光緒二十三年(1897)武進董氏誦芬室刻
本　十冊

330000－1788－0001881　02482　史部/目錄
類/總錄之屬/私撰

書目答問五卷別錄一卷國朝著述諸家姓名略
一卷　(清)張之洞撰　清光緒二十一年
(1895)上海蜚英館石印本　二冊

330000－1788－0001882　02743　史部/史評
類/史論之屬

史通通釋二十卷附錄一卷　(清)浦起龍撰
清光緒翰墨園刻本　八冊

330000－1788－0001883　02609　史部/目錄
類/總錄之屬/私撰

金山錢氏家刻書目十卷　(清)錢培蓀編　清
光緒四年(1878)金山錢氏刻本　四冊

330000－1788－0001886　02326　史部/地理
類/雜志之屬

廣東新語二十八卷　(清)屈大均撰　清文匯
堂刻本　十冊

330000－1788－0001887　02608　史部/目錄
類/總錄之屬/私撰

鐵琴銅劍樓藏書目錄二十四卷　(清)瞿鏞撰
　清光緒二十三年(1897)武進董氏誦芬室刻
本　十冊

330000－1788－0001888　02397　史部/地理
類/專志之屬/祠墓

定王臺志二卷　(清)夏獻雲輯　清光緒七年
(1881)長沙刻本　二冊

330000－1788－0001889　02749　類叢部/叢
書類/自著之屬

章氏遺書二種　(清)章學誠撰　清道光十二
年至十三年(1832－1833)章華紱刻浙江書局
補刻本　宋慈裦題記　五冊

330000－1788－0001890　02753　類叢部/叢
書類/自著之屬

章氏遺書二種　(清)章學誠撰　清道光十二
年至十三年(1832－1833)章華紱刻浙江書局
補刻本　五冊

330000－1788－0001891　02226　類叢部/叢
書類/自著之屬

元遺山先生全集九種　(金)元好問撰　清道
光三十年(1850)張氏陽泉山莊刻本　一冊
存一種

330000－1788－0001892　02526　史部/目錄
類/總錄之屬/史志

補晉書經籍志四卷　吳士鑑撰　清光緒二十
一年(1895)刻本　一冊

330000－1788－0001893　02463　史部/政書
類/通制之屬

皇朝續文獻通考三百二十卷　劉錦藻撰　清光緒三十一年(1905)烏程劉錦藻堅匏盦鉛印本　八十八冊

330000－1788－0001894　02158　史部/詔令奏議類/奏議之屬

諭對錄重鐫十卷首一卷　(明)張璁撰　清道光十七年至十八年(1837－1838)張氏刻本　六冊

330000－1788－0001895　02537　史部/目錄類/通論之屬/掌故瑣記

藏書紀事詩七卷　葉昌熾撰　清宣統二年(1910)刻本　六冊

330000－1788－0001896　02119　史部/雜史類/斷代之屬

明季稗史彙編十六種　(清)留雲居士輯　清光緒二十二年(1896)上海圖書集成印書局鉛印本　三冊

330000－1788－0001897　02185　史部/傳記類/總傳之屬/仕宦

歷代名臣言行錄二十四卷　(清)朱桓輯　清光緒三十年(1904)上海錦章圖書局石印本　八冊

330000－1788－0001903　02441　史部/地理類/外紀之屬

大唐西域記十二卷　(唐)釋玄奘譯　(唐)釋辯機撰　清宣統元年(1909)常州天寧寺刻本　四冊

330000－1788－0001905　02227　史部/傳記類/別傳之屬/年譜

廣元遺山[好問]年譜二卷　(清)李光廷編　清同治五年(1866)刻本　二冊

330000－1788－0001906　00263　史部/地理類/方志之屬/郡縣志

[光緒]永嘉縣志三十八卷首一卷　(清)張寶琳修　(清)王棻　(清)孫詒讓纂　清光緒八年(1882)溫州維新書局刻本　三十冊

330000－1788－0001909　02147、02329、02828、02855　類叢部/叢書類/彙編之屬

漸西村舍彙刊(漸西村舍叢刻)四十四種　(清)袁昶編　清光緒十六年至二十四年(1890－1898)桐廬袁氏刻本　十二冊　存四種

330000－1788－0001910　02224　史部/傳記類/總傳之屬/家乘

[江西婺源]考訂朱子世家一卷　(清)江永纂修　清同治五年(1866)望三益齋刻本　一冊

330000－1788－0001911　02324、03961　類叢部/叢書類/自著之屬

武陵山人遺書十種續刊二種　(清)顧觀光撰　清光緒九年(1883)獨山莫祥芝上海刻高桂續刻民國四年(1915)金山高煌修補彙印本　三冊　存二種

330000－1788－0001912　02193　史部/傳記類/總傳之屬/儒林

明儒學案六十二卷師說一卷　(清)黃宗羲撰　清道光元年(1821)會稽莫晉、莫階刻本　十冊

330000－1788－0001914　02200　史部/傳記類/總傳之屬/斷代

國朝先正事略六十卷首一卷　(清)李元度撰　中興名臣事畧八卷　朱孔彰撰　清光緒二十七年(1901)詞源閣石印本　十冊

330000－1788－0001916　02118　史部/雜史類/斷代之屬

明季稗史彙編十六種　(清)留雲居士輯　清都城琉璃廠刻本　九冊　存十五種

330000－1788－0001917　02042　史部/史評類/考訂之屬

廿二史劄記三十六卷補遺一卷　(清)趙翼撰　清光緒二十六年(1900)上海書局石印本　八冊

330000－1788－0001919　02060、03322、03339、03344、03365、03377、03392、03982　子部/叢編

二十二子(二十二子彙函)　(清)浙江書局編　清光緒元年至三年(1875－1877)浙江書局

刻本　張揚批校　三十八冊　存八種

330000－1788－0001921　02156　史部/政書類/掌故瑣記之屬

皇朝掌故讀本二卷　（清）寶士鏞撰　（清）文明書局編　清光緒二十九年（1903）上海文明書局鉛印本　一冊

330000－1788－0001923　01863、02066　類叢部/叢書類/彙編之屬

抱經堂叢書十六種　（清）盧文弨編　清乾隆至嘉慶刻彙印本　十四冊　存八種

330000－1788－0001927　02033　史部/紀傳類/正史之屬

三國疆域志補注十九卷　（清）洪亮吉撰（清）謝鐘英補注　清光緒刻本　八冊

330000－1788－0001928　02320　經部/書類/分篇之屬

禹貢川澤考二卷　（清）桂文燦撰　清光緒十二年（1886）利華印務局石印本　一冊

330000－1788－0001929　02589　史部/目錄類/總錄之屬/私撰

萬卷樓藏書總目四卷首一卷　（清）白鍾元（清）范右文撰　清光緒八年（1882）蓮池書院刻本　一冊

330000－1788－0001930　01969、02321　類叢部/叢書類/彙編之屬

平津館叢書八集三十八種　（清）孫星衍編清嘉慶蘭陵孫氏刻本　二十一冊　存三十種

330000－1788－0001931　02075　新學/史志/諸國史

世界近世史二卷　（日本）松平康國撰　梁啟勳譯　清光緒二十九年（1903）上海廣智書局鉛印本　二冊

330000－1788－0001932　02211　集部/總集類/尺牘之屬

昭代名人尺牘二十四卷小傳二十四卷　（清）吳修輯　清道光六年（1826）刻本　一冊

330000－1788－0001933　02122　史部/雜史類/斷代之屬

二申野錄八卷　（清）孫之騄撰　清刻本四冊

330000－1788－0001935　02230　子部/儒家類/儒學之屬/禮教/家訓

楊忠愍公傳家寶書一卷　（明）楊繼盛撰　清同治十三年（1874）甌城文華堂刻本　一冊

330000－1788－0001937　02247　史部/傳記類

林子門賢實錄一卷　（清）林向菁參閱　（清）林銘籃參訂　清宣統二年（1910）東山宗孔堂刻本　一冊

330000－1788－0001938　02048　史部/編年類/通代之屬

讀通鑑綱目條記二十卷首一卷　（清）李述來撰　清光緒八年（1882）刻本　十冊

330000－1788－0001940　02293　史部/史抄類

史記選六卷　（清）儲欣選評　清康熙六十一年（1722）受祉堂刻本　二冊　缺二卷（三至四）

330000－1788－0001942　02237　史部/傳記類/別傳之屬/年譜

錢辛楣先生[大昕]年譜一卷續編一卷　（清）錢大昕撰　（清）錢慶曾校注並續編　清咸豐刻本　一冊

330000－1788－0001944　02747　史部/史評類/史論之屬

史通削繁四卷　（清）紀昀撰　清光緒二十一年（1895）寶慶澶雅書局刻本　四冊

330000－1788－0001945　02652　史部/金石類/郡邑之屬/文字

粵西金石略十五卷　（清）謝啟昆撰　清嘉慶六年（1801）銅鼓亭刻本　四冊

330000－1788－0001947　02358　史部/地理類/方志之屬/郡縣志

[嘉慶]瑞安縣志十卷首一卷　（清）張德標修（清）王殿金　（清）黃徵義纂　清嘉慶十三

年至十四年（1808－1809）刻本　七冊　缺一卷（十）

330000－1788－0001948　02026、02094　類叢部／叢書類／自著之屬

振綺堂遺書五種　（清）汪遠孫撰　清道光刻民國十一年（1922）錢塘汪氏彙印本　六冊存二種

330000－1788－0001950　02384　史部／地理類／方志之屬／郡縣志

[乾隆]曲阜縣志一百卷　（清）潘相等纂修清刻本　十冊　缺十九卷（一至二、六十二至七十八）

330000－1788－0001953　02499　史部／目録類／總録之屬／地方

杭州藝文志十卷　吳慶坻編　清光緒三十四年（1908）長沙刻本　六冊

330000－1788－0001954　02032　類叢部／叢書類／家集之屬

學壽堂叢書十二種　徐紹楨編　清咸豐至光緒番禺徐氏梧州刻本　二冊　存一種

330000－1788－0001955　02335　史部／傳記類／總傳之屬／郡邑

甌海軼聞五十八卷　（清）孫衣言撰　清光緒刻本　二十冊

330000－1788－0001956　02648　史部／金石類／總志之屬

十二硯齋金石過眼録十八卷續録六卷　（清）汪鋆撰　清光緒元年（1875）自刻民國二十年（1931）揚州陳恒和書林印本　八冊

330000－1788－0001957　02275　史部／地理類／遊記之屬／紀行

西征録一卷　（清）李燧撰　清道光十三年（1833）河南府署刻本　一冊

330000－1788－0001958　02786－1　史部／傳記類／科舉録之屬／歷科鄉試録

[光緒己丑恩科]浙江鄉試硃卷一卷　（清）陳虬撰　清光緒刻本　一冊

330000－1788－0001960　02448　史部／職官類／官制之屬

樞垣記畧十六卷　（清）梁章鉅撰　清道光刻本　六冊

330000－1788－0001961　02229　子部／儒家類／儒學之屬／禮教／家訓

楊忠愍公傳家寶書一卷　（明）楊繼盛撰　清刻本　薛鍾斗題跋　一冊

330000－1788－0001962　02490　史部／目録類／總録之屬／私撰

華延年室題跋二卷殘明大統歷一卷殘明宰輔年表一卷　（清）傅以禮撰　藹廬題跋一卷（清）傅杶撰　清宣統元年（1909）俞人蔚鉛印本　三冊

330000－1788－0001963　02786－2　史部／傳記類／科舉録之屬／歷科登科録

[光緒甲午恩科]會試硃卷一卷　（清）項芳蘭撰　清光緒刻本　一冊

330000－1788－0001964　02786－3　史部／傳記類／科舉録之屬／歷科登科録

[光緒甲午恩科]會試硃卷一卷　（清）項芳蘭撰　清光緒刻本　宋慈襃批　一冊

330000－1788－0001965　02786－4　史部／傳記類／科舉録之屬／歷科登科録

[光緒甲午恩科]會試硃卷一卷　（清）項芳蘭撰　清光緒刻本　一冊

330000－1788－0001967　02786－5　史部／傳記類／科舉録之屬／歷科登科録

[乾隆戊戌科]會試硃卷一卷　（清）孫希旦撰　清乾隆刻本　一冊

330000－1788－0001969　02253　史部／傳記類／總傳之屬

希聖贅言四卷　（清）祝登雲編　清咸豐刻本　一冊

330000－1788－0001971　02786－6　史部／傳記類／科舉録之屬／歷科鄉試録

[光緒壬寅補行庚子辛丑恩正併科]浙闈試卷一卷　王佑宸撰　清光緒刻本　一冊

330000－1788－0001972　02786－7　史部/傳記類/科舉錄之屬

[嘉慶癸酉科、道光戊子科、道光丁酉科、咸豐辛酉科、同治癸酉科、光緒乙酉科、光緒戊子科、光緒乙卯科等]歷科貢卷彙編不分卷　(清)洪守彝等撰　清刻本　一冊

330000－1788－0001973　00261　史部/地理類/方志之屬/通志

[光緒]西藏圖考八卷首一卷　(清)黃沛翹纂　清光緒十二年(1886)滇南李培榮刻本　四冊

330000－1788－0001974　02357　史部/地理類/方志之屬/郡縣志

[嘉慶]瑞安縣志十卷首一卷　(清)張德標修　(清)王殿金　(清)黃徵義纂　清嘉慶十三年至十四年(1808－1809)刻本　八冊

330000－1788－0001975　00269　史部/地理類/方志之屬/郡縣志

[嘉慶]太平縣志十八卷首一卷　(清)慶霖修　(清)戚學標等纂　清嘉慶十六年(1811)刻本　十一冊　缺一卷(十八)

330000－1788－0001976　02786－8　史部/傳記類/科舉錄之屬/歷科鄉試錄

恩科硃卷彙編不分卷　(清)劉祝三等撰　清刻本　一冊

330000－1788－0001977　02786－9　史部/傳記類/科舉錄之屬/歷科登科錄

[道光乙未恩科、光緒壬午科、光緒己丑恩科、光緒丁酉科]歷科硃卷貢卷彙編不分卷　(清)孫鏘鳴等撰　清刻本　一冊

330000－1788－0001978　02369　史部/地理類/方志之屬/郡縣志

[道光]麗水縣志十四卷　(清)張銑纂修　清道光二十六年(1846)刻本　五冊　缺二卷(十三至十四)

330000－1788－0001979　02786－10　史部/傳記類/科舉錄之屬/歷科登科錄

[光緒癸卯補行辛丑壬寅恩正併科]會試闈卷一卷　(清)陳黻宸撰　清光緒刻本　一冊

330000－1788－0001980　02786－11　史部/傳記類/科舉錄之屬/歷科鄉試錄

[光緒壬寅補行庚子辛丑恩正併科]浙闈試卷一卷　(清)李炳光撰　清光緒刻本　一冊

330000－1788－0001981　02431　史部/地理類/雜志之屬

東城雜記二卷　(清)厲鶚撰　清嘉慶二十五年(1820)錢塘汪氏振綺堂刻本　二冊

330000－1788－0001982　02786－12　史部/傳記類/科舉錄之屬/歷科鄉試錄

[道光庚子恩科]順天鄉試硃卷不分卷　(清)胡垠撰　清刻本　一冊

330000－1788－0001983　02786－13　史部/傳記類/科舉錄之屬

[光緒己卯科]順天鄉試硃卷一卷[光緒庚辰科]會試硃卷一卷　(清)黃紹箕撰　清光緒刻本　一冊

330000－1788－0001984　02437　史部/地理類/遊記之屬/紀行

東游日記一卷　(清)黃慶澄撰　清光緒二十年(1894)刻本　清薛鍾斗題簽　一冊

330000－1788－0001985　02786－14　史部/傳記類/科舉錄之屬

[光緒丙子科]浙江鄉試硃卷不分卷　(清)項价人撰　[光緒己卯科]浙江鄉試硃卷不分卷　(清)湯繩和撰　[宣統乙酉科]浙江選拔貢卷不分卷　(清)郭雲章撰　清刻本　三冊

330000－1788－0001986　02220　史部/傳記類/別傳之屬/年譜

孔孟編年　(清)狄子奇輯　清光緒十三年(1887)浙江書局刻本　一冊　存一種

330000－1788－0001987　02217、02219　史部/傳記類/別傳之屬/年譜

孔孟編年　(清)狄子奇輯　清光緒十三年(1887)浙江書局刻本　二冊　存二種

330000－1788－0001988　00260　集部/總集

類/選集之屬/斷代

全唐詩九百卷目錄十二卷 （清）曹寅等輯 清康熙四十四年至四十六年(1705－1707)揚州詩局刻本 一百三十冊

330000－1788－0001989 02786－17 史部/傳記類/科舉錄之屬

[光緒戊子科]浙江鄉試硃卷一卷 （清）周拱藻撰 [光緒丙戌科]會試硃卷一卷 （清）張慶恩撰 [光緒己丑恩科]浙江鄉試硃卷一卷 （清）唐黼墀撰 [光緒己丑恩科]浙江鄉試硃卷一卷 （清）許黼宸撰 [光緒己丑恩科]浙江鄉試硃卷一卷 （清）章獻猷撰 清光緒刻本 一冊

330000－1788－0001991 02174 史部/傳記類/總傳之屬/通代

船山師友記十七卷首一卷 （清）羅正鈞纂 清光緒三十三年(1907)刻本 四冊

330000－1788－0001992 02786－16 史部/傳記類/科舉錄之屬/諸貢錄

[光緒己卯科]浙江優貢卷一卷 （清）黃紹第撰 清刻本 一冊

330000－1788－0001993 02742 史部/史評類/史論之屬

史通通釋二十卷附錄一卷 （清）浦起龍撰 清光緒翰墨園刻本 八冊 缺一卷(附錄)

330000－1788－0001994 02309 史部/雜史類/外紀之屬

皇朝藩部要略十八卷世系表四卷 （清）祁韻士撰 清光緒十年(1884)浙江書局刻本 八冊

330000－1788－0001995 02546、03523 類叢部/叢書類/自著之屬

萬木草堂叢書□□種 康有為輯 清光緒至民國刻本 九冊 存二種

330000－1788－0001996 00256 集部/總集類/選集之屬/斷代

全唐詩九百卷目錄十二卷 （清）曹寅等輯 清康熙四十四年至四十六年(1705－1707)揚

州詩局刻本 一百二十冊

330000－1788－0001997 02171 史部/傳記類/總傳之屬/文苑

唐才子傳十卷 （元）辛文房撰 **唐才子傳考異一卷** （清）陸芝榮撰 清嘉慶十年(1805)蕭山陸芝榮三間草堂刻本 張宋廎題記 二冊

330000－1788－0001998 02054 史部/編年類/通代之屬

綱鑑正史約三十六卷 （明）顧錫疇撰 （清）陳弘謀增訂 **甲子紀元一卷** （清）陳弘謀撰 清同治八年(1869)浙江書局刻本 十七冊 缺四卷(一至二、三十五至三十六)

330000－1788－0001999 02470 史部/政書類/公牘檔冊之屬

京師譯學館規章不分卷 清光緒三十一年(1905)京師譯學館鉛印本 一冊

330000－1788－0002000 02327 新學/地學/地理學

地學歌略一卷 葉瀚 葉瀾撰 清東甌郭文元堂刻本 一冊

330000－1788－0002003 02254 史部/政書類/儀制之屬/典禮

文廟思源錄一卷 （清）葉慶褆編 清同治九年(1870)雪溪縣署刻本 一冊

330000－1788－0002006 02340 史部/地理類/方志之屬/郡縣志

瑞安縣志局總例六條一卷 （清）孫詒讓撰 清末東甌郭博古齋刻本 一冊

330000－1788－0002008 02792－1 子部/儒家類/儒學之屬/蒙學

詒善祠塾課約一卷 （清）孫衣言撰 清光緒刻本 一冊

330000－1788－0002010 02792－2 子部/儒家類/儒學之屬/蒙學

詒善祠塾課約一卷 （清）孫衣言撰 清光緒刻本 一冊

330000－1788－0002011　02627　史部/目錄
類/總錄之屬/私撰

遜學齋收藏鄉先哲遺書目錄一卷　（清）孫詒
讓撰　清光緒瑞安孫氏刻本　一冊

330000－1788－0002013　02529　史部/目錄
類/專錄之屬

小學考五十卷　（清）謝啟昆撰　清光緒十四
年(1888)浙江書局刻本　二十冊

330000－1788－0002016　02402　史部/地理
類/山川之屬/水志

西湖志四十八卷　（清）李衛　（清）程元章修
（清）傅王露撰　清光緒四年(1878)浙江書
局刻本　劍蟄題記　十九冊　存四十六卷
（一至四十六）

330000－1788－0002019　02334　史部/傳記
類/總傳之屬/郡邑

甌海軼聞五十八卷　（清）孫衣言撰　清光緒
刻本　二十冊

330000－1788－0002020　02511　史部/目錄
類/總錄之屬/徵訪

經籍訪古志六卷補遺一卷　（日本）澀江全善
（日本）森立之撰　清光緒十一年(1885)六
合徐承祖日本鉛印本　八冊

330000－1788－0002021　02595　史部/政書
類/科舉學校之屬

暫定各學堂應用書目一卷　（清）京師大學堂
編　清光緒二十九年(1903)江楚編譯館書局
刻本　一冊

330000－1788－0002029　02653　類叢部/叢
書類/彙編之屬

檻盦叢刻　劉世珩編　清光緒貴池劉氏刻朱
印本　四冊　存一種

330000－1788－0002031　02602　史部/目錄
類/總錄之屬/官修

欽定天祿琳琅書目十卷　（清）于敏中等撰
欽定天祿琳琅書目後編二十卷　（清）彭元瑞
等撰　清光緒十年(1884)長沙王氏刻本
十冊

330000－1788－0002032　02527　史部/目錄
類/總錄之屬/史志

八史經籍志十種　（日本）□□輯　清光緒八
年至九年(1882－1883)鎮海張壽榮刻本　十
六冊

330000－1788－0002034　02083　史部/雜史
類/通代之屬

國語二十一卷　（三國吳）韋昭注　**校刊明道
本韋氏解國語札記一卷**　（清）黃丕烈撰　**明
道本考異四卷**　（清）汪遠孫撰　清同治八年
(1869)湖北崇文書局刻本　四冊　缺四卷
（考異一至四）

330000－1788－0002035　02099　史部/雜史
類/通代之屬

戰國策三十三卷　（漢）高誘注　**重刻剡川姚
氏本戰國策札記三卷**　（清）黃丕烈撰　清同
治八年(1869)湖北崇文書局刻本　四冊　存
三十三卷（戰國策一至三十三）

330000－1788－0002036　02754　類叢部/叢
書類/自著之屬

章氏遺書二種　（清）章學誠撰　清光緒三年
至四年(1877－1878)貴陽章氏刻十九年
(1893)補刻本　三冊　存一種

330000－1788－0002037　02084　類叢部/叢
書類/彙編之屬

士禮居叢書二十種　（清）黃丕烈編　清嘉慶
至道光黃氏士禮居刻本　五冊　存一種

330000－1788－0002038　00274　史部/傳記
類/科舉錄之屬/諸貢錄

國朝兩浙科名錄不分卷　（清）黃安綏輯　清
咸豐七年(1857)京師刻本　二冊

330000－1788－0002039　00275　史部/地理
類/方志之屬/郡縣志

[光緒]永嘉縣志三十八卷首一卷　（清）張寶
琳修　（清）王棻　（清）孫詒讓纂　清光緒八
年(1882)溫州維新書局刻本　二十八冊

330000－1788－0002040　02052　史部/編年
類/通代之屬

尺木堂綱鑑易知錄九十二卷 （清）吳乘權等輯 御撰資治通鑑綱目三編二十卷 （清）張廷玉等撰 清刻本 四十八冊

330000－1788－0002042 02098 類叢部/叢書類/彙編之屬

士禮居叢書二十種 （清）黃丕烈編 清嘉慶至道光黃氏士禮居刻本 五冊 存一種

330000－1788－0002047 02188 史部/傳記類/總傳之屬/仕宦

史外八卷 （清）汪有典撰 清同治三年(1864)廬陵尋樂山房刻本 八冊

330000－1788－0002048 02468 史部/政書類/律令之屬/律例

大清律講義四卷 徐象先編 清光緒三十三年(1907)京師京華書局鉛印本 一冊 存一卷(二)

330000－1788－0002053 02312 史部/地理類

李氏五種 （清）李兆洛撰 清同治九年至十一年(1870－1872)合肥李鴻章刻本 七冊 存二種

330000－1788－0002054 02332 史部/地理類/方志之屬/郡縣志

[道光]甌乘拾遺二卷 （清）洪守一纂 清道光三十年(1850)洪氏愛吾堂刻本 一冊

330000－1788－0002055 02333 史部/地理類/方志之屬/郡縣志

[道光]甌乘拾遺二卷 （清）洪守一纂 清道光三十年(1850)洪氏愛吾堂刻本 孫延釗題記 一冊

330000－1788－0002056 02750 史部/史評類/史學之屬

文史通義八卷校讎通義三卷 （清）章學誠撰 清宣統三年(1911)上海廣益書局鉛印本 三冊 存八卷(文史通義一至八)

330000－1788－0002057 02489 類叢部/叢書類/彙編之屬

別下齋叢書初集二十三種 （清）蔣光煦編

清道光海昌蔣氏別下齋刻本 一冊 存一種

330000－1788－0002058 02748 類叢部/叢書類/自著之屬

章氏遺書二種 （清）章學誠撰 清道光十二年至十三年(1832－1833)章華紱刻浙江書局補刻本 五冊

330000－1788－0002060 02081 類叢部/叢書類/彙編之屬

文選樓叢書三十三種 （清）阮亨編 清嘉慶至道光阮元刻道光二十二年(1842)阮亨彙印本 四冊 存二種

330000－1788－0002061 02203 類叢部/叢書類/彙編之屬

漸學盧叢書第一集十五種 （清）胡祥鑅編 清光緒元和胡氏石印本 六冊 存一種

330000－1788－0002065 02605 史部/目錄類/總錄之屬/彙刻

觀古堂書目叢刻十五種 葉德輝編 清光緒二十八年(1902)至民國湘潭葉氏刻本 一冊 存二種

330000－1788－0002066 02640 類叢部/叢書類/彙編之屬

雲自在龕叢書五集十九種 繆荃孫輯 清光緒江陰繆氏刻本 二冊 存二種

330000－1788－0002067 02438 史部/地理類/遊記之屬/紀行

東游日記一卷 （清）黃慶澄撰 清光緒二十年(1894)刻本 一冊

330000－1788－0002069 02199 史部/傳記類/總傳之屬/斷代

國朝先正事略六十卷 （清）李元度撰 清同治五年至八年(1866－1869)侚陔草堂刻本 二十四冊

330000－1788－0002072 02616、03746 類叢部/叢書類/彙編之屬

風雨樓叢書二十三種 鄧實編 清宣統順德鄧氏鉛印本 六冊 存二種

330000－1788－0002076　02510　史部/目録類/總録之屬/徵訪

經籍訪古志六卷補遺一卷　（日本）澁江全善　（日本）森立之撰　清光緒十一年(1885)六合徐承祖日本鉛印本　八冊

330000－1788－0002082　02287　子部/叢編

徐氏三種(重刻徐氏三種)　（清）徐士業編　清論文堂刻本　一冊　存一種

330000－1788－0002083　02172　子部/雜著類/雜纂之屬

遂昌山人雜錄二卷　（元）鄭元祐撰　（清）徐景福校補　清光緒二年(1876)遂昌徐氏丹泉書塾刻本　一冊

330000－1788－0002085　02492　子部/雜著類/雜考之屬

敦書咫聞二卷附瀛洲咫聞一卷　楊晨撰　清宣統石印本　一冊

330000－1788－0002089　02440　史部/地理類/雜志之屬

西域釋地一卷　（清）祁韻士撰　清道光十六年(1836)筠淥山房刻本　一冊

330000－1788－0002091　02206　史部/紀傳類

國史儒林傳二卷文苑傳二卷循吏傳一卷賢良傳二卷　（清）阮元撰　清刻本　二冊　存二卷(文苑傳一至二)

330000－1788－0002092　02194　史部/傳記類/總傳之屬/仕宦

鶴徵錄八卷首一卷　（清）李集輯　（清）李富孫　（清）李遇孫續輯　**鶴徵後錄十二卷首一卷**　（清）李富孫輯　清嘉慶漾葭老屋刻同治修補本　六冊

330000－1788－0002094　02296　史部/史抄類

南北史捃華八卷　（清）周嘉猷輯　清光緒二年(1876)永康胡氏退補齋刻本　四冊

330000－1788－0002096　02182　類叢部/叢書類/彙編之屬

天壤閣叢書二十種　（清）王祖源　（清）王懿榮編　清同治至光緒福山王氏刻彙印本　一冊　存一種

330000－1788－0002097　02107　史部/雜史類/通代之屬

重訂國語國策合註　（三國吳）韋昭註　（宋）鮑彪註　清乾隆四十八年(1783)武林三餘堂刻本　四冊　存二十一卷(國語一至二十一)

330000－1788－0002100　00220　集部/詩文評類/文評之屬

文心雕龍十卷　（南朝梁）劉勰撰　（清）黃叔琳輯注　清乾隆六年(1741)北平黃氏養素堂刻本　二冊

330000－1788－0002101　02746　史部/史評類/史論之屬

史通削繁四卷　（清）紀昀撰　清道光十三年(1833)涿州盧坤兩廣節署刻朱墨套印本　四冊

330000－1788－0002103　00223　集部/別集類/宋別集

水心文集二十九卷　（宋）葉適撰　清乾隆二十年(1755)溫州府學刻本　十六冊

330000－1788－0002105　02093　史部/雜史類/通代之屬

重訂國語國策合註　（三國吳）韋昭註　（宋）鮑彪註　清乾隆四十八年(1783)武林三餘堂刻本　四冊　存二十一卷(國語一至二十一)

330000－1788－0002106　02110　史部/雜史類/斷代之屬

奉天錄四卷　（唐）趙元一撰　清刻本　二冊

330000－1788－0002107　00213　集部/別集類/宋別集

水心文集二十九卷　（宋）葉適撰　清乾隆二十年(1755)溫州府學刻本　十冊　存二十三卷(一至二十三)

330000－1788－0002108　02303　史部/地理類/總志之屬/通代

註釋讀史方輿紀要序二卷　（清）李式撲撰

清光緒二十八年(1902)養拙山房刻本　二冊

330000－1788－0002111　02786－20　史部/傳記類/科舉錄之屬/諸貢錄

[光緒戊子科]浙江優貢卷一卷　(清)孫詒鈞撰　**[光緒丁酉科]浙江優貢卷一卷**　(清)蔡念萱撰　清光緒刻本　一冊

330000－1788－0002112　02064　史部/雜史類/通代之屬

路史四十七卷　(宋)羅泌撰　(宋)羅苹注　明萬曆三十九年(1611)廣陵喬可傳刻本　十冊　存四十五卷(前紀一至九,後紀一至十三,國名紀一至六、九,發揮一至六,餘論一至十)

330000－1788－0002116　02449　史部/政書類/職官之屬/官制

歷代職官表六卷　(清)黃本驥纂　清光緒二十二年(1896)廣州新甯明善社刻本　三冊

330000－1788－0002118　02089　史部/雜史類/通代之屬

國語韋解補正二十一卷　(清)吳曾祺撰　朱元善校訂　清宣統三年(1911)上海商務印書館鉛印本　四冊

330000－1788－0002121　02313　史部/地理類

李氏五種　(清)李兆洛撰　清光緒十四年(1888)掃葉山房刻本　十冊　存一種

330000－1788－0002123　02166　史部/傳記類/總傳之屬/列女

廣列女傳二十卷附錄一卷　(清)劉開纂　清光緒十年(1884)皖城刻本　六冊

330000－1788－0002124　02761　史部/史評類/史論之屬

歷代史論十二卷宋史論三卷元史論一卷　(明)張溥撰　**明史論四卷**　(清)谷應泰撰　**左傳史論二卷**　(清)高士奇撰　清光緒九年(1883)都城蒼松山房刻朱墨套印本　五冊　存十二卷(歷代史論一至十二)

330000－1788－0002125　02124　史部/編年

類/斷代之屬

清史攬要八卷　(日本)增田貢撰　清光緒二十八年(1902)梯雲室石印本　四冊

330000－1788－0002126　02058　史部/地理類

李氏五種　(清)李兆洛撰　清同治九年至十一年(1870－1872)合肥李鴻章刻本　三冊　存一種

330000－1788－0002127　02178　史部/傳記類/總傳之屬/通代

尚友錄二十二卷補遺一卷　(明)廖用賢輯　(清)張伯琮補輯　清光緒十二年(1886)暢懷書屋銅版印本　六冊

330000－1788－0002128　02260　史部/地理類/遊記之屬/紀勝

鴻雪因緣圖記一集二卷二集二卷三集二卷　(清)麟慶撰　清光緒五年(1879)上海點石齋石印本　六冊

330000－1788－0002129　02560　史部/目錄類/總錄之屬/官修

欽定四庫全書簡明目錄二十卷　(清)紀昀等撰　清光緒十四年(1888)暢懷書屋鉛印本　林損題記　四冊

330000－1788－0002130　02403　史部/地理類/山川之屬/水志

西湖志四十八卷　(清)李衛　(清)程元章修　(清)傅王露撰　清刻本　十九冊　缺一卷(三十一)

330000－1788－0002131　02775　類叢部/類書類/通類之屬

鑄史駢言十二卷　(清)孫玉田編　清光緒二年(1876)鉛印本　四冊

330000－1788－0002132　02298　史部/史抄類

史畧八十七卷　(清)朱堃輯　清光緒十九年(1893)上海宏文閣鉛印本　六冊

330000－1788－0002133　02768　史部/史評類/史論之屬

史論薈萃十卷　（清）鄭權輯　清光緒二十七年(1901)上海書局石印本　六冊　缺二卷（九至十）

330000－1788－0002134　02469　史部/政書類/邦計之屬/錢幣

光緒會計表四卷　（清）劉嶽雲撰　清光緒二十七年(1901)教育世界社石印本　三冊　存三卷(二至四)

330000－1788－0002135　02404　史部/地理類

西湖蘇蹟一卷　（清）黃安瀾彙刊　清道光十年(1830)浴德堂刻本　一冊

330000－1788－0002136　02317、02553、02556、03304　類叢部/叢書類/彙編之屬

武英殿聚珍版書一百三十八種　清刻本　一百四十冊　存四種

330000－1788－0002137　02445　史部/地理類/外紀之屬

瀛環志略十卷　（清）徐繼畬撰　清同治十二年(1873)揆雲樓刻本　六冊

330000－1788－0002138　02202－1　史部/傳記類/總傳之屬/斷代

國朝先正事略六十卷　（清）李元度撰　續編四卷　朱孔彰撰　清光緒二十八年(1902)上海點石齋石印本　八冊　缺四卷(續編一至四)

330000－1788－0002139　02635　史部/目錄類/總錄之屬/彙刻

彙刻書目初編十卷補編一卷新編一卷續編一卷　（清）顧修輯　清刻本　十冊

330000－1788－0002140　02443　史部/地理類/外紀之屬

真臘風土記一卷　（元）周達觀撰　清道光九年(1829)許氏師竹齋刻本　清衍桐題記　一冊

330000－1788－0002141　02202－2　史部/傳記類/總傳之屬/斷代

國朝先正事略續編三十卷　朱孔彰撰　清光緒二十八年(1902)上海書局石印本　二冊　存四卷(一至四)

330000－1788－0002142　02386　史部/地理類/山川之屬/山志

白雲洞志五卷　（清）黃亨輯　清光緒十三年(1887)刻本　一冊

330000－1788－0002144　02074　新學/史志/諸國史

萬國史記二十卷　（日本）岡本監輔撰　清光緒二十七年(1901)上海書局石印本　六冊

330000－1788－0002145　02163　史部/政書類/通制之屬

校邠廬抗議二卷　（清）馮桂芬撰　清光緒二十四年(1898)上海石印本　二冊

330000－1788－0002146　02299　史部/史抄類

史晷八十七卷　（清）朱塈輯　清光緒二十八年(1902)文盛書局石印本　六冊

330000－1788－0002147　02053　史部/編年類/通代之屬

尺木堂綱鑑易知錄二十卷　（清）吳乘權等輯　御撰資治通鑑綱目三編四卷　（清）張延玉等撰　清光緒十三年(1887)上海點石齋石印本　十二冊

330000－1788－0002148　02069－1　史部/雜史類/斷代之屬

周書斠補四卷　（清）孫詒讓撰　清光緒二十六年(1900)刻本　二冊

330000－1788－0002149　02045　史部/編年類/通代之屬

御撰資治通鑑綱目三編四卷　（清）張廷玉等奉敕撰　清光緒十三年(1887)上海點石齋石印本　二冊

330000－1788－0002150　02069－2　史部/雜史類/斷代之屬

周書斠補四卷　（清）孫詒讓撰　清光緒二十六年(1900)刻本　二冊

330000－1788－0002151　02778　史部/史評類/議論之屬

歷代政事要論四卷　（清）范公譓輯　清光緒二十七年（1901）石印本　四冊

330000－1788－0002152　02068　史部/雜史類/斷代之屬

周書斠補四卷　（清）孫詒讓撰　清光緒二十六年（1900）刻本　二冊

330000－1788－0002154　02330　史部/地理類/方志之屬/郡縣志

[乾隆]新疆輿圖風土攷五卷　（清）七十一纂　清光緒八年（1882）上海點石齋石印本一冊

330000－1788－0002155　02592　史部/目錄類/總錄之屬/私撰

仙源書院書目四卷　（清）啟元堂　（清）景元堂續刊　清光緒五年（1879）刻本　一冊

330000－1788－0002156　02059　史部/編年類/斷代之屬

紀元編三卷末一卷　（清）李兆洛撰　（清）六承如輯　清上海同文書局石印本　三冊

330000－1788－0002157　02387　史部/地理類/山川之屬/山志

方廣巖志三卷　（明）謝肇淛纂　（清）王紹沂續編　清宣統二年（1910）鉛印本　一冊　存一卷（一）

330000－1788－0002158　02427、03608　類叢部/叢書類/彙編之屬

龍威秘書一百六十九種　（清）馬俊良編　清乾隆五十九年至嘉慶元年（1794－1796）浙江石門馬氏大酉山房刻本　二冊　存四種

330000－1788－0002159　02140、02257、02295、03595　類叢部/叢書類/彙編之屬

申報館叢書正集五十七種附錄三種　（清）尊聞閣主編　**續集一百四十二種**　蔡爾康編　清同治至光緒上海申報館鉛印本　八冊　存四種

330000－1788－0002160　02113　史部/雜史類/斷代之屬

元朝祕史十五卷　（元）忙豁侖紐察察安撰　（清）李文田注　清光緒二十九年（1903）史學齋編譯石印書局石印本　六冊

330000－1788－0002161　02428　類叢部/叢書類/彙編之屬

申報館叢書正集五十七種附錄三種　（清）尊聞閣主編　**續集一百四十二種**　蔡爾康編清同治至光緒上海申報館鉛印本　一冊　存一種

330000－1788－0002163　02306　史部/地理類/外紀之屬

中外輿地彙鈔七種　（清）馬冠群撰　清光緒二十年（1894）蘇州文瑞樓石印本　二冊　存一種

330000－1788－0002164　02558　史部/目錄類/總錄之屬/官修

欽定四庫全書簡明目錄二十卷　（清）紀昀等撰　清刻本　李笠過錄邵懿辰等批校并跋十二冊

330000－1788－0002166　02523　史部/目錄類/總錄之屬/史志

補晉書經籍志四卷　吳士鑑撰　清光緒二十一年（1895）刻本　一冊

330000－1788－0002169　02760　史部/史評類/史論之屬

歷代史論十二卷宋史論三卷元史論一卷（明）張溥撰　**明史論四卷**　（清）谷應泰撰**左傳史論二卷**　（清）高士奇撰　清光緒五年（1879）西江裴氏刻本　三冊　存八卷（宋史論一至三、元史論、明史論一至四）

330000－1788－0002172　02471　史部/目錄類/書志之屬/提要

昭德先生郡齋讀書志二十卷　（宋）晁公武撰　附志二卷　（宋）趙希弁撰　**考證一卷考異一卷校補一卷**　王先謙撰　清光緒十年（1884）長沙王先謙刻本　十冊

330000－1788－0002173　02717　史部/金石

類/總志之屬/目録

竹崦盦金石目録五卷 （清）趙魏藏并撰　清
宣統元年（1909）錢塘吳士鑑長沙刻本　四冊

330000－1788－0002174　02668　子部/宗教
類/其他宗教之屬/基督教

景教碑文紀事考正三卷 （清）楊榮鋕撰　清
光緒二十一年（1895）楊大本堂刻本　三冊

330000－1788－0002175　02524　史部/目録
類/總録之屬/史志

補晉書經籍志四卷 吳士鑑撰　清光緒二十
一年（1895）刻本　一冊

330000－1788－0002176　02525　史部/目録
類/總録之屬/史志

補晉書經籍志四卷 吳士鑑撰　清光緒二十
一年（1895）刻本　一冊

330000－1788－0002177　02242　史部/傳記
類/別傳之屬/年譜

潘文勤公[祖蔭]年譜一卷 潘祖年編　清光
緒刻本　一冊

330000－1788－0002178　02707　史部/金石
類/錢幣之屬/雜著

錢志新編二十卷 （清）張崇懿輯　清道光十
年（1830）古婁尹湘酌春堂刻本　一冊　存十
卷（一至十）

330000－1788－0002181　02695　史部/金石
類/金之屬/圖像

恒軒所見所藏吉金録不分卷 （清）吳大澂輯
　清光緒十一年（1885）自刻本　一冊

330000－1788－0002182　03361　子部/叢編

十子全書 （清）王子興編　清嘉慶九年
（1804）姑蘇王氏聚文堂刻本　四冊　存一種

330000－1788－0002183　02674　史部/金石
類/總志之屬/題跋

九鐘精舍金石跋尾甲編一卷乙編一卷 吳士
鑑撰　清宣統二年（1910）刻本（甲編爲朱印
本）　二冊

330000－1788－0002185　02843　史部/地理

類/山川之屬/山志

廣雁蕩山誌二十八卷首一卷末一卷 （清）曾
唯輯　清乾隆刻本　七冊　缺二卷（一、首）

330000－1788－0002186　02808　史部/傳記
類/科舉録之屬/諸貢録

明貢舉考畧二卷國朝貢舉考畧四卷 （清）黃
崇蘭輯　（清）趙學曾續輯　清刻本　三冊
缺一卷（國朝貢舉考畧一）

330000－1788－0002188　02839　史部/地理
類/山川之屬/山志

爛柯山志十三卷補録一卷 （清）鄭永禧輯
清光緒三十三年（1907）不其山館刻本　四冊

330000－1788－0002189　02799　類叢部/叢
書類/彙編之屬

正覺樓叢刻(正覺樓叢書)二十九種 （清）崇
文書局編　清光緒崇文書局刻本　一冊　存
一種

330000－1788－0002190　02458　史部/政書
類/通制之屬

欽定三通考證三卷 清光緒二十八年（1902）
貫吾齋石印本　一冊

330000－1788－0002191　02806　史部/編年
類/斷代之屬

東華續録一百卷(同治朝) 王先謙編　清光
緒二十四年（1898）文瀾書局石印本　二十四冊

330000－1788－0002192　02644　史部/金石
類/總志之屬

金石續編二十一卷首一卷 （清）陸耀通撰
（清）陸增祥校訂　清光緒十九年（1893）上海
寶善書局石印本　六冊

330000－1788－0002197　02763　史部/史評
類/史論之屬

讀通鑑論十六卷宋論十五卷 （清）王夫之撰
　清光緒三十年（1904）上海商務印書館鉛印
本　十冊

330000－1788－0002198　02774　史部/史評
類/史論之屬

讀史論畧增註三卷 （清）杜詔撰　（清）唐桂

註 （清）傅傳增註 清光緒七年（1881）千頃堂書局石印本 二冊

330000－1788－0002200 02810 史部/目錄類/總錄之屬/徵訪

江南徵書文牘不分卷 （清）黃體芳撰 清末刻本 一冊

330000－1788－0002201 02208 史部/傳記類/職官錄之屬

御史題名不分卷 清刻本 一冊

330000－1788－0002202 02804 類叢部/叢書類/自著之屬

甌北全集八種 （清）趙翼撰 清乾隆至嘉慶趙翼湛貽堂刻本 十六冊 存二種

330000－1788－0002203 02858、02866 史部/金石類/郡邑之屬

栝蒼金石志十二卷續志四卷 （清）李遇孫輯 （清）鄒柏森校補 清同治十三年（1874）浙江處州府署刻光緒元年（1875）增刻本 八冊

330000－1788－0002206 02691 史部/金石類/郡邑之屬/目錄

安陽縣金石錄十二卷 （清）武億 （清）趙希璜撰 清嘉慶二十四年（1819）鐵嶺貴泰刻本 四冊

330000－1788－0002207 02144 史部/雜史類/斷代之屬

江陰城守紀二卷 （清）韓葵編 清末鉛印本 一冊

330000－1788－0002211 02816 集部/總集類/郡邑之屬

兩浙輶軒續錄五十四卷補遺六卷姓氏韻編二卷 （清）潘衍桐輯 清光緒十七年（1891）浙江書局刻本 二十七冊 缺二十一卷（續錄四十至五十四、補遺一至五、姓氏韻編二）

330000－1788－0002212 02821 史部/傳記類/別傳之屬/年譜

張楊園先生[履祥]年譜一卷附錄一卷 （清）蘇惇元編 清道光二十三年（1843）儀宋堂刻本 一冊

330000－1788－0002213 02852 史部/目錄類/專錄之屬

全上古三代秦漢三國晉南北朝文編目一百三卷 （清）嚴可均輯 （清）蔣壑編 清光緒五年（1879）刻本 二十冊

330000－1788－0002214 02861、02867、03938 類叢部/叢書類/彙編之屬

滂喜齋叢書五十種 （清）潘祖蔭編 清同治至光緒吳縣潘氏京師刻本 三冊 存三種

330000－1788－0002215 02809 史部/傳記類/總傳之屬/斷代

國朝耆獻類徵初編七百二十卷賢媛類徵初編十二卷 （清）李桓輯 清光緒十年至十六年（1884－1890）湘陰李氏刻本（卷二十九至三十、一百十三至一百十七、一百二十至一百二十一、一百二十三、一百三十至一百三十二原缺） 三冊 存二十一卷（述意一、總目一至二十）

330000－1788－0002217 02802 史部/編年類/斷代之屬

紀元編三卷末一卷 （清）李兆洛撰 （清）六承如輯 清光緒十四年（1888）上海蜚英館石印本 三冊

330000－1788－0002218 02880 史部/史抄類

史畧八十七卷 （清）朱墅輯 清光緒十三年（1887）上海積山書局石印本 三冊

330000－1788－0002219 02873 史部/金石類/金之屬/文字

歷代鐘鼎彝器款識法帖二十卷 （宋）薛尚功撰 清光緒八年（1882）上海點石齋影印本 四冊

330000－1788－0002220 02814 史部/傳記類/總傳之屬/斷代

敏求軒述記十六卷 （清）陳世箴輯 清道光二十八年（1848）刻本 八冊

330000－1788－0002221 02807 史部/紀事本末類/斷代之屬

戊戌政變記九卷　梁啓超撰　清光緖鉛印本
　三冊

330000－1788－0002224　02856　新學/地
學/地理學

金石識別十二卷　（美國）代那撰　（美國）瑪
高溫口譯　（清）華蘅芳筆述　清同治十一年
（1872）江南製造局刻本　六冊

330000－1788－0002227　02841　史部/地理
類/山川之屬/山志

重修南海普陀山志二十卷首一卷　（清）秦耀
曾輯　清道光十二年（1832）刻民國四年
（1915）趙希伊補刻民國六年（1917）定海監獄
工場印本　四冊

330000－1788－0002228　02834　新學/地
學/地志學

海道圖說十五卷長江圖說一卷　（英國）金約
翰輯　（英國）傅蘭雅口譯　（清）王德均筆述
　清光緖刻本　十冊

330000　－　1788　－　0002229　02875、03401、
03468　類叢部/叢書類/彙編之屬

崇文書局彙刻書三十一種　（清）崇文書局編
　清光緖元年至三年（1875－1877）湖北崇文
書局刻本　十四冊　存三種

330000－1788－0002230　02862　史部/金石
類/金之屬/文字

歷代鐘鼎彝器款識法帖二十卷　（宋）薛尚功
撰　清嘉慶二年（1797）儀徵阮元小琅嬛僊館
刻本　二冊　存十卷（一至十）

330000－1788－0002232　02870　子部/藝術
類/書畫之屬/題跋

大瓢偶筆八卷鐵函齋書跋四卷附大瓢所論碑
帖纂列總目備覽一卷　（清）楊賓撰　（清）楊
霈輯　清道光二十七年（1847）鐵嶺楊霈粵東
糧道署刻本　一冊　存二卷（鐵函齋題跋三
至四）

330000－1788－0002233　01991　史部/紀傳
類/正史之屬

四史　清光緖十四年（1888）上海蜚英館石印

本　三十五冊　存三種

330000－1788－0002236　02795　史部/紀傳
類/正史之屬

史記志疑三十六卷　（清）梁玉繩撰　**補遺一
卷**　（清）梁學昌輯　清光緖十四年（1888）餘
姚朱氏刻本　十一冊　缺二卷（三至四）

330000－1788－0002237　02825　史部/傳記
類/別傳之屬/年譜

潘紱庭[曾綬]自訂年譜一卷　（清）潘曾綬撰
　（清）潘祖蔭　潘祖年補編　清光緖九年
（1883）吳縣潘氏刻本　一冊

330000－1788－0002238　02874　史部/金石
類/總志之屬

金石索十二卷首一卷　（清）馮雲鵬　（清）馮
雲鵷輯　清光緖三十三年（1907）上海文新局
石印本　七冊　存五卷（金索二、五至六，石
索一、三）

330000－1788－0002241　02879　史部/金石
類/金之屬/圖像

兩罍軒彝器圖釋十二卷　（清）吳雲撰　清同
治十一年（1872）刻本　三冊　缺二卷（一至
二）

330000－1788－0002242　02833　史部/地理
類/方志之屬/郡縣志

[乾隆]平陽縣志二十卷首一卷　（清）徐恕修
　（清）張南英　（清）孫謙纂　清乾隆二十五
年（1760）刻民國七年（1918）修補本　七冊
缺二卷（九至十）

330000－1788－0002243　02864　史部/金石
類/總志之屬/圖像

三古圖三種　（清）黃晟輯　明萬曆二十八年
至三十年（1600－1602）吳萬化刻清乾隆十七
年（1752）天都黃氏亦政堂重印本　四冊　存
一種

330000－1788－0002244　02863　史部/金石
類/金之屬/圖像

兩罍軒彝器圖釋十二卷　（清）吳雲撰　清同
治十一年（1872）刻本　一冊　存二卷（一至

二)

330000－1788－0002245　02383　史部/地理類/方志之屬/郡縣志

[光緒]定遠廳志二十六卷首一卷末一卷　(清)余修鳳纂修　清光緒五年(1879)刻本　一冊　存三卷(二十至二十二)

330000－1788－0002246　02551　類叢部/叢書類/自著之屬

半巖廬所箸書九種　(清)邵懿辰撰　清宣統三年至民國二十年(1911－1931)仁和邵氏家祠刻本　一冊　存一種

330000－1788－0002247　02047　史部/編年類/通代之屬

御批資治通鑑綱目五十九卷前編十八卷舉要三卷外紀一卷續資治通鑑綱目二十七卷　(清)聖祖玄燁撰　清光緒十三年(1887)上海同文書局石印本　二十四冊

330000－1788－0002248　02343　類叢部/叢書類/自著之屬

鄭氏四種　(清)鄭曉如撰　清同治八年(1869)廣州華文堂刻本　八冊　存一種

330000－1788－0002249　02752　類叢部/叢書類/自著之屬

章氏遺書二種　(清)章學誠撰　清道光十二年至十三年(1832－1833)章華紱刻浙江書局補刻本　三冊　存一種

330000－1788－0002250　02322、02323　史部/地理類/水利之屬

浙西水利備考不分卷　(清)王鳳生撰　清光緒四年(1878)浙江書局刻本　三冊

330000－1788－0002251　02067　類叢部/叢書類/彙編之屬

崇文書局彙刻書三十三種　(清)崇文書局編　清光緒湖北崇文書局刻本　二冊　存一種

330000－1788－0002252　02420　類叢部/叢書類/自著之屬

七經樓遺集　清經川圖書館刻本　一冊　存二種

330000－1788－0002253　02288　史部/史抄類

史記菁華錄六卷　(清)姚祖恩輯　清道光四年(1824)吳興姚氏扶荔山房刻朱墨套印本　六冊

330000－1788－0002254　02442　史部/雜史類/斷代之屬

宋遼金元別史五種　(清)席世臣輯　清乾隆至嘉慶南沙席氏掃葉山房刻本　清止庵題記　二冊　存一種

330000－1788－0002257　02328　史部/地理類/輿圖之屬/郡縣

淇縣輿地圖說二卷　(清)曹廣權撰　清光緒二十七年(1901)刻本　一冊

330000－1788－0002261　01951　類叢部/叢書類/自著之屬

求益齋全集五種　(清)強汝詢撰　清光緒二十四年(1898)江蘇書局刻本　八冊

330000－1788－0002262　01926　史部/目錄類/總錄之屬/彙刻

觀古堂書目叢刻十五種　葉德輝編　清光緒二十八年(1902)至民國湘潭葉氏刻本　二十冊

330000－1788－0002263　01869　類叢部/叢書類/彙編之屬

春暉堂叢書十二種　(清)徐渭仁編　清道光至咸豐上海徐渭仁刻同治九年至十年(1870－1871)徐允臨補刻彙印本　十冊　存八種

330000－1788－0002266　01918　類叢部/叢書類/彙編之屬

雙楳景闇叢書十六種　葉德輝編　清光緒至宣統長沙葉氏郎園刻本　六冊　存十五種

330000－1788－0002268　01948　類叢部/叢書類/自著之屬

簑園叢書九種　(清)張慎儀撰　清光緒至民國刻本　十六冊

330000－1788－0002269　01942　類叢部/叢書類/自著之屬

燕禧堂五種 （清）任大椿輯撰 清乾隆刻本
六冊 存四種

330000－1788－0002270 01932 類叢部／叢
書類／自著之屬

授堂遺書七種 （清）武億撰 清道光二十三
年(1843)偃師武氏刻本 十六冊

330000－1788－0002271 01952 經部／叢編

丁西圃叢書三種 （清）丁顯撰 清光緒刻本
八冊 缺八卷（十三經諸家引書異字同聲
考五至八、十至十三）

330000－1788－0002273 02798 史部／紀傳
類／正史之屬

漢書引經異文錄證六卷 （清）繆祐孫撰 清
光緒十一年(1885)刻本 二冊

330000－1788－0002274 02815 集部／總集
類／郡邑之屬

兩浙輶軒錄四十卷補遺十卷 （清）阮元輯
清嘉慶仁和朱氏碧溪草堂錢塘陳氏種榆仙館
刻本 二十八冊 缺十二卷（二至三、補遺一
至十）

330000－1788－0002276 02837、03735 類
叢部／叢書類／郡邑之屬

武林掌故叢編一百九十種 （清）丁丙編 清
光緒三年至二十六年(1877－1900)錢塘丁氏
嘉惠堂刻本（[乾道]臨安志卷四至十五、南宋
館閣錄卷一原缺） 八冊 存四種

330000－1788－0002277 02823 史部／傳記
類／別傳之屬／年譜

閻潛丘先生[若璩]年譜一卷 （清）張穆編
清道光二十七年(1847)祁氏刻本 一冊

330000－1788－0002278 02865 類叢部／叢
書類

二金蜨堂所著書 清同治刻本 二冊 存
一種

330000－1788－0002279 02859 類叢部／叢
書類／彙編之屬

春暉堂叢書十二種 （清）徐渭仁編 清道光
至咸豐上海徐渭仁刻同治九年至十年(1870－

1871)徐允臨補刻彙印本 三冊 存一種

330000－1788－0002280 02812 史部／傳記
類／別傳之屬／事狀

忠武誌十卷 （清）張鵬翮輯 （清）周晼蘭增
清嘉慶十九年(1814)麻城周晼蘭刻本
六冊

330000－1788－0002282 02813 史部／傳記
類／別傳之屬／事狀

關帝聖蹟圖誌全集十卷 （清）盧湛等輯
（清）王玉樹重訂 清道光三十年(1850)浙江
慶廉刻本 四冊

330000－1788－0002283 02838 類叢部／叢
書類／郡邑之屬

武林掌故叢編一百九十種 （清）丁丙編 清
光緒三年至二十六年(1877－1900)錢塘丁氏
嘉惠堂刻本([乾道]臨安志卷四至十五、南宋
館閣錄卷一原缺) 四冊 存一種

330000－1788－0002285 00212 集部／詩文
評類／詩評之屬

全浙詩話五十四卷 （清）陶元藻輯 （清）陶
廷珍 （清）陶廷琡編 清嘉慶元年(1796)刻
本 二十四冊

330000－1788－0002286 00224 集部／別集
類／明別集

太師誠意伯劉文成公集二十卷首一卷 （明）
劉基撰 清乾隆十一年(1746)刻本 十六冊

330000－1788－0002287 00215 集部／別集
類／唐五代別集

白香山詩長慶集二十卷後集十七卷別集一卷
補遺二卷 （唐）白居易撰 （清）汪立名編訂
白香山[居易]年譜一卷 （清）汪立名撰
白香山[居易]年譜舊本一卷 （宋）陳振孫撰
清康熙四十一年至四十二年(1702－1703)
汪立名一隅草堂刻本 胡小塍圈點 十冊

330000－1788－0002288 00216 集部／別集
類／唐五代別集

白香山詩長慶集二十卷後集十七卷別集一卷
補遺二卷 （唐）白居易撰 （清）汪立名編訂

白香山[居易]年譜一卷　（清）汪立名撰

白香山[居易]年譜舊本一卷　（宋）陳振孫撰
清康熙四十一年至四十二年（1702 – 1703）
汪立名一隅草堂刻本　十冊

330000 – 1788 – 0002289　00214　集部/別集
類/清別集

竹園類輯十卷　（清）朱鴻瞻著　清康熙朱氏
刻本　四冊

330000 – 1788 – 0002290　00369　集部/別集
類/清別集

兩峯山人詩錄不分卷　（清）余國鼎撰　清項
雁湖水仙庵抄本　一冊

330000 – 1788 – 0002291　02827　史部/地理
類/方志之屬/通志

[道光]欽定新疆識畧十二卷首一卷　（清）松
筠修　（清）黎松等纂　清道光元年（1821）武
英殿修書處刻本　八冊　缺三卷（十至十二）

330000 – 1788 – 0002295　00273　史部/地理
類/方志之屬/郡縣志

[乾隆]溫州府志三十卷首一卷　（清）李琬修
　（清）齊召南　（清）汪沆纂　清乾隆二十七
年（1762）刻同治四年（1865）修版印本　二十
四冊

330000 – 1788 – 0002298　02820　類叢部/叢
書類/自著之屬

留書種閣集九種　（清）黃炳垕撰　清同治六
年至光緒二十年（1867 – 1894）餘姚黃氏留書
種閣刻本　一冊　存一種

330000 – 1788 – 0002301　02663　史部/金石
類/金之屬/圖像

陶齋吉金錄八卷　（清）端方撰　清光緒三十
四年（1908）上海有正書局石印本　八冊

330000 – 1788 – 0002304　02021　史部/紀傳
類/正史之屬

兩漢刊誤補遺十卷附錄一卷　（宋）吳仁傑撰
　清同治七年（1868）金陵書局木活字印本
二冊

330000 – 1788 – 0002305　02733　類叢部/叢

書類/彙編之屬

蟬隱廬叢書十八種　羅振常編　清宣統二年
至民國二十五年（1910 – 1936）上虞羅氏謄寫
及鉛印本三十三年吳興周延年彙印本　一冊
　存一種

330000 – 1788 – 0002307　02360　史部/地理
類/方志之屬/郡縣志

瑞安鄉土志不分卷　（清）金廌　（清）李畑輯
　清宣統元年（1909）油印本　一冊

330000 – 1788 – 0002318　02262　史部/傳記
類/別傳之屬/事狀

太常袁公[昶]行畧一卷附一卷　袁允欇等撰
　清光緒三十一年（1905）商務印書館石印本
一冊

330000 – 1788 – 0002320　02773　史部/史評
類/史論之屬

重刊讀史論略一卷　（清）杜詔撰　清刻本
一冊

330000 – 1788 – 0002321　02304　史部/地理
類/總志之屬/通代

讀史方輿紀要序二卷　（清）顧祖禹撰　（清）
李式撲註釋　清光緒二十八年（1902）養拙山
房刻本　二冊

330000 – 1788 – 0002322　02307　史部/地理
類/輿圖之屬/坤輿

萬國輿圖一卷新增萬國總說一卷　（清）陳兆
桐撰　（清）李節齋繪　清光緒十二年（1886）
上海同文書局石印本　一冊

330000 – 1788 – 0002323　02349　史部/地理
類/雜志之屬

永嘉聞見錄二卷　（清）孫同元撰　清光緒十
四年（1888）瑞安孫氏刻本　二冊

330000 – 1788 – 0002325　02258　史部/傳記
類/別傳之屬/事狀

宋勅忠佑胡公事蹟輯畧二卷　（清）程鳳山輯
　清同治元年（1862）刻本　一冊

330000 – 1788 – 0002328　02261　子部/藝術
類/書畫之屬/畫譜

梦迹圖一卷 （清）葛梦蓮繪 清末上海點石齋石印本 一冊

330000－1788－0002329 02776 史部/史評類/史學之屬

中國史學通論一卷續編一卷首一卷 （清）京師大學堂編 清光緒京師學務處官書局鉛印本 一冊

330000－1788－0002330 02672 類叢部/叢書類/彙編之屬

晨風閣叢書第一集五十二種 沈宗畸等編 清光緒三十四年至宣統三年（1908－1911）國學萃編社鉛印本 一冊 存一種

330000－1788－0002337 02157 史部/雜史類/斷代之屬

三朝聞見錄一卷 朱孔彰撰 清刻本 一冊

330000－1788－0002340 02265 史部/傳記類/別傳之屬/事狀

國史儒林黃仲弢先生[紹箕]傳一卷 伍銓萃撰 清光緒湖北漢川劉洪烈刻本 一冊

330000－1788－0002344 02286 史部/地理類/雜志之屬

賓氏義莊傳書不分卷 （清）廖調陽撰 清光緒三十四年（1908）刻本 一冊

330000－1788－0002346 02388 史部/地理類/山川之屬/山志

滴水巖紀略一卷 （清）黃崇惺撰 清光緒二年（1876）木活字印本 一冊

330000－1788－0002348 02694 史部/金石類/金之屬

齊陳氏韶舞樂畳通釋二卷 （清）陳慶鏞撰 清道光二十六年（1846）光澤何秋濤一鐙書舍刻本 一冊

330000－1788－0002352 02786－21 史部/傳記類/科舉錄之屬/歷科鄉試錄

[光緒癸巳恩科]浙江鄉試硃卷一卷 （清）許金鏞撰 清刻本 一冊

330000－1788－0002354 02043 史部/編年類/通代之屬

資治通鑑二百九十四卷目錄三十卷 （宋）司馬光撰 （元）胡三省音注 續資治通鑑二百二十卷 （清）畢沅撰 清光緒十四年（1888）上海蜚英館石印本 六十冊

330000－1788－0002355 02800、02801 史部/紀傳類/正史之屬

舊唐書二百卷 （後晉）劉昫撰 逸文十二卷 （清）岑建功輯 校勘記六十六卷 （清）羅士琳等校勘 清道光二十三年至二十六年（1843－1846）懼盈齋刻同治十一年（1872）方濬頤補刻本 五十冊 存二百六卷（舊唐書一至四十四、五十一至二百，逸文一至十二）

330000－1788－0002357 01989 史部/紀傳類/正史之屬

四史 清光緒十四年（1888）上海蜚英館石印本 四十八冊

330000－1788－0002358 02310 新學/地學/地理學

支那疆域沿革略說一卷 （日本）重野安繹（日本）河田羆著 清末興地學會刻本 一冊

330000－1788－0002359 02344 史部/地理類/雜志之屬

廣陵通典十卷 （清）汪中撰 清同治八年（1869）揚州書局刻本 二冊

330000－1788－0002360 02740 史部/金石類

陸厔𢽾古錄 羅振玉輯 清光緒二十九年（1903）上虞羅氏石印本 一冊 存一種

330000－1788－0002361 02285－1 史部/傳記類/總傳之屬/家乘

[上海寶山]寶山錢氏數典錄一卷 （清）錢衡璋纂修 清光緒二十四年（1898）木活字印本 一冊

330000－1788－0002365 02209 史部/傳記類/總傳之屬/姓名

內閣漢票簽中書舍人題名一卷續編一卷

（清）鮑康等輯　清咸豐十一年（1861）直房刻同治續刻本　一冊

330000－1788－0002368　02274　史部/地理類/遊記之屬/紀行

蜀輶日記四卷　（清）陶澍撰　清光緒七年（1881）刻本　二冊

330000－1788－0002370　02259　史部/傳記類/別傳之屬/事狀

韜厂蹈海錄（陸仁熙）四卷　徐良弼等撰　清宣統二年（1910）蘇州鉛印本　一冊　存二卷（一至二）

330000－1788－0002372　02040　史部/叢編

思益堂史學四種　（清）周壽昌撰　清光緒長沙周氏小對竹軒刻本　一冊　存一種

330000－1788－0002373　02165　類叢部/叢書類/自著之屬

振綺堂遺書五種　（清）汪遠孫撰　清道光刻民國十一年（1922）錢塘汪氏彙印本　二冊　存一種

330000－1788－0002382　02817　史部/傳記類/別傳之屬/年譜

延平四先生［楊時、羅從彥、李侗、朱考亭］年譜　（清）毛念恃編　清乾隆十年（1745）張坦刻本　二冊

330000－1788－0002383　02860　史部/金石類/石之屬/通考

石刻鋪敘二卷　（宋）曾宏父撰　清乾隆三十四年（1769）刻本　一冊

330000－1788－0002384　02796　史部/紀傳類/正史之屬

校刊史記集解索隱正義札記五卷　（清）張文虎撰　清同治十一年（1872）金陵書局刻本　二冊

330000－1788－0002385　02850　史部/目錄類/通論之屬/掌故瑣記

皕宋樓藏書源流考一卷　（日本）島田翰撰　清光緒三十三年（1907）武進董康京師刻朱印本　一冊

330000－1788－0002386　02223　史部/傳記類/別傳之屬/年譜

朱子［熹］年譜四卷考異四卷附錄朱子論學切要語二卷附校勘記三卷校勘存疑一卷　（清）王懋竑撰并輯　（清）王炳校勘　清光緒九年（1883）武昌書局刻本　四冊

330000－1788－0002387　02031　史部/紀傳類/正史之屬

三國志證聞三卷　（清）錢儀吉撰　清光緒十一年（1885）江蘇書局刻本　二冊

330000－1788－0002388　02381　史部/地理類/方志之屬/郡縣志

［乾隆］續修臺灣府志二十六卷首一卷　（清）余文儀修　（清）黃佾纂　清乾隆三十九年（1774）刻本　一冊　存一卷（首）

330000－1788－0002389　02016　史部/紀傳類/正史之屬

校刊史記集解索隱正義札記五卷　（清）張文虎撰　清同治十一年（1872）金陵書局刻本　二冊

330000－1788－0002390　02664　類叢部/叢書類/自著之屬

魏稼孫先生全集三種　（清）魏錫曾撰　清光緒九年（1883）羊城刻本　四冊　存一種

330000－1788－0002393　02439　史部/地理類/遊記之屬/紀行

東遊日記一卷（清光緒二十五年六月初二至十一月十一日）　（清）沈翊清撰　清光緒二十六年（1900）刻本　一冊

330000－1788－0002394　02347　史部/地理類

望炊樓叢書五種附二種　（清）謝家福輯　清光緒吳縣謝氏刻民國十三年（1924）蘇州文學山房彙印本　一冊　存一種

330000－1788－0002395　02210　史部/傳記類/職官錄之屬/總錄

浙江宦鄂同鄉錄不分卷　（清）湖北浙江會館編　清光緒刻本　二冊

330000－1788－0002396　02025　史部/地理類/總志之屬/斷代

漢書地理志校注二卷識語一卷　（清）王紹蘭撰　清光緒二十二年（1896）蕭山陳氏遺經樓刻本　二冊

330000－1788－0002397　02308－1　史部/地理類/輿圖之屬/全國

歷代輿地沿革險要圖說一卷　楊守敬　饒敦秩撰　王尚德繪　清光緒二十四年（1898）上海英商中西譯書會石印本　一冊

330000－1788－0002399　02204　史部/傳記類/總傳之屬/仕宦

紫光閣功臣小像一卷湘軍平定粵匪戰圖一卷　（清）彭鴻年輯　（清）吳嘉猷等繪　清光緒二十七年（1901）上海點石齋石印本　一冊

330000－1788－0002400　02080　新學/史志/別國史

大英國志八卷　（英國）托馬斯米爾納撰　（英國）慕維廉譯　清光緒七年（1881）上海益智書會刻本　四冊

330000－1788－0002406　02082　類叢部/叢書類/彙編之屬

文選樓叢書三十三種　（清）阮亨編　清嘉慶至道光阮元刻道光二十二年（1842）阮亨彙印本　四冊　存二種

330000－1788－0002409　02101　類叢部/叢書類/彙編之屬

宛鄰書屋叢書十三種　（清）張琦編　清道光十年至十二年（1830－1832）張氏宛鄰書屋刻本　一冊　存一種

330000－1788－0002411　02336　類叢部/叢書類/自著之屬

傳經堂叢書十二種　（清）洪頤煊撰　清嘉慶至道光臨海洪氏刻本　三冊　存一種

330000－1788－0002413　02654　史部/金石類/郡邑之屬

山左訪碑錄十三卷　（清）法偉堂著　清宣統元年（1909）山東提學司署石印本　二冊

330000－1788－0002414　02788　史部/政書類

賓興事例不分卷　（清）楊世環輯　清刻本　一冊

330000－1788－0002415　02430　史部/地理類/遊記之屬/紀勝

南越遊記三卷　（清）陳徽言撰　清咸豐七年（1857）章門刻本　一冊

330000－1788－0002416　02793　史部/雜史類

欽定林鍾英全案不分卷　清林樂善堂刻本　洪公著題跋　一冊

330000－1788－0002417　02170　史部/傳記類/總傳之屬/忠孝

瑞安節孝祠題名錄四卷首一卷　（清）蔡華（清）何黻文　（清）林瑤輯　清咸豐刻本　一冊

330000－1788－0002418　02679　史部/金石類/金之屬/文字

歷代鐘鼎彝器款識法帖二十卷　（宋）薛尚功撰　清嘉慶二年（1797）儀徵阮元小琅環僊館刻本　六冊

330000－1788－0002419　02845　史部/目錄類/總錄之屬/官修

欽定四庫全書總目二百卷首一卷　（清）紀昀等撰　清同治七年（1868）廣東書局刻本　一百十四冊　缺六卷（六十五至六十六、一百三十八至一百四十、一百四十三）

330000－1788－0002422　00534　集部/別集類/宋別集

黃詩全集五十八卷　（宋）黃庭堅撰　清光緒二年（1876）敘郡山谷祠刻本　二十四冊

330000－1788－0002424　01928　類叢部/叢書類/自著之屬

朱子遺書十五種　（宋）朱熹撰　清康熙禦兒呂氏寶誥堂刻本　二十四冊　存十三種

330000－1788－0002425　01864　類叢部/叢書類/郡邑之屬

京口掌故叢編初集八種 （清）陶駿保編 清光緒三十四年（1908）丹徒陶氏刻本（庚申遇賊記一卷配橫山草堂刻本） 二冊

330000－1788－0002426 01935 類叢部/叢書類/彙編之屬

述記三十四種 （清）任兆麟編 清乾隆五十三年（1788）震澤任氏忠敏家塾刻映雪草堂印本 十冊

330000－1788－0002427 01946 類叢部/叢書類/自著之屬

劉楚金遺稿七卷 劉鑫耀撰 清宣統三年（1911）湘潭劉氏家塾刻本 二冊

330000－1788－0002429 01885 類叢部/叢書類/彙編之屬

峭帆樓叢書十八種 趙詒琛編 清宣統三年至民國八年（1911－1919）新陽趙氏峭帆樓刻本 二十冊

330000－1788－0002430 02805 史部/雜史類/斷代之屬

明季稗史彙編十六種 （清）留雲居士輯 清都城琉璃廠刻本 一冊 存五種

330000－1788－0002431 01943 類叢部/叢書類/自著之屬

二思堂叢書六種 （清）梁章鉅撰 清光緒元年（1875）浙江書局刻本 九冊 存四種

330000－1788－0002432 01929 類叢部/叢書類/自著之屬

黃梨洲遺書七種附一種 （清）黃宗羲撰 清光緒三十一年（1905）杭州群學社石印本 十二冊

330000－1788－0002435 01884 類叢部/叢書類/彙編之屬

唐人說薈一百七十六種 （清）陳世熙編 清刻本 二十冊

330000－1788－0002437 01962 類叢部/叢書類/自著之屬

開通中國弟一哲學大家嚴侯官先生全集十四卷 嚴復撰并譯 清光緒二十九年（1903）石印本 十五冊 缺一卷（二）

330000－1788－0002438 03556 子部/雜著類/雜編之屬

人海記二卷 （清）查慎行撰 清宣統二年（1910）掃葉山房石印本 二冊

330000－1788－0002439 03689 子部/天文曆算類/算書之屬

行素軒算稿九種 （清）華蘅芳撰 清末石印本 二冊 存四種

330000－1788－0002446 01934 類叢部/叢書類/自著之屬

隨園三十八種 （清）袁枚撰 清光緒十八年（1892）勤裕堂鉛印本 二十四冊 存二十四種

330000－1788－0002447 03699 新學/算學/數學

筆算數學三卷 （美國）狄考文輯 （清）鄒立文述 清光緒三十一年（1905）上海美華書館鉛印本 胡秉衡題記 三冊

330000－1788－0002448 03347 子部/雜著類/雜說之屬

墨子閒詁十五卷目錄一卷附錄一卷後語二卷 （清）孫詒讓撰 清光緒三十三年（1907）瑞安孫氏刻本 八冊

330000－1788－0002451 03695 新學/算學/數學

數學啟蒙四卷 （英國）偉烈亞力撰 清光緒二十二年（1896）上海仰古齋書莊鉛印本 四冊

330000－1788－0002452 03758 子部/藝術類/書畫之屬/題跋

退庵題跋二卷 （清）梁章鉅撰 清福州梁氏刻杭縣鄭氏小琳瑯館印本 二冊

330000－1788－0002453 03660 史部/傳記類/總傳之屬

二十四史人物類考四十六卷 （清）程維周輯 清光緒二十九年（1903）上海緯文閣石印本 八冊

330000 – 1788 – 0002454　01899　類叢部/叢
書類/彙編之屬

琳琅祕室叢書三十種　（清）胡珽編　清光緒
十四年（1888）會稽董氏取斯家塾木活字印本
二十三冊　存二十九種

330000 – 1788 – 0002455　03696　子部/天文
曆算類/算書之屬

行素軒算稿九種　（清）華蘅芳撰　清光緒三
十一年（1905）上海廣益書局石印本　四冊
存一種

330000 – 1788 – 0002456　03717　子部/兵家
類/兵法之屬

孫子十家註十三卷　（漢）曹操等撰　**敍錄一
卷**　（清）畢以珣撰　**遺說一卷**　（宋）鄭友賢
撰　清刻本　四冊

330000 – 1788 – 0002457　03701　新學/算學

最新註解筆算數學詳草三卷　（清）孔憲昌
（清）樓惠祥編纂　清光緒三十二年（1906）武
林圖書社石印本　六冊

330000 – 1788 – 0002458　01916　類叢部/叢
書類/郡邑之屬

學海堂叢刻十三種　（清）□□編　清光緒三
年（1877）、十二年（1886）刻本　十四冊

330000 – 1788 – 0002459　03346　子部/雜著
類/雜說之屬

墨子閒詁十五卷目錄一卷附錄一卷後語二卷
（清）孫詒讓撰　清宣統二年（1910）瑞安孫
氏刻本　八冊

330000 – 1788 – 0002460　03710　類叢部/叢
書類/彙編之屬

古逸叢書二十六種　（清）黎庶昌編　清光緒
八年至十年（1882 – 1884）黎庶昌日本東京使
署影刻本　一冊　存一種

330000 – 1788 – 0002462　03455　子部/儒家
類/儒學之屬/禮教/家訓

裕昆要錄一卷　（清）陳延益輯　清光緒十一
年（1885）刻民國十五年（1926）黃嗣艾印本
一冊

330000 – 1788 – 0002463　03488　類叢部/叢
書類/自著之屬

洪北江全集二十一種　（清）洪亮吉撰　清光
緒三年至五年（1877 – 1879）洪用懃授經堂刻
本　二冊　存一種

330000 – 1788 – 0002467　03496　史部/目錄
類/通論之屬/義例

書林揚觶一卷　（清）方東樹撰　清道光十一
年（1831）儀衛軒刻本　一冊

330000 – 1788 – 0002468　03600　類叢部/叢
書類/家集之屬

梁氏叢書五種　（清）梁同書等編撰　清嘉慶
梁氏家刻本　一冊　存一種

330000 – 1788 – 0002469　03370　子部/法
家類

韓非子集解二十卷首一卷　（清）王先慎撰
清光緒二十二年（1896）刻本　六冊

330000 – 1788 – 0002471　03755　經部/樂
類/律呂之屬

樂縣考二卷　（清）江藩撰　清嘉慶十八年
（1813）刻本　一冊

330000 – 1788 – 0002475　03395　子部/儒家
類/儒學之屬/經濟

賈子次詁十六卷　（清）王耕心撰　清光緒二
十九年（1903）正定王氏刻本　二冊

330000 – 1788 – 0002476　03809　子部/宗教
類/佛教之屬

護法論一卷　（宋）張商英撰　清同治八年
（1869）刻本　一冊

330000 – 1788 – 0002477　03463　類叢部/叢
書類/彙編之屬

崇文書局彙刻書三十一種　（清）崇文書局編
清光緒元年至三年（1875 – 1877）湖北崇文
書局刻本　二冊　存一種

330000 – 1788 – 0002479　03796　子部/術數
類/命書相書之屬

七政四餘命學不分卷　（清）項方舊撰　清宣
統元年（1909）瑞安項氏刻本　一冊

330000 – 1788 – 0002480　03724　子部/叢編

子書百家一百一種　（清）崇文書局編　清光緒元年(1875)湖北崇文書局刻本　二冊　存五種

330000 – 1788 – 0002481　03790　子部/術數類/陰陽五行之屬

欽定協紀辨方書三十六卷　（清）允祿　（清）張照等纂修　清乾隆六年(1741)刻本　二十七冊

330000 – 1788 – 0002482　03406　子部/雜著類/雜說之屬

子書百家　（清）崇文書局編　清光緒元年(1875)湖北崇文書局刻民國元年(1912)鄂官書處重印本　六冊　存一種

330000 – 1788 – 0002483　03369　子部/法家類

韓非子集解二十卷首一卷　（清）王先慎撰　清光緒二十二年(1896)刻本　六冊

330000 – 1788 – 0002485　03625　類叢部/類書類/通類之屬

北堂書鈔一百六十卷首一卷　（唐）虞世南撰　（清）孔廣陶校注　清光緒十四年(1888)南海孔氏三十有三萬卷堂刻本　二十冊

330000 – 1788 – 0002486　03512　類叢部/叢書類/彙編之屬

學古堂日記四十種　（清）雷浚　（清）汪之昌編　清光緒十六年(1890)刻二十二年(1896)續刻本　二十六冊

330000 – 1788 – 0002487　03832　子部/宗教類/佛教之屬

大明三藏法數五十卷　（明）釋一如等集註　清光緒六年(1880)刻本　十六冊

330000 – 1788 – 0002489　03464　類叢部/叢書類/彙編之屬

崇文書局彙刻書　（清）崇文書局編　清光緒元年(1875)湖北崇文書局刻民國元年(1912)印本　宋慈襄題記　二冊　存一種

330000 – 1788 – 0002490　03324、03338、

03404　子部/叢編

十子全書　（清）王子興編　清嘉慶九年(1804)姑蘇王氏聚文堂刻本　六冊　存三種

330000 – 1788 – 0002491　03533　子部/雜著類/雜說之屬

夢溪筆談二十六卷補筆談三卷續筆談一卷　（宋）沈括撰　**校字記一卷**　（清）陶福詳訂　清光緒三十二年(1906)番禺陶氏愛廬刻本　四冊

330000 – 1788 – 0002493　03393　經部/叢編

蜚雲閣凌氏叢書六種　（清）凌曙撰　清嘉慶至道光江都凌氏蜚雲閣刻本　二冊　存一種

330000 – 1788 – 0002496　03438　子部/儒家類/儒學之屬/性理

朱子語類日鈔五卷　（宋）朱熹撰　（清）陳澧輯　清光緒二十六年(1900)廣雅書局刻本　一冊

330000 – 1788 – 0002497　03519　子部/雜著類/雜說之屬

仁學不分卷　（清）譚嗣同撰　清光緒國民報社鉛印本　一冊

330000 – 1788 – 0002498　03349　子部/雜著類/雜說之屬

墨商三卷補遺一卷　王景羲撰　清宣統二年(1910)刻本　二冊

330000 – 1788 – 0002502　03773　子部/藝術類/書畫之屬/畫法畫品

元閻仲彬惠山復隱圖一卷　（元）閻驤繪　清宣統三年(1911)上海文明書局影印本　一冊

330000 – 1788 – 0002503　03350　子部/雜著類/雜說之屬

墨商三卷補遺一卷　王景羲撰　清宣統二年(1910)刻本　二冊

330000 – 1788 – 0002504　03802　子部/宗教類/佛教之屬/經

摩訶般若波羅蜜鈔經五卷　（後秦）釋曇摩蜱　（後秦）釋竺佛念等譯　**附錄一卷**　（宋）釋法賢譯　清至民國揚州磚橋刻經處刻本　一

冊　存一卷(附錄)

330000－1788－0002505　03709　經部/禮記類/分篇之屬

蔡氏月令二卷　(漢)蔡邕撰　(清)蔡雲輯　清道光四年(1824)王氏刻本　二冊

330000－1788－0002506　03665　子部/儒家類/儒學之屬/蒙學

寄傲山房塾課新增幼學故事瓊林四卷首一卷　(明)程登吉撰　(清)鄒聖脈增補　清文奎堂刻本　四冊

330000－1788－0002508　03823　子部/儒家類/儒學之屬

中庸直指不分卷　(明)釋德清撰　清光緒十年(1884)金陵刻經處刻本　一冊

330000－1788－0002509　03320　子部/道家類

莊子十卷　(晉)郭象注　(唐)陸德明音義　清光緒二十三年(1897)新化三味書室刻本　曾聯勛批校　六冊

330000－1788－0002510　03310　類叢部/叢書類/自著之屬

徐靈胎先生雜著五種　(清)徐大椿撰　清光緒十四年(1888)江左書林刻本　一冊　存一種

330000－1788－0002511　03366　子部/叢編

十子全書　(清)王子興編　清嘉慶九年(1804)刻本　六冊　存一種

330000－1788－0002512　03819　子部/宗教類/佛教之屬/諸宗

徑中徑又徑徵義三卷首一卷　(清)張師誠輯　(清)徐槐廷注　清光緒二十五年(1899)蘇城詠霓社刻本　一冊

330000－1788－0002513　03491　子部/雜著類/雜考之屬

癸巳存稿十五卷　(清)俞正燮撰　清光緒十年(1884)刻本　十冊

330000－1788－0002514　03367　子部/法家類

韓非子集解二十卷首一卷　(清)王先慎撰　清光緒二十二年(1896)刻本　六冊

330000－1788－0002515　03650　史部/時令類

月令粹編二十四卷圖說一卷　(清)秦嘉謨撰　清嘉慶十七年(1812)江都秦嘉謨琳琅仙館刻本　八冊

330000－1788－0002516　03700　新學/算學/數學

筆算數學三卷　(美國)狄考文輯　(清)鄒立文述　清光緒三十二年(1906)上海美華書館鉛印本　三冊

330000－1788－0002517　03428　子部/儒家類/儒學之屬

二程全書六十七卷　(宋)程顥　(宋)程頤撰　清小嫏嬛山館刻本　十六冊

330000－1788－0002518　03459　子部/儒家類/儒學之屬/性理

薛子條貫篇十三卷續篇十三卷　(明)薛瑄撰　(清)戴楫輯　清道光二十八年(1848)刻本　三冊

330000－1788－0002519　03789　子部/天文曆算類/曆法之屬

新鐫曆法便覽象吉備要通書大全二十九卷　(清)魏鑑撰　清同治四年(1865)集新堂刻本　十二冊

330000－1788－0002520　03489　子部/雜著類/雜考之屬

讀書叢錄二十四卷　(清)洪頤煊撰　清道光元年(1821)刻本　六冊

330000－1788－0002521　03400　子部/雜著類/雜說之屬

淮南子二十一卷　(漢)劉安撰　(漢)高誘注　(清)莊逵吉校　清光緒二年(1876)浙江書局校刻武進莊逵吉本　六冊

330000－1788－0002524　03708　子部/農家農學類/蠶桑之屬

樗繭譜一卷　（清）鄭珍撰　（清）莫友芝注　清光緒三十三年（1907）鉛印本　一冊

330000－1788－0002527　03769　類叢部／叢書類／家集之屬

如皋冒氏叢書三十四種附二種　冒廣生輯　清光緒至民國如皋冒氏刻本　一冊　存一種

330000－1788－0002529　03340、03358、03376、03385、03391、03394、03984　子部／叢編

二十二子（二十二子彙函）　（清）浙江書局編　清光緒元年至三年（1875－1877）浙江書局刻本　二十八冊　存七種

330000－1788－0002534　03342　子部／法家類

管子校正二十四卷　（清）戴望撰　清同治十一年（1872）劉履芬刻本　四冊

330000－1788－0002535　03461　類叢部／叢書類／自著之屬

汪雙池先生叢書二十種附浙刻雙池遺書十二種　（清）汪紱撰　清道光至光緒刻光緒二十三年（1897）長安趙舒翹等彙印本　一冊　存一種

330000－1788－0002537　03664　類叢部／類書類／專類之屬

精校新增繪圖幼學故事瓊林四卷首一卷　（明）程登吉撰　（清）鄒聖脈增補　清鑄記書棧石印本　二冊

330000－1788－0002538　03414　類叢部／叢書類／彙編之屬

新斠平津館叢書十集三十四種　（清）孫星衍編　清光緒十年至十五年（1884－1889）吳縣朱氏槐廬家塾刻本　八冊　存三種

330000－1788－0002539　03798　經部／易類／傳說之屬

周易究四卷　（清）徐梅撰　清光緒刻本　一冊　缺三卷（一至三）

330000－1788－0002541　03308　子部／道家類

老子翼八卷首一卷　（明）焦竑撰　清光緒二十一年（1895）金陵刻經處刻本　四冊

330000－1788－0002542　03620　子部／雜著類／雜纂之屬

福壽全書六卷　（明）陳繼儒輯　清宣統鉛印本　一冊

330000－1788－0002543　03561　子部／小說家類／雜事之屬

西青散記四卷　（清）史震林撰　清乾隆三餘堂刻本　四冊

330000－1788－0002544　03687　新學／算學／代數

代數備旨二卷總答一卷　（美國）狄考文譯　（清）范震亞校錄　清光緒二十八年（1902）上海會文編譯社石印本　一冊　存二卷（下、總答）

330000－1788－0002546　03458　子部／儒家類／儒學之屬／經濟

繹志十九卷　（清）胡承諾撰　清同治十一年（1872）浙江書局刻本　八冊

330000－1788－0002548　03466、03467　類叢部／叢書類／彙編之屬

湖海樓叢書十二種　（清）陳春編　清嘉慶蕭山陳氏刻二十四年（1819）彙印本　十二冊　存二種

330000－1788－0002549　03493　子部／儒家類／儒學之屬／性理

漢學商兌三卷　（清）方東樹撰　清光緒二十六年（1900）浙江書局刻本　四冊

330000－1788－0002551　03362　子部／儒家類／儒家之屬

荀子二十卷荀子校勘補遺一卷　（唐）楊倞注　（清）盧文弨　（清）謝墉輯校並補遺　清光緒二十三年（1897）新化三味書室刻本　六冊

330000－1788－0002552　03586　類叢部／叢書類／家集之屬

鄂不齋叢書（善化唐氏家集）六種　（清）唐贊袞撰並編　清光緒二十七年（1901）桐園鄂不

齋刻本　一冊　存一種

330000－1788－0002553　03494　子部/儒家
類/儒學之屬/性理

漢學商兌三卷　(清)方東樹撰　清光緒二十
六年(1900)浙江書局刻本　四冊

330000－1788－0002554　03754　子部/藝術
類/書畫之屬/法帖

淳化帖釋文十卷　(清)羅森　(清)孫際昌訂
　清康熙八年(1669)刻本　一冊

330000－1788－0002555　03354　子部/雜著
類/雜說之屬

墨子經說解二卷　(清)張惠言撰　清宣統元
年(1909)國學保存會據手稿本影印本　一冊

330000－1788－0002556　03752　子部/藝術
類/書畫之屬/法帖

蔣拙存書姜白石書譜一卷　(清)蔣衡書　清
宣統元年(1909)國學保存會影印本　一冊

330000－1788－0002558　03374　子部/儒家
類/儒家之屬

孔子家語十卷　(三國魏)王肅注　清光緒六
年(1880)掃葉山房刻本　二冊

330000－1788－0002560　03775　史部/政書
類/律令之屬/法驗

重刊補註洗冤錄集證六卷　(清)王又槐輯
(清)李觀瀾補輯　(清)阮其新補註　(清)
張錫蕃重訂　(清)文晟續輯　清光緒八年
(1882)京都文寶堂刻四色套印本　二冊　存
二卷(一至二)

330000－1788－0002562　03355　子部/雜著
類/雜說之屬

墨子經說解二卷　(清)張惠言撰　清宣統元
年(1909)國學保存會據手稿本影印本　一冊

330000－1788－0002563　03957　子部/宗教
類/佛教之屬/諸宗

龍舒淨土文十卷　(宋)王日休撰　**龍舒淨土
文首一卷**　(明)釋袾宏等撰　**龍舒淨土文末
一卷**　(宋)劉章等撰　清光緒二十四年
(1898)東甌頭陀山妙智禪寺刻民國三十二年

(1943)印本　一冊

330000－1788－0002564　03474　子部/雜著
類/雜說之屬

敬齋古今黈八卷　(元)李冶撰　清刻本
二冊

330000－1788－0002565　03601　子部/雜著
類/雜纂之屬

勸戒近錄六卷續錄六卷三錄六卷四錄六卷
(清)梁恭辰撰　清道光二十三年至二十八年
(1843－1848)刻本　八冊

330000－1788－0002566　03410　子部/雜著
類/雜說之屬

白虎通疏證十二卷　(清)陳立撰　清光緒元
年(1875)淮南書局刻本　四冊

330000－1788－0002567　03778　史部/政書
類/律令之屬/法驗

重刊補註洗冤錄集證六卷　(清)王又槐輯
(清)李觀瀾補輯　(清)阮其新補註　(清)
張錫蕃重訂　(清)文晟續輯　清光緒八年
(1882)朱墨套印本　一冊　存一卷(六)

330000－1788－0002568　03312　子部/叢編

十子全書　(清)王子興編　清嘉慶九年
(1804)姑蘇王氏聚文堂刻本　一冊　存一種

330000－1788－0002569　03842　子部/宗教
類/道教之屬

道書二十三種　(清)劉一明撰　清光緒三年
至六年(1877－1880)上海翼化堂刻本　一冊
　存一種

330000－1788－0002570　03327　子部/道
家類

莊子雪三卷　(清)陸樹芝撰　清嘉慶四年
(1799)文選樓刻本　三冊

330000－1788－0002571　03343　子部/法
家類

弟子職集解一卷　(清)莊述祖輯　**弟子職句
讀一卷考證一卷補音一卷**　(清)黃彭年輯
清光緒十四年(1888)江蘇書局刻本　一冊

330000－1788－0002572　03505　子部/雜著類/雜考之屬

東塾讀書記二十五卷　（清）陳澧撰　清光緒刻本　六冊　缺四卷(二十二至二十五)

330000－1788－0002573　03364　子部/儒家類/儒家之屬

荀子二十卷首一卷　（唐）楊倞注　王先謙集解　清光緒十七年(1891)刻本　六冊

330000－1788－0002574　03436　子部/儒家類/儒學之屬/蒙學

小學六卷　（清）高愈注　**文公朱夫子[熹]年譜一卷**　（題宋）李方子撰　清同治十一年(1872)浙江書局刻本　二冊

330000－1788－0002575　03622　子部/雜著類/雜纂之屬

小窗四紀四種　（明）吳從先輯　明刻本　一冊　存一種

330000－1788－0002576　03914　子部/儒家類/儒學之屬/性理

十家語錄摘要二卷詠梅軒搭記一卷　（清）謝蘭生撰　清同治刻本　二冊

330000－1788－0002578　03788　子部/天文曆算類/曆法之屬

三統術詳說四卷　（清）陳澧撰　清末刻本　一冊

330000－1788－0002580　03920、03943　類叢部/叢書類/彙編之屬

學津討原一百七十三種　（清）張海鵬編　清嘉慶十年(1805)虞山張氏照曠閣刻本　二冊　存二種

330000－1788－0002581　03440　類叢部/叢書類/自著之屬

胡白水著書四種　（清）胡泉撰　清咸豐刻本　二冊　存一種

330000－1788－0002582　03555　子部/雜著類/雜纂之屬

古夫于亭雜錄五卷　（清）王士禎撰　清康熙六十年(1721)俞兆晟刻本　二冊

330000－1788－0002583　03890　子部/道家類

南華真經解三卷　（清）宣穎撰　清刻本　二冊　存二卷(二至三)

330000－1788－0002584　03332　子部/道家類

南華真經正義三十三卷識餘一卷　（清）陳壽昌輯　清光緒十九年(1893)怡顏齋刻本　六冊

330000－1788－0002585　10045　經部/小學類/文字之屬/說文

王氏說文三種　（清）王筠撰　清道光至咸豐刻同治四年(1865)彙印本　十冊　存一種

330000－1788－0002586　03791　子部/天文曆算類/曆法之屬

御定七政四餘萬年歷不分卷　清刻本　三冊

330000－1788－0002587　03706　子部/農家農學類/園藝之屬/總志

佩文齋廣群芳譜一百卷目錄二卷　（清）汪灝等撰　清同治七年(1868)姑蘇亦西齋刻本　三十二冊

330000－1788－0002588　03854　子部/雜著類/雜說之屬

潛書四卷　（清）唐甄撰　**西蜀唐圃亭先生(大陶)行畧一卷**　（清）王聞遠撰　清光緒九年(1883)中江李氏刻本　四冊

330000－1788－0002589　02308－2　史部/地理類/輿圖之屬/全國

歷代輿地沿革險要圖說一卷　楊守敬　饒敦秩撰　清光緒二十七年(1901)石印本　一冊

330000－1788－0002590　03597　類叢部/叢書類/自著之屬

二思堂叢書六種　（清）梁章鉅撰　清同治十二年至光緒元年(1873－1875)福州梁氏刻本　八冊　存一種

330000－1788－0002591　03846　新學/議論/通論

群學肄言不分卷　（英國）斯賓塞爾撰　嚴復

譯 清光緒二十九年（1903）上海文明書局鉛印本 四冊

330000－1788－0002592 03817 子部/宗教類/佛教之屬/經

般若波羅密經了義不分卷 （唐）釋玄奘譯 （清）金晦述義 清宣統二年（1910）永嘉葉懷古齋刻本 一冊

330000－1788－0002593 03487 子部/雜著類/雜考之屬

濼源問答十二卷 （清）沈可培撰 清嘉慶二十年（1815）嘉興沈銘彝雪浪齋刻道光七年（1827）重印本 四冊

330000－1788－0002594 03824 經部/四書類/總義之屬/專著

四書小參一卷四書問答一卷 （明）朱斯行撰 清光緒三年（1877）姑蘇刻經處刻本 一冊

330000－1788－0002595 10012 經部/易類/傳說之屬

周易擇言六卷 （清）鮑作雨撰 清同治三年（1864）瑞安項傅梅甌城刻本 六冊

330000－1788－0002597 03331 子部/道家類

南華真經解三卷 （清）宣穎撰 清宣統元年（1909）湖南書局刻本 周遽批校 六冊

330000－1788－0002598 03325 子部/道家類

莊子內篇註四卷 （明）釋德清撰 清光緒十四年（1888）金陵刻經處刻本 二冊

330000－1788－0002599 03799 子部/叢編

釋氏十三經 □□輯 清同治八年至十年（1869－1871）金陵刻經處刻本 一冊 存一種

330000－1788－0002601 03811 子部/宗教類/佛教之屬/論疏

成唯識論觀心法要十卷 （清）釋智旭撰 清光緒二十六年（1900）揚州藏經院刻本 六冊 存六卷（五至十）

330000－1788－0002602 03578 類叢部/叢書類/彙編之屬

槐廬叢書四十六種 （清）朱記榮編 清光緒三年至十五年（1877－1889）吳縣朱氏槐廬家塾刻本 三冊 存一種

330000－1788－0002606 03380 史部/傳記類/別傳之屬/事狀

晏子春秋七卷 （清）蘇輿校注 清光緒十八年（1892）思賢講舍刻本 二冊

330000－1788－0002607 10001 史部/地理類/方志之屬/郡縣志

[光緒]瑞安縣志□□卷 清抄本 一冊 存一卷（一）

330000－1788－0002608 03430 子部/儒家類/儒學之屬/性理

近思錄集注十四卷考訂朱子世家一卷 （清）江永撰 **校勘記一卷** （清）王炳撰 清同治八年（1869）江蘇書局刻本 四冊 存十四卷（一至十四）

330000－1788－0002610 03511 子部/儒家類/儒學之屬/勸學

勸學篇二卷 （清）張之洞撰 清光緒二十四年（1898）浙江刻本 一冊

330000－1788－0002611 03482 子部/雜著類/雜考之屬

十駕齋養新錄二十卷餘錄三卷 （清）錢大昕撰 **錢辛楣先生[大昕]年譜一卷** （清）錢大昕編 （清）錢慶曾校註 **竹汀居士[錢大昕]年譜續編一卷** （清）錢慶曾撰 清光緒二年（1876）浙江書局刻本 六冊 缺五卷（十駕齋養新錄一至五）

330000－1788－0002612 03550 子部/雜著類/雜考之屬

野記四卷 （明）祝允明撰 清同治十三年（1874）元和祝氏刻本 二冊

330000－1788－0002616 03703－1 新學/算學/形學

形學備旨十卷開端一卷 （美國）狄考文選譯

（清）鄒立文筆述　清光緒三十二年（1906）
上海美華書館鉛印本　二冊

330000－1788－0002617　03649　史部/時
令類

月令粹編二十四卷圖說一卷　（清）秦嘉謨撰
　清嘉慶十七年（1812）江都秦嘉謨琳琅仙館
刻本　八冊

330000－1788－0002618　03615　子部/小說
家類/雜事之屬

蕉軒隨錄十二卷　（清）方濬師撰　清同治十
二年（1873）退一步齋刻本　十二冊

330000－1788－0002619　03782　史部/政書
類/律令之屬/法驗

洗冤錄詳義四卷首一卷　（清）許槤輯　**洗冤
錄摭遺二卷**　（清）葛元煦輯　**洗冤錄摭遺補
一卷**　（清）張開運輯　清光緒二十二年
（1896）湖北藩署刻本　四冊　存五卷（首、洗
冤錄詳義一至四）

330000－1788－0002620　03703－2　新學/
算學/代數

代數備旨不分卷總答一卷　（美國）狄考文選
譯　（清）鄒立文　（清）生福維筆述　清光緒
三十二年（1906）上海美華書館鉛印本　二冊

330000－1788－0002622　03807　子部/宗教
類/佛教之屬/經疏

大方廣圓覺經大疏十六卷首一卷　（唐）釋宗
密撰　清宣統元年（1909）金陵刻經處刻本
四冊

330000－1788－0002623　03481　子部/雜著
類/雜考之屬

十駕齋養新錄二十卷餘錄三卷　（清）錢大昕
撰　**錢辛楣先生[大昕]年譜一卷**　（清）錢大
昕編　（清）錢慶曾校註　**竹汀居士[錢大昕]
年譜續編一卷**　（清）錢慶曾撰　清光緒二年
（1876）浙江書局刻本　八冊

330000－1788－0002624　03503　子部/儒家
類/儒學之屬/性理

子問二卷又問一卷　（清）劉沅撰　（清）劉松

雲等輯　清同治二年（1863）平遙李氏刻本
二冊　缺一卷（又問）

330000－1788－0002625　03470　子部/雜著
類/雜考之屬

困學紀聞注二十卷　（清）翁元圻撰　清道光
五年（1825）刻本　六冊

330000－1788－0002627　03845　新學/議
論/通論

群學肄言不分卷　（英國）斯賓塞爾撰　嚴復
譯　清光緒二十九年（1903）上海文明書局鉛
印本　三冊

330000－1788－0002628　10041　經部/小學
類/文字之屬/說文/傳說

說文解字注十五卷附六書音韻表五卷　（清）
段玉裁撰　**說文部目分韻一卷**　（清）陳煥編
　清嘉慶二十年（1815）刻本　十九冊　缺六
卷（十三、六書音韻表一至五）

330000－1788－0002630　03509　類叢部/叢
書類/自著之屬

覆瓿集十三種附一種　（清）張文虎撰　清同
治至光緒刻本　十冊　存三種

330000－1788－0002631　03750　子部/藝術
類/書畫之屬/法帖

草字彙十二卷　（清）石梁輯　清乾隆刻本
宋慈襄題記　六冊

330000－1788－0002634　03492　子部/儒家
類/儒學之屬/性理

漢學商兌三卷　（清）方東樹撰　清光緒二十
六年（1900）浙江書局刻本　四冊

330000－1788－0002636　03457　子部/儒家
類/儒學之屬/經濟

繹志十九卷　（清）胡承諾撰　清同治十一年
（1872）浙江書局刻本　八冊

330000－1788－0002639　03634　類叢部/類
書類/專類之屬

格致鏡原一百卷　（清）陳元龍撰　清康熙五
十六年（1717）刻雍正十三年（1735）印本　二
十四冊

330000－1788－0002646　03345　子部/雜著
類/雜說之屬

墨子閒詁十五卷目錄一卷附錄一卷後語二卷
（清）孫詒讓撰　清宣統二年（1910）瑞安孫
氏刻本　楊志齡題記　八冊

330000－1788－0002648　03833　子部/宗教
類/佛教之屬/總錄

重訂教乘法數十二卷　（清）釋超海等輯　清
光緒三十四年（1908）常州天寧寺刻本　六冊

330000－1788－0002649　03941　子部/工藝
類/文房四寶之屬/墨

論墨絕句詩一卷　（清）謝崧岱撰　清光緒十
九年（1893）湘鄉謝氏犖經樹刻本　一冊

330000－1788－0002650　03772　類叢部/叢
書類/彙編之屬

函海一百五十二種　（清）李調元編　清刻本
一冊　存四種

330000－1788－0002653　03568　史部/雜史
類/斷代之屬

養吉齋叢錄二十六卷餘錄十卷　（清）吳振棫
撰　清光緒二十二年（1896）刻本　八冊

330000－1788－0002656　03460　子部/儒家
類/儒學之屬/性理

儒門法語輯要一卷　（清）彭定求撰　（清）湯
金釗輯　清光緒十六年（1890）浙江書局刻本
一冊

330000－1788－0002659　03866　史部/詔令
奏議類/奏議之屬

遵旨婉切勸諭解放婦女腳纏白話不分卷
（清）孫任（宋恕）筆達　清光緒二十八年
（1902）刻本　一冊

330000－1788－0002665　03935　子部/藝術
類/書畫之屬/畫譜

墨蘭譜不分卷　（清）陳逵繪　清嘉慶三年
（1798）刻本　二冊

330000－1788－0002666　03820　子部/宗教
類/佛教之屬/諸宗

徑中徑又徑四卷　（清）張師誠輯　清同治五

年（1866）刻本　一冊　存二卷（一至二）

330000－1788－0002667　03713　新學/氣
學/氣學

氣學叢談二卷　（英國）傅蘭雅口譯　（清）華
蘅芳筆述　清末上海時務報館石印本　一冊

330000－1788－0002669　03504　經部/叢編

讀書堂叢刻四種　簡朝亮撰　清光緒至民國
刻本　一冊　存一種

330000－1788－0002670　03621　子部/雜著
類/雜說之屬

菜根談一卷　（明）洪應明撰　清光緒十七年
（1891）謝潤卿刻仁濟善堂印本　一冊

330000－1788－0002671　03847　新學/商
務/商學

原富八卷中西年表一卷　（英國）斯密亞丹撰
嚴復譯　清光緒二十八年（1902）上海南洋
公學譯書院鉛印本　八冊

330000－1788－0002672　03844　新學/理
學/理學

天演論二卷　（英國）赫胥黎撰　嚴復譯　清
光緒二十七年（1901）富文書局石印本　一冊

330000－1788－0002673　03527　子部/雜著
類/雜考之屬

攷辨隨筆二卷　（清）黃定宜撰　清道光二十
七年（1847）萍鄉文晟刻本　一冊

330000－1788－0002674　03517　類叢部/叢
書類/彙編之屬

檇李沈氏銅熨斗齋叢書□□種　（清）沈氏輯
清咸豐七年（1857）檇李沈氏刻本　二冊
存一種

330000－1788－0002675　03956　子部/宗教
類/道教之屬

道書二十三種　（清）劉一明撰　清嘉慶二十
四年（1819）常郡護國庵刻本　一冊　存一種

330000－1788－0002676　03852　子部/儒家
類/儒學之屬/經濟

明夷待訪錄一卷　（清）黃宗羲撰　清光緒五

年(1879)北洋官報局鉛印本　一冊

330000－1788－0002677　03840、03841　子部/宗教類/道教之屬

道書二十三種　(清)劉一明撰　清光緒三年至六年(1877－1880)上海翼化堂刻本　二冊　存二種

330000－1788－0002678　03808　子部/宗教類/佛教之屬/論疏

選佛譜六卷　(清)釋智旭撰　清光緒十七年(1891)金陵刻經處刻本　二冊

330000－1788－0002679　03309　子部/道家類

老子道德經解二卷首一卷觀老莊影響論一卷　(明)釋德清撰　清光緒十二年(1886)金陵刻經處刻本　二冊

330000－1788－0002680　03768　新學/工藝

實驗日本造紙新法不分卷　(清)姚明德撰　清光緒石印本　一冊

330000－1788－0002681　03940　子部/藝術類/音樂之屬/樂譜

自遠堂琴譜十二卷　(清)吳灯輯　清嘉慶七年(1802)廣陵吳灯自遠堂吳中刻本　十二冊

330000－1788－0002683　03486　子部/雜著類/雜考之屬

讀書雜志八十二卷餘編二卷　(清)王念孫撰　清同治九年(1870)金陵書局刻本　二十四冊

330000－1788－0002684　03800　子部/宗教類/佛教之屬/經

地藏菩薩本願經三卷　(唐)釋實叉難陀譯　清光緒三十年(1904)金陵刻經處刻本　一冊

330000－1788－0002686　03843　新學/理學/理學

天演論二卷　(英國)赫胥黎撰　嚴復譯　清光緒二十七年(1901)富文書局石印本　一冊

330000－1788－0002687　03510　子部/儒家類/儒學之屬/勸學

輶軒語六卷　(清)張之洞撰　**求在我齋示子弟帖一卷**　(清)成毅撰　清光緒二年(1876)退補齋刻本　一冊

330000－1788－0002688　03307　子部/道家類

老子翼八卷首一卷　(明)焦竑撰　清光緒二十一年(1895)金陵刻經處刻本　四冊

330000－1788－0002689　03801　子部/宗教類/佛教之屬/經

大寶積經一百二十卷　(唐)釋菩提流志等譯　清光緒五年(1879)常熟刻經處刻本　十八冊　缺三十卷(一至二十五、八十六至九十)

330000－1788－0002690　03774　史部/政書類/律令之屬/法驗

重刊補註洗冤錄集證六卷　(清)王又槐輯　(清)李觀瀾補輯　(清)阮其新補註　(清)張錫蕃重訂　(清)文晟續輯　清光緒八年(1882)京都文寶堂刻四色套印本　五冊

330000－1788－0002692　03534　子部/雜著類/雜說之屬

夢溪筆談二十六卷補筆談三卷續筆談一卷　(宋)沈括撰　**夢溪筆談補校一卷**　(清)林思進撰　清蕪湖沈氏刻渭南嚴氏補刻本　六冊

330000－1788－0002694　03567　集部/總集類/郡邑之屬

西泠五布衣遺箸　(清)丁丙輯　清同治至光緒錢塘丁氏當歸草堂刻本　一冊　存一種

330000－1788－0002695　03705　子部/農家農學類/總論之屬

農政全書六十卷　(明)徐光啓撰　清道光二十三年(1843)王壽康曙海樓刻本　二十四冊

330000－1788－0002698　03437　子部/儒家類/儒學之屬/性理

朱子語類一百四十卷　(宋)朱熹撰　(宋)黎靖德輯　清同治十一年(1872)應元書院刻本　四十七冊　缺三卷(三至五)

330000－1788－0002699　03326　子部/道家類

莊子雪三卷　（清）陸樹芝撰　清廣州儒雅堂刻本　六冊

330000－1788－0002702　03405　子部/雜著類/雜說之屬

論衡三十卷　（漢）王充撰　清刻本　六冊

330000－1788－0002704　03471　子部/雜著類/雜考之屬

校訂困學紀聞三箋二十卷　（宋）王應麟撰（清）閻若璩等箋　（清）屠繼序校補　清嘉慶十二年（1807）金閶友益齋刻本　六冊

330000－1788－0002705　03636　類叢部/類書類/通類之屬

唐類函二百卷目錄二卷　（明）俞安期輯　明萬曆三十一年（1603）東吳俞安期刻本　五十冊　缺三十四卷（一至四、八十七至一百、一百三十至一百三十三、一百六十九至一百七十二、一百八十六至一百八十九、一百九十七至二百）

330000－1788－0002706　03658　類叢部/類書類/專類之屬

四書人物類典串珠四十卷　（清）臧志仁輯清嘉慶四年（1799）天德堂刻本　十冊

330000－1788－0002709　03520　子部/雜著類/雜考之屬

札迻十二卷　（清）孫詒讓撰　清光緒二十年（1894）籀膏刻二十一年（1895）重修本　四冊

330000－1788－0002710　03676　史部/時令類

月令粹編二十四卷圖說一卷　（清）秦嘉謨撰　清嘉慶十七年（1812）江都秦嘉謨琳琅仙館刻本　八冊

330000－1788－0002712　03521　子部/雜著類/雜考之屬

札迻十二卷　（清）孫詒讓撰　清光緒二十年（1894）籀膏刻二十一年（1895）重修本　四冊

330000－1788－0002713　03522　子部/雜著類/雜考之屬

札迻十二卷　（清）孫詒讓撰　清光緒二十年（1894）籀膏刻二十一年（1895）重修本　四冊

330000－1788－0002714　03707　子部/農家農學類/園藝之屬/花卉

秘傳花鏡六卷图一卷　（清）陳淏子撰　清刻本　一冊　存三卷（一至二、圖）

330000－1788－0002716　03787、03684　子部/天文曆算類/算書之屬

測海山房中西算學叢刻初編三十一種　（清）測海山房主人輯　清光緒二十二年（1896）上海璣衡堂石印本　十冊　存三種

330000－1788－0002718　03848　新學/議論/通論

近世社會主義不分卷　（日）福井準造撰（清）趙必振譯　清光緒二十九年（1903）上海廣智書局鉛印本　二冊

330000－1788－0002719　03513　子部/雜著類/雜考之屬

無邪堂答問五卷　（清）朱一新撰　清光緒二十二年（1896）上海鴻寶齋石印本　四冊

330000－1788－0002720　03827　子部/宗教類/佛教之屬

穿珠集二卷　（清）釋隆範撰　清光緒鉛印本　一冊　存一卷（二）

330000－1788－0002722　03389　子部/叢編

子書二十三種　（清）浙江書局編　清光緒二十三年（1897）上海圖書集成局鉛印本　一冊　存二種

330000－1788－0002723　03805　子部/宗教類/佛教之屬

維摩經玄疏六卷　（隋）釋智顗撰　清刻本二冊

330000－1788－0002724　03439　子部/儒家類/儒學之屬/性理

呂語集粹四卷首一卷　（清）陳弘謀評輯　清宣統元年（1909）上海文瑞樓石印本　二冊

330000－1788－0002725　03835、03836　子部/宗教類/道教之屬

悟真篇三註三卷外集一卷　（宋）薛道光
（宋）陸墅　（元）陳致虛撰　**周易參同契分章
註解三卷**　（元）陳致虛撰　清道光二十七年
（1847）敦本堂刻本　四冊

330000－1788－0002727　03837　子部/宗教
類/道教之屬

陰符箋一卷　（清）林鶚撰　清光緒東甌郭博
古齋刻本　一冊

330000－1788－0002728　03870　新學/理
學/理學

道德法律進化之理二卷　（日本）加藤弘之撰
　（清）金壽康　（清）楊殿玉譯　清光緒二十
九年（1903）廣智書局鉛印本　一冊

330000－1788－0002729　03779－1　史部/
政書類/律令之屬/法驗

續增洗冤錄辨正三卷補刊一卷　（清）瞿中溶
撰　（清）李璋煜重訂　清光緒三十三年
（1907）上海書局石印本　一冊

330000－1788－0002731　03874　新學/政治
法律/政治

社會黨前後篇　（日本）西川光次郎撰　（清）
周子高譯　清光緒二十九年（1903）上海廣智
書局鉛印本　一冊

330000－1788－0002732　03443　類叢部/叢
書類/彙編之屬

四種秘書　（清）陸成本輯　清嘉慶二十一年
（1816）蕭山陸氏刻本　二冊　存一種

330000－1788－0002733　03779－2　史部/
政書類/律令之屬/法驗

續增洗冤錄辨正三卷補刊一卷　（清）瞿中溶
撰　（清）李璋煜重訂　清光緒三十三年
（1907）上海書局石印本　一冊　存二卷（一
至二）

330000－1788－0002735　03850　史部/政書
類/通制之屬

皇清政治學問答初編三卷首一卷二編二卷
文明書局編輯所編　清光緒二十九年（1903）
上海文明書局再版鉛印本　二冊

330000－1788－0002736　03877　新學/理
學/理學

希臘三大哲學家學說不分卷　（清）陳鵬編譯
　清光緒二十九年（1903）上海廣智書局鉛印
本　一冊

330000－1788－0002738　03780　史部/政書
類/律令之屬/法驗

重刊補註洗冤錄集證六卷　（清）王又槐輯
（清）李觀瀾補輯　（清）阮其新補註　（清）
張錫蕃重訂　（清）文晟續輯　清光緒五年
（1879）上海文盛書局石印本　四冊　存五卷
（一至五）

330000－1788－0002740　03301　子部/叢編

子書二十八種　（清）育文書局編　清宣統三
年（1911）育文書局石印本　十二冊　存十
九種

330000－1788－0002741　03375　子部/儒家
類/儒家之屬

孔氏家語十卷　（三國魏）王肅注　清光緒上
海同文書局石印本　四冊　缺二卷（七至八）

330000－1788－0002742　03683　新學/算
學/形學

形學備旨全草十卷首一卷　（美國）狄考文選
譯　（清）壽孝天衍補　（明）鄒立文筆述　清
光緒三十一年（1905）上海會文學社石印本
六冊

330000－1788－0002743　03691　子部/術數
類/數學之屬

陳啟沅算學十三卷首一卷補遺一卷　（清）陳
啟沅撰　清光緒十五年（1889）惜陰草堂刻本
　十三冊

330000－1788－0002745　03419　類叢部/類
書類/專類之屬

新鐫分類評註文武合編百子金丹十卷　（明）
郭偉選注　（明）郭中吉編　（明）王星聚校訂
　清光緒二十年（1894）茹古軒石印本　六冊

330000－1788－0002746　03421　子部/叢編

二十二子摘錦三十卷　（清）孫灝輯　（清）施

崇恩編校　清光緒二十三年(1897)積山書局
石印本　六冊

330000－1788－0002747　03648　類叢部/類
書類/通類之屬

古事比五十二卷　(清)方中德輯　清光緒二
十一年(1895)上海寶善局石印本　六冊

330000－1788－0002749　03302　類叢部/類
書類/專類之屬

新鐫校正評註分類百子金丹全書十卷　(明)
郭偉選注　(明)郭中吉編　(明)王星聚校訂
　清光緒三十一年(1905)上海文興書局石印
本　四冊　存六卷(一至三、六至八)

330000－1788－0002750　03688　子部/天文
曆算類/算書之屬

則古昔齋算學十三種　(清)李善蘭編　清光
緒二十二年(1896)上海積山書局石印本
二冊

330000－1788－0002751　03681　類叢部/類
書類/專類之屬

**通天秘書要覽五卷附江湖切口要訣一卷續集
六卷附生產合纂一卷**　(清)王纕堂編　清光
緒三十二年(1906)上海書局石印本　八冊

330000－1788－0002752　03682　子部/天文
曆算類/算書之屬

幾何原本十五卷　(意大利)利瑪竇　(英國)
偉烈亞力口譯　(明)徐光啟　(清)李善蘭筆
受　**重學二十卷圓錐曲綫說三卷**　(英國)艾
約瑟口譯　(清)李善蘭筆述　清光緒二十二
年(1896)上海積山書局石印本　六冊

330000－1788－0002753　03667　類叢部/類
書類/通類之屬

玉海纂二十二卷　(宋)王應麟輯　(明)劉鴻
訓纂　(明)劉鴻采　(明)劉孔中編次　清光
緒五年(1879)八杉齋刻本　十五冊　缺一卷
(四)

330000－1788－0002754　03675　類叢部/類
書類/通類之屬

繪圖增補萬寶全書二十卷續編五卷　(明)陳

繼儒撰　清光緒二十六年(1900)上海書局石
印本　七冊　缺三卷(十九至二十、續編一)

330000－1788－0002756　03694　新學/算
學/數學

數學啟蒙二卷附對數表一卷　(英國)偉烈亞
力撰　清末石印本　一冊　缺一卷(數學啟
蒙一)

330000－1788－0002757　03652　類叢部/類
書類/通類之屬

策學淵萃四十六卷目錄二卷　清光緒四年
(1878)藤花小舫刻本　二十冊

330000－1788－0002761　03499　子部/雜著
類/雜纂之屬

任兆麟述記三卷　(清)任兆麟撰　清光緒三
十一年(1905)上海文興書局石印本　三冊

330000－1788－0002764　03630－1　類叢
部/叢書類/彙編之屬

湖海樓叢書十二種　(清)陳春編　清嘉慶蕭
山陳氏刻二十四年(1819)彙印本　三冊　存
一種

330000－1788－0002765　03577　子部/雜著
類/雜說之屬

桐陰清話八卷　(清)倪鴻撰　清咸豐八年
(1858)刻本　三冊　存六卷(三至八)

330000－1788－0002766　03630－2　類叢
部/叢書類/彙編之屬

湖海樓叢書十二種　(清)陳春編　清嘉慶蕭
山陳氏刻二十四年(1819)彙印本　一冊　存
一種

330000－1788－0002767　03498　子部/雜著
類/雜纂之屬

任兆麟述記三卷　(清)任兆麟撰　清末石印
本　二冊

330000－1788－0002768　03657　類叢部/類
書類/專類之屬

四書人物類典串珠四十卷　(清)臧志仁輯
清光緒曉星里刻本　四冊

330000－1788－0002770　03693　子部/天文曆算類/算書之屬

六九軒算書六種　（清）劉衡撰　清光緒二十九年(1903)石印本　四冊

330000－1788－0002771　03591　子部/雜著類/雜說之屬

思益堂日札五卷　（清）周壽昌撰　清同治三年(1864)許等身鉛印本　一冊

330000－1788－0002772　03594、03605　類叢部/叢書類/彙編之屬

申報館叢書正集五十七種附錄三種　（清）尊聞閣主編　**續集一百四十二種**　蔡爾康編　清同治至光緒上海申報館鉛印本　二冊　存二種

330000－1788－0002773　03659　類叢部/類書類/專類之屬

四書五經類典集成三十四卷　（清）戴兆春輯　清光緒十四年(1888)同文書局石印本　二十四冊

330000－1788－0002774　03698　子部/天文曆算類/算書之屬

九數通考十一卷首一卷末一卷　（清）屈曾發撰　清光緒十四年(1888)上海點石齋石印本　五冊

330000－1788－0002775　02149、02550　類叢部/叢書類/彙編之屬

廣雅書局叢書一百五十九種　徐紹棨編　清光緒廣雅書局刻民國九年(1920)番禺徐紹棨彙編重印本　八冊　存二種

330000－1788－0002776　03606　子部/小說家類/雜事之屬

秦淮畫舫錄二卷畫舫餘譚一卷三十六春小譜四卷　（清）捧花生撰　清同治十三年(1874)上海鉛印本　一冊　缺二卷(畫舫錄一至二)

330000－1788－0002777　03635　類叢部/類書類/通類之屬

事類統編九十三卷首一卷　（清）林意誠輯　清光緒十年(1884)腹笥山房銅版本　十二冊

330000－1788－0002778　03588　子部/雜著類/雜纂之屬

兩般秋雨盦隨筆八卷　（清）梁紹壬撰　清末鉛印本　四冊

330000－1788－0002779　03663　類叢部/類書類/專類之屬

四六類腋二卷　（清）東邨先生撰　清道光九年(1829)刻本　六冊

330000－1788－0002780　03479　子部/雜著類/雜考之屬

日知錄集釋三十二卷首一卷刊誤二卷續刊誤二卷　（清）黃汝成撰　清光緒十二年(1886)上海點石齋石印本　四冊

330000－1788－0002781　03654　類叢部/類書類/通類之屬

策府統宗六十五卷目錄一卷　（清）劉昌齡輯　清光緒十七年(1891)鴻寶齋石印本　二十冊

330000－1788－0002782　03623　類叢部/叢書類/彙編之屬

古香齋袖珍十種　清同治至光緒南海孔氏刻本　十二冊　存一種

330000－1788－0002783　03697　子部/天文曆算類/算書之屬

增刪算法統宗十一卷首一卷　（明）程大位撰　（清）梅瑴成增刪　**重刊梅文穆公增刪算法統宗校算記一卷**　（清）賈步緯撰　清古香閣石印本　四冊　缺一卷(首)

330000－1788－0002785　03672　類叢部/類書類/通類之屬

廣事類賦四十卷　（清）華希閔撰　**事類賦三十卷**　（宋）吳淑撰　清福建泉州施唐培刻本　十二冊

330000－1788－0002787　03792　子部/天文曆算類/天文之屬

御製曆象考成上編十六卷下編十卷後編十卷　（清）允祿　（清）允祉纂修　清光緒二十四年(1898)杭州德記書莊石印本　十冊　存二

十六卷(上編一至十六、下編一至十)

330000－1788－0002788　03661　史部/傳記類/總傳之屬

五經典林五十四卷五經古人典林六卷　（清）何松編　清光緒元年(1875)慈谿何氏刻本　六冊　缺三十五卷(一至七、十二至三十三、四十至四十五)

330000－1788－0002789　03764　子部/藝術類/遊藝之屬/雜藝

益智圖二卷　（清）童葉庚撰　清光緒四年(1878)童葉庚刻光緒十五年(1889)印本　二冊

330000－1788－0002794　03762　子部/藝術類/篆刻之屬/印譜

小石山房印譜四卷歸去來辭一卷集名刻一卷集金玉晶石銅牙瓷竹木類印一卷　（清）顧湘（清）顧浩輯　清同治八年(1869)海虞顧氏鈐印本　四冊　缺二卷(印譜三、歸去來辭)

330000－1788－0002795　03546　子部/雜著類/雜說之屬

七修類藳五十一卷續藳七卷　（明）郎瑛撰　清光緒六年(1880)廣州翰墨園刻本　十二冊

330000－1788－0002796　03726　子部/藝術類/書畫之屬/畫錄

國朝畫識十七卷墨香居畫識十卷　（清）馮金伯撰　清乾隆至嘉慶墨香居刻本　十冊

330000－1788－0002797　03673　類叢部/類書類/通類之屬

廣事類賦四十卷　（清）華希閔撰　**事類賦三十卷**　（宋）吳淑撰　清福建泉州施唐培刻本　十二冊　缺八卷(廣事類賦四至六、二十四至二十八)

330000－1788－0002799　03718　子部/兵家類/兵法之屬

孫子十家註十三卷　（漢）曹操等撰　**敘錄一卷**　（清）畢以珣撰　**遺說一卷**　（宋）鄭友賢撰　清鉛印本　一冊　缺八卷(一至七、敘錄)

330000－1788－0002800　03671　類叢部/類書類/通類之屬

增補事類統編九十三卷首一卷　（清）黃葆真輯　清道光二十九年(1849)丹陽黃葆真粵東敦好堂刻本　二十七冊　缺三卷(四十二至四十四)

330000－1788－0002801　03478　子部/雜著類/雜考之屬

日知錄三十二卷日知錄之餘四卷　（清）顧炎武撰　清刻本　十二冊

330000－1788－0002802　03547　子部/雜著類/雜說之屬

七修類藳五十一卷續藳七卷　（明）郎瑛撰　清光緒六年(1880)廣州翰墨園刻本　十二冊

330000－1788－0002803　03653、03655　類叢部/叢書類/彙編之屬

經策通纂二種　（清）吳頴炎　（清）陳通聲等纂　清光緒二十六年(1900)上海點石齋石印本　七十九冊

330000－1788－0002806　03656　類叢部/叢書類/彙編之屬

經策通纂二種　（清）吳頴炎　（清）陳通聲等纂　清光緒十九年(1893)上海點石齋石印本　二十二冊　存一種

330000－1788－0002807　03565　子部/雜著類/雜說之屬

郎潛紀聞初筆七卷二筆八卷三筆六卷　（清）陳康祺撰　清宣統二年(1910)上海掃葉山房石印本　二冊　存四卷(初筆一至四)

330000－1788－0002811　03685　新學/算學/代數

代數術補式二十六卷首一卷　（英國）華里司輯　（英國）傅蘭雅口譯　（清）華蘅芳筆述（清）解崇輝補式　清光緒二十六年(1900)上海順成書局石印本　八冊

330000－1788－0002818　03690　子部/天文曆算類/算書之屬

白芙堂算學叢書五十一種　（清）丁取忠輯

清光緒二十二年(1896)石印本　八冊

330000－1788－0002819　03328　子部/道家類

莊子集解八卷　王先謙撰　清宣統元年(1909)上海埽葉山房石印本　四冊

330000－1788－0002823　03738　子部/藝術類/書畫之屬/總論

甌鉢羅室書畫過目攷四卷首一卷附一卷　(清)李玉棻撰　清末上海江南圖書局石印本　四冊

330000－1788－0002826　03348　子部/雜著類/雜說之屬

墨子閒詁十五卷目錄一卷附錄一卷後語二卷　(清)孫詒讓撰　清末掃葉山房石印本　八冊

330000－1788－0002831　03857　子部/雜著類/雜說之屬

浮邱子十二卷　(清)湯鵬撰　(清)湯倓昭等輯　清宣統二年(1910)掃葉山房石印本　六冊

330000－1788－0002835　03563　子部/雜著類/雜說之屬

因樹屋書影十卷　(清)周亮工撰　清末士林精舍石印本　六冊

330000－1788－0002837　03564　子部/雜著類/雜說之屬

郎潛紀聞初筆七卷二筆八卷三筆六卷　(清)陳康祺撰　清宣統二年(1910)上海掃葉山房石印本　十冊

330000－1788－0002843　04062　子部/醫家類/方書之屬/單方驗方

本草萬方鍼綫八卷　(清)蔡烈先輯　清同文堂刻本　二冊　缺二卷(四至五)

330000－1788－0002844　03662　類叢部/類書類/專類之屬

分類韻錦十二卷附錄一卷　(清)郭化霖編　清道光二十六年(1846)書業德刻本　十二冊

330000－1788－0002845　03730　子部/藝術類/書畫之屬/總論

佩文齋書畫譜一百卷　(清)孫岳頒等輯　清光緒九年(1883)上海同文書局石印本　十六冊

330000－1788－0002846　03329　子部/道家類

莊子集解八卷　王先謙撰　清宣統元年(1909)上海掃葉山房石印本　四冊

330000－1788－0002847　03651　史部/史抄類

漢書蒙拾三卷後漢書蒙拾二卷　(清)杭世駿撰　清光緒十年(1884)上海同文書局石印本　一冊

330000－1788－0002851　03592　子部/小說家類/雜事之屬

庸盦筆記六卷　(清)薛福成撰　清光緒上海廣益書局石印本　四冊

330000－1788－0002852　03643　類叢部/類書類/通類之屬

淵鑑類函四百五十卷目錄四卷　(清)張英　(清)王士禛等輯　清光緒二十一年(1895)上海點石齋石印本　十冊

330000－1788－0002858　03797　子部/術數類/命書相書之屬

三命通會十二卷　(明)萬民英著　清宣統元年(1909)上海江左書林石印本　六冊　存六卷(一至二、四、六、十一至十二)

330000－1788－0002859　03777　史部/政書類/律令之屬/法驗

重刊補註洗冤錄集證六卷　(清)王又槐輯　(清)李觀瀾補輯　(清)阮其新補註　(清)張錫蕃重訂　(清)文晟續輯　清光緒三十三年(1907)上海書局石印本　四冊　存五卷(一至五)

330000－1788－0002860　03784　史部/政書類/律令之屬/治獄

駮案彙編四十一卷　(清)朱梅臣輯　清光緒

九年(1883)上海圖書集成局鉛印本　十二冊

330000－1788－0002861　03431　子部/儒家類/儒學之屬/性理

近思錄集注十四卷考訂朱子世家一卷　（清）江永撰　**校勘記一卷**　（清）王炳撰　清光緒二十七年(1901)上海文瑞樓石印本　四冊

330000－1788－0002862　03849　新學/政治法律/政治

國憲汎論三卷　（日本）小野梓著　（清）陳鵬譯　清光緒二十九年(1903)上海廣智書局鉛印本　三冊

330000－1788－0002863　03677　經部/小學類/訓詁之屬/字詁

普通百科新大詞典十二卷總目錄一卷分類目錄一卷異名一卷補遺一卷表一卷　（清）黃人編輯　清宣統三年(1911)上海國學扶輪社鉛印本　十五冊

330000－1788－0002867　03434　子部/儒家類/儒學之屬/蒙學

小學集註六卷忠經一卷孝經一卷　（明）陳選集注　清光緒三十二年(1906)鴻寶齋石印本　四冊

330000－1788－0002869　03783　史部/政書類/律令之屬/刑制

刑案匯覽六十卷首一卷末一卷拾遺備考一卷續增十六卷　（清）祝慶祺輯　**新增刑案匯覽十六卷首一卷**　（清）潘文舫輯　清光緒十二年(1886)上海圖書集成局鉛印本　三十七冊　缺七卷(刑案匯覽五至九、四十一至四十二)

330000－1788－0002870　03859　子部/雜著類/雜說之屬

危言四卷　湯震撰　清光緒二十一年(1895)石印本　二冊

330000－1788－0002872　03853　子部/儒家類/儒學之屬/經濟

明夷待訪錄一卷　（清）黃宗羲撰　清光緒二十三年(1897)上海鴻文局石印本　二冊

330000－1788－0002873　03873　新學/格致總

泰西事物起原二十三章不分卷　（日本）澀江保編　（清）上海廣智書局譯　清光緒二十八年(1902)上海廣智書局鉛印本　一冊

330000－1788－0002874　03679　子部/雜著類/雜纂之屬

宋稗類鈔八卷　（清）潘永因輯　清宣統元年(1909)上海有正書局鉛印本　八冊

330000－1788－0002880　03453　子部/儒家類/儒學之屬/禮教/家訓

繪圖足本傳家寶全集三十二卷　（清）石成金撰　清末石印本　四冊

330000－1788－0002881　00237　集部/詩文評類/詩評之屬

全唐詩話八卷　（宋）尤袤撰　（清）孫濤續輯　清乾隆三十九年(1774)孫濤清芬堂刻本　四冊

330000－1788－0002882　03423　類叢部/叢書類/自著之屬

諸子平議三十五卷　（清）俞樾撰　清光緒二十一年(1895)上海鴻文書局石印本　一冊

330000－1788－0002883　03646　類叢部/類書類/專類之屬

子史精華一百六十卷　（清）吳士玉　（清）吳襄等輯　清宣統元年(1909)上海集成圖書公司影印本　八冊

330000－1788－0002885　03574　集部/別集類/清別集

笠翁偶集六卷　（清）李漁撰　清刻本　六冊

330000－1788－0002886　03398　子部/叢編

十子全書　（清）王子興編　清嘉慶九年(1804)姑蘇王氏聚文堂刻本　六冊　存一種

330000－1788－0002887　00219　集部/別集類/宋別集

具茨晁先生詩集一卷　（宋）晁沖之撰　清抄本　一冊

330000－1788－0002889　03875　新學/理學/理學

哲學要領前編一卷後編一卷　（日本）井上圓了撰　羅伯雅譯　清光緒二十九年（1903）上海廣智書局鉛印本　二冊

330000－1788－0002892　03444　子部/儒家類/儒學之屬/俗訓

人譜一卷人譜類記二卷明史本傳一卷　（明）劉宗周撰　清光緒三十一年（1905）石印本　一冊

330000－1788－0002893　03616　子部/雜著類/雜說之屬

天則百話不分卷　（日本）加藤弘之撰　吳建常譯　清光緒二十八年（1902）上海廣智書局鉛印本　一冊

330000－1788－0002894　03562　子部/小說家類/雜事之屬

西青散記四卷　（清）史震林撰　清末上海古今書室石印本　一冊

330000－1788－0002895　00175　集部/別集類/清別集

柚堂文存四卷　（清）盛百二撰　清抄本　一冊

330000－1788－0002897　03686　新學/算學/代數

代數備旨全草不分卷　（清）徐錫麟編　清光緒二十九年（1903）浙紹特別書局刻本　六冊

330000－1788－0002898　03793　新學/地學/地理學

地球之過去及未來一卷　（日本）橫山又次郎編　（清）馮霈譯　清光緒二十八年（1902）上海廣智書局鉛印本　一冊

330000－1788－0002903　03763　子部/藝術類/遊藝之屬/雜藝

益智圖二卷燕几圖一卷副本一卷　（清）童葉庚撰　**益智續圖一卷**　（清）童昂等撰　**益智字圖一卷附一卷**　（清）祝梅君撰　清光緒四年至十六年（1878－1890）童葉庚睫巢刻本

六冊

330000－1788－0002905　00182　集部/別集類/清別集

吳詩集覽二十卷補註二十卷吳詩談藪二卷拾遺一卷　（清）吳偉業撰　（清）靳榮藩注並輯　清乾隆四十年（1775）凌雲亭刻四十六年（1781）重修本　十六冊

330000－1788－0002906　03469　子部/雜著類/雜說之屬

老學庵筆記二卷　（宋）陸游撰　清宣統三年（1911）掃葉山房石印本　二冊

330000－1788－0002907　03858　集部/別集類/清別集

庸書內篇二卷外篇二卷　（清）薛福成撰　清光緒三十年（1904）濰縣實雅書局鉛印本　四冊

330000－1788－0002908　03868　新學/交涉/公法

公法新編四卷　（英國）霍珥撰　（美國）丁韙良編譯　（清）綦策鰲筆述　清光緒二十九年（1903）上海廣學會鉛印本　一冊　存二卷（一至二）

330000－1788－0002910　03383　子部/雜家類

呂氏春秋二十六卷校考一卷　（漢）高誘注校考一卷　（清）畢沅輯　清光緒二十三年（1897）文瑞樓鉛印本　二冊

330000－1788－0002912　03871　新學/理學/理學

道德進化論一卷　（日本）戶水寬人撰　（清）上海廣智書局譯　清光緒二十八年（1902）上海廣智書局鉛印本　一冊

330000－1788－0002913　03729　子部/藝術類/總論之屬

美術叢書　鄧實輯　清宣統三年（1911）上海神州國光社鉛印本　一冊　存一種

330000－1788－0002914　00185　經部/小學類/文字之屬/字書/訓蒙

澄衷蒙學堂字課圖說四卷檢字一卷類字一卷
（清）劉樹屏撰 （清）吳子城繪圖 清光緒三十年(1904)澄衷蒙學堂印書處石印本 林損題記 八冊

330000－1788－0002915 03876 新學/理學/理學

哲學論綱四篇 （法國）李奇若撰 （清）陳鵬譯 清光緒二十九年(1903)上海廣智書局鉛印本 一冊

330000－1788－0002916 03878 新學/理學/理學

心理摘要十章 （日本）井上圓了著 （清）沈誦清譯 清光緒二十九年(1903)上海廣智書局鉛印本 一冊

330000－1788－0002918 03549 子部/雜著類/雜品之屬

弦雪居重訂遵生八牋十九卷目錄一卷 （明）高濂撰 清刻本 十五冊 缺一卷(十七)

330000－1788－0002919 03869 新學/學校

精神之教育二卷 （日本）隅谷己三郎撰 趙必振譯 清光緒二十八年(1902)上海廣智書局鉛印本 一冊

330000－1788－0002920 00186 子部/藝術類/遊藝之屬/棋弈

弈萃一卷官子一卷 （清）卞文恒撰 清嘉慶二十一年(1816)邗江卞惟賢味書堂刻本 二冊 存一卷(官子)

330000－1788－0002922 03776 史部/政書類/律令之屬/法驗

重刊補註洗冤錄集證六卷 （清）王又槐輯 (清)李觀瀾補輯 （清）阮其新補註 （清）張錫蕃重訂 （清）文晟續輯 清光緒三十三年(1907)上海書局石印本 五冊

330000－1788－0002923 03472 子部/雜著類/雜考之屬

困學紀聞注二十卷 （清）翁元圻撰 清咸豐元年(1851)經綸堂刻本 十二冊

330000－1788－0002924 03760 子部/藝術類/篆刻之屬/印譜

梧園印蛻不分卷 （清）胥倫篆刻 清光緒十七年(1891)鈐印本 一冊

330000－1788－0002925 03452 子部/雜著類/雜說之屬

留珍集初集六卷二集十六卷 （清）紀棠氏評輯 清同治十年(1871)刻本 二冊

330000－1788－0002926 03942 類叢部/叢書類/彙編之屬

武英殿聚珍版書一百三十八種 清刻本 一冊 存一種

330000－1788－0002927 03669 類叢部/類書類/通類之屬

增補事類統編九十三卷首一卷 （清）黃葆真輯 清道光二十九年(1849)丹陽黃葆真粵東敦好堂刻本 四十八冊

330000－1788－0002928 00188 子部/藝術類/遊藝之屬/棋弈

桃花泉奕譜二卷 （清）范世勳撰 清乾隆三十年(1765)進道堂刻本 二冊

330000－1788－0002929 03670 類叢部/類書類/通類之屬

角山樓增補類腋六十七卷 （清）姚培謙輯 (清)趙克宜增輯 清咸豐七年(1857)趙克宜角山樓刻十年(1860)重修本 二十四冊

330000－1788－0002930 03761 子部/藝術類/篆刻之屬/印譜

鐵石漢鐵書不分卷鐵后漢印草不分卷 清光緒十年(1884)、十七年(1891)雪裏書屋鈐印本 二冊

330000－1788－0002932 03477 子部/雜著類/雜考之屬

日知錄三十二卷日知錄之餘四卷 （清）顧炎武撰 清乾隆六十年(1795)刻本 二十冊

330000－1788－0002933 03748 史部/金石類/總志之屬

學古齋金石叢書四集 （清）葛元煦輯 清光緒崇川葛氏學古齋刻本 四冊 存一種

330000 - 1788 - 0002935　03674　類叢部/類書類/專類之屬

重編留青新集二十四卷　(清)馮善長輯　清光緒三十四年(1908)上海廣益鉛印本　六冊

330000 - 1788 - 0002936　03781　史部/政書類/律令之屬/法驗

重刊補註洗冤錄集證六卷　(清)王又槐輯　(清)李觀瀾補輯　(清)阮其新補註　(清)張錫蕃重訂　(清)文晟續輯　清光緒三十年(1904)石印本　四冊

330000 - 1788 - 0002937　03241、03883　類叢部/叢書類/彙編之屬

思賢書局刊書十九種　(清)思賢書局編　清光緒至宣統思賢書局刻本　十五冊　存二種

330000 - 1788 - 0002938　03948 - 2　史部/金石類/總志之屬/圖像

三古圖三種　(清)黃晟輯　明萬曆二十八年至三十年(1600 - 1602)吳萬化刻清乾隆十七年(1752)天都黃氏亦政堂重印本　一冊　存一種

330000 - 1788 - 0002939　03897　類叢部/叢書類/彙編之屬

咫進齋叢書三十五種　(清)姚覲元編　清光緒九年(1883)歸安姚氏刻本　一冊　存二種

330000 - 1788 - 0002940　00165　子部/雜著類/雜纂之屬

諸子品節五十卷　(明)陳深輯　明萬曆刻本　十一冊　存三十七卷(十四至五十)

330000 - 1788 - 0002941　03692　子部/天文曆算類/算書之屬

算經十書附刻一種　(清)孔繼涵輯　清光緒二十二年(1896)上海鴻寶齋石印本　八冊

330000 - 1788 - 0002943　03901　史部/目錄類/總錄之屬/私撰

開有益齋讀書志六卷金石文字記一卷續志一卷　(清)朱緒曾撰　清光緒六年(1880)金陵翁氏茹古閣刻本　三冊　存六卷(一至六)

330000 - 1788 - 0002945　03974　類叢部/叢書類/自著之屬

留書種閣集九種　(清)黃炳垕撰　清同治六年至光緒二十年(1867 - 1894)餘姚黃氏留書種閣刻本　一冊　存一種

330000 - 1788 - 0002946　03936　史部/金石類/石之屬/文字

小蓬萊閣金石文字十卷　(清)黃易輯　清道光十四年(1834)石墨軒刻本　五冊

330000 - 1788 - 0002954　03948 - 1　史部/金石類/總志之屬/圖像

三古圖三種　(清)黃晟輯　明萬曆二十八年至三十年(1600 - 1602)吳萬化刻清乾隆十七年(1752)天都黃氏亦政堂重印本　一冊　存一種

330000 - 1788 - 0002955　03892　類叢部/叢書類/自著之屬

亭林先生遺書彙輯二十三種附錄三種　(清)顧炎武撰　(清)席威　(清)朱記榮編　清光緒十一年至三十二年(1885 - 1906)吳縣朱氏槐廬家塾刻本　一冊　存一種

330000 - 1788 - 0002956　03895　子部/雜著類/雜纂之屬

古格言十二卷　(清)梁章鉅輯　清刻本　二冊

330000 - 1788 - 0002957　00174　子部/儒家類/儒學之屬/禮教/家訓

續家訓八卷　(宋)董正功撰　清影宋抄本　一冊　存二卷(六至七)

330000 - 1788 - 0002958　00176　經部/小學類/訓詁之屬/字詁

班馬字類二卷　(宋)婁機撰　清抄本　二冊

330000 - 1788 - 0002959　03902　子部/雜著類/雜考之屬

讀書雜釋十四卷　(清)徐鼒撰　清光緒十二年(1886)扶桑使廨鉛印本　二冊　存六卷(八至十、十二至十四)

330000 - 1788 - 0002960　03962　子部/天文曆算類/算書之屬

算學十書 （清）賈步緯輯 清同治至光緒江南機器製造總局刻本暨鉛印本 一冊 存一種

330000－1788－0002961 03918 集部/總集類/題詠之屬

寶山橘話一卷 （清）李茂才輯 清光緒二十年(1894)刻本 一冊

330000－1788－0002963 03896 類叢部/叢書類/自著之屬

覆瓿集十三種附一種 （清）張文虎撰 清同治至光緒刻本 二冊 存一種

330000－1788－0002964 03894 子部/雜著類/雜說之屬

定香亭筆談四卷 （清）阮元撰 清光緒二十五年(1899)浙江書局刻本 四冊

330000－1788－0002965 03937 經部/小學類/文字之屬/字書/字體

楷法溯源十四卷帖目一卷古碑目一卷 （清）潘存孺輯 （清）楊守敬編 清光緒三年至四年(1877－1878)刻本 二十八冊

330000－1788－0002966 03900 子部/雜著類/雜說之屬

習學記言序目五十卷 （宋）葉適撰 清光緒十年(1884)黃體芳刻本 十冊

330000－1788－0002968 03965 子部/藝術類/遊藝之屬/棋弈

桃花泉奕譜二卷 （清）范世勳撰 清刻本 二冊

330000－1788－0002969 03944 史部/金石類/石之屬/文字

思古齋雙鉤漢碑篆額三卷 （清）何溦輯 清光緒九年(1883)刻本 三冊

330000－1788－0002970 03967 子部/藝術類/遊藝之屬/棋弈

殘局類選二卷 （清）錢長澤撰 清暗香書屋刻本 二冊

330000－1788－0002972 03964 子部/藝術

類/遊藝之屬/棋弈

奕理析疑不分卷附全局不分卷 （清）臧念宣等撰 清刻本 二冊

330000－1788－0002973 04241 子部/宗教類/道教之屬

刻天仙正理直論增註二卷 （明）伍守陽撰并註 （明）伍守虛註 清末上海翼化堂刻本 二冊

330000－1788－0002974 04242 子部/宗教類/佛教之屬

仙佛合宗一卷 （明）伍守陽撰 （明）伍守虛注 清同治五年(1866)童源發刻本 一冊

330000－1788－0002975 03966 子部/藝術類/遊藝之屬/棋弈

蝸篨奕錄八種 （清）黃霞等撰 （清）鮑鼎輯 清光緒十五年(1889)蝸篨刻本 一冊 存一種

330000－1788－0002976 00192 子部/道家類

莊子獨見三十三卷 （清）胡文英撰 清乾隆三多齋刻本 六冊

330000－1788－0002978 04243 子部/宗教類/佛教之屬

慧命經一卷 （清）柳華陽撰 清同治六年(1867)述古堂刻本 一冊

330000－1788－0002979 03911 類叢部/叢書類/自著之屬

舊雨艸堂叢書□□種 （清）陳康祺撰 清光緒刻本 四冊 存一種

330000－1788－0002980 03960 子部/天文曆算類/算書之屬

算經三書六卷 （漢）趙君卿注 （北周）甄鸞重述 （唐）李淳風等注釋 清光緒十二年(1886)吳縣朱氏家塾刻十三年(1887)印本 一冊 存一卷(周髀算經一)

330000－1788－0002981 03917 子部/農家類/農學類/園藝之屬/總志

二如亭群芳譜三十卷首一卷 （明）王象晉撰

清刻本　十二冊　存十七卷(天譜二至三,歲譜四,穀譜首,蔬譜首、一至二,木譜首、一至二,果譜二至四,花譜三至四,卉譜首、一)

330000－1788－0002982　03886　子部/雜著類/雜說之屬

風俗通義十卷　(漢)應劭撰　清刻本　二冊

330000－1788－0002983　03887　類叢部/叢書類/彙編之屬

當歸草堂叢書八種　(清)丁丙編　清同治二年至五年(1863－1866)錢塘丁氏刻本　二冊　存一種

330000－1788－0002984　03908　子部/雜著類/雜說之屬

履園叢話二十四卷附救荒一卷　(清)錢泳撰　清道光十八年(1838)述德堂刻同治九年(1870)重修本　八冊　缺八卷(七至八、十五至十八、二十一至二十二)

330000－1788－0002985　03893　子部/雜著類/雜考之屬

義門讀書記五十八卷　(清)何焯撰　(清)蔣維鈞輯　清乾隆三十四年(1769)蔣維鈞刻光緒六年(1880)苕溪吳氏重修本　十二冊

330000－1788－0002986　03912　子部/雜著類/雜考之屬

東塾讀書記二十五卷　(清)陳澧撰　清光緒二十七年(1901)大泉書局刻本(卷十三至十四、十七至二十、二十二至二十五原缺)四冊

330000－1788－0002987　00191　子部/儒家類/儒學之屬/經濟

鹽鐵論十卷　(漢)桓寬撰　**考證一卷**　(清)張敦仁撰　清嘉慶十二年(1807)張敦仁江寧刻本　二冊

330000－1788－0002988　03916　類叢部/類書類/專類之屬

子史精華一百六十卷　(清)吳士玉　(清)吳襄等輯　清光緒十三年(1887)上海積山書局石印本　八冊

330000－1788－0002989　03921　子部/術數類

方外別傳一卷扦厝十三法一卷　(明)董德彰撰　清道光九年(1829)斜月杏花屋刻本　一冊

330000－1788－0002990　03899　類叢部/類書類/通類之屬

玉海二百四十卷附刻十三種六十一卷校補玉海瑣記二卷王深甯先生[應麟]年譜一卷　(清)張大昌撰　清光緒九年至十六年(1883－1890)浙江書局刻本　一冊　存二卷(校補玉海瑣記一至二)

330000－1788－0002991　00187　子部/藝術類/遊藝之屬/棋弈

弈理指歸續編一卷　(清)施紹闇撰　清乾隆四十三年(1778)刻本　一冊

330000－1788－0002992　03931　子部/藝術類/書畫之屬/題跋

書畫跋跋三卷續三卷　(明)孫鑛撰　清刻本　三冊

330000－1788－0002993　03924　子部/小說家類/雜事之屬

池上草堂筆記八卷　(清)梁恭辰撰　清同治十二年(1873)聽鸝館主人金陵刻本　七冊　缺一卷(六)

330000－1788－0002996　00179　史部/地理類/專志之屬/寺觀

溫州瑞安縣仙巖寺誌十卷　(清)釋佛彥撰　(清)釋佛皋增輯　清康熙刻增修本　三冊

330000－1788－0002998　04203　子部/醫家類/醫話醫論之屬

冷廬醫話五卷　(清)陸以湉撰　清光緒二十三年(1897)烏程龐元澂刻本　二冊　存三卷(二至四)

330000－1788－0003000　03903　類叢部/叢書類/彙編之屬

申報館叢書正集五十七種附錄三種　(清)尊聞閣主編　**續集一百四十二種**　蔡爾康編

清同治至光緒上海申報館鉛印本　一冊　存一種

330000－1788－0003001　04229　子部/醫家類/類編之屬

陳修園醫書二十一種　（清）陳念祖等撰　清光緒二十二年(1896)珍藝書局鉛印本　一冊　存三種

330000－1788－0003002　04228　子部/醫家類/婦科之屬/通論

濟陰綱目十四卷　（明）武之望撰　（清）汪淇箋釋　**保生碎事一卷**　（清）汪淇輯　清光緒二十九年(1903)上海崇寶書局石印本　四冊　存十卷(一至八、十一至十二)

330000－1788－0003003　03904　史部/雜史類/斷代之屬

錢塘遺事十卷　（元）劉一清撰　清嘉慶四年(1799)席世臣掃葉山房刻本　二冊

330000－1788－0003004　04208　子部/醫家類/綜合之屬/合刻、合抄

景岳全書六十四卷　（明）張介賓撰　清嘉慶二十四年(1819)金閶書業堂刻本　二十八冊　缺四卷(四十六至四十八、六十四)

330000－1788－0003005　00178　類叢部/叢書類/彙編之屬

稗海四十八種續集二十二種　（明）商濬編　明萬曆商氏半埜堂刻清康熙振鷺堂重編補刻本　十四冊　存十一種

330000－1788－0003006　04231　子部/醫家類/綜合之屬/通論

古吳童氏重校醫宗必讀十卷　（明）李中梓撰　清光緒三十年(1904)上海鴻文堂書局石印本　一冊

330000－1788－0003008　03907　子部/雜著類/雜考之屬

湛園札記四卷　（清）姜宸英撰　清光緒四年(1878)張麟洲見山樓刻七年(1881)王定祥續刻本　二冊

330000－1788－0003010　03910　子部/雜著

類/雜纂之屬

翼教叢編六卷附一卷　蘇輿輯　清光緒二十四年(1898)武昌刻本　三冊　存六卷(一至六)

330000－1788－0003012　04220　子部/醫家類/方書之屬/單方驗方

醫方易簡新編六卷　（清）龔自璋　（清）黃統輯　清同治十二年(1873)浙江溫處道署刻本　五冊　存五卷(一至五)

330000－1788－0003013　04197、04198、04199、04200、04201、04202　子部/醫家類/類編之屬

丹溪附餘　（元）朱震亨撰　清慎修堂刻本　七冊　存六種

330000－1788－0003015　04233　子部/醫家類/針灸之屬/通論

鍼灸大成十二卷　（明）楊繼洲撰　清光緒三十三年(1907)振茂義記書莊石印本　一冊

330000－1788－0003016　00226　集部/詩文評類/詩評之屬

榕城詩話三卷晉書補傳贊一卷　（清）杭世駿撰　清乾隆刻本　一冊　缺一卷(晉書補傳贊)

330000－1788－0003018　04196　子部/醫家類/方書之屬

丹溪先生心法五卷心法論一卷附錄一卷　(元)朱震亨撰　明刻本　三冊　存四卷(一、三至四,心法論)

330000－1788－0003020　04226　子部/醫家類/類編之屬

黃氏醫書八種　（清）黃元御撰　清光緒二十年(1894)上海圖書集成印書局鉛印本　一冊　存一種

330000－1788－0003021　03888　類叢部/叢書類/自著之屬

李文貞公全集三十九種　（清）李光地撰　清乾隆元年(1736)李清植刻嘉慶六年(1801)補刻本　二冊　存一種

330000－1788－0003022　04235　子部／醫家類／兒科之屬／通論

鼎鍥幼幼集成六卷　（清）陳復正輯　清宣統三年(1911)上海會文堂石印本　一冊

330000－1788－0003023　00225　集部／總集類／選集之屬／斷代

唐詩別裁集十卷　（清）沈德潛輯　清康熙五十六年(1717)坊刻本　四冊

330000－1788－0003024　04239　子部／醫家類／綜合之屬／通論

御纂醫宗金鑑九十卷首一卷　（清）吳謙等撰　清宣統元年(1909)簡青齋書局石印本　五冊　缺十七卷(首、科心法要訣一至十六)

330000－1788－0003025　04230　子部／醫家類／本草之屬／歷代綜合本草

本草綱目五十二卷首二卷圖三卷　（明）李時珍撰　**本草萬方鍼綫八卷**　（清）蔡烈先輯　**本草綱目拾遺十卷**　（清）趙學敏輯　清光緒上海錦章圖書局石印本　一冊　存十卷(本草綱目拾遺一至十)

330000－1788－0003026　04234　子部／醫家類／兒科之屬／通論

鼎鍥幼幼集成六卷　（清）陳復正輯　清宣統三年(1911)上海會文堂石印本　一冊

330000－1788－0003027　04193　子部／醫家類／方書之屬／單方驗方

孫真人千金方衍義三十卷　（唐）孫思邈撰（清）張璐衍義　清嘉慶六年(1801)掃葉山房刻本　二十三冊　缺十卷(一至三、八、二十五至三十)

330000－1788－0003028　00217　經部／小學類／文字之屬／字書／字典

字鑑五卷　（元）李文仲撰　清抄本　楊紹廉題記　五冊

330000－1788－0003029　03926　子部／雜著類／雜考之屬

無邪堂答問五卷　（清）朱一新撰　清光緒二十二年(1896)上海鴻寶齋石印本　五冊

330000－1788－0003030　03922　集部／總集類／選集之屬／斷代

漢鐃歌釋文箋正一卷　王先謙撰　清同治十一年(1872)王氏虛受堂刻本　一冊

330000－1788－0003032　04218　子部／醫家類／方書之屬／單方驗方

醫方湯頭歌訣一卷經絡歌訣一卷湯頭歌訣後一卷　（清）汪昂撰　清光緒二十二年(1896)學庫山房刻本　一冊

330000－1788－0003033　00218　經部／小學類／文字之屬／字書／字典

重校經史海篇直音十卷　（明）□□輯　明刻本　三冊　存三卷(一至二、四)

330000－1788－0003034　04216　子部／醫家類／婦科之屬／產科

大生要旨五卷　（清）唐千頃撰　清刻本　一冊

330000－1788－0003035　00227　集部／別集類／清別集

白田草堂存稿二十四卷　（清）王懋竑撰　**先考王公府君[懋竑]行狀一卷**　（清）王篛聽等撰　**崇祀鄉賢錄一卷**　清乾隆十七年(1752)刻本　八冊　缺一卷(崇祀鄉賢錄)

330000－1788－0003036　03930　類叢部／叢書類／彙編之屬

楝亭藏書十二種　（清）曹寅編　清康熙四十五年(1706)揚州詩局刻乾隆重印本　七冊　存五種

330000－1788－0003037　04194　子部／醫家類／醫話醫論之屬

石室祕錄六卷　（清）陳士鐸撰　清嘉慶三年(1798)崇文堂刻本　一冊　存一卷(一)

330000－1788－0003038　03949　新學／格致總

格致須知二十八種　（英國）傅蘭雅編　清光緒八年至二十四年(1882－1898)刻本　一冊　存一種

330000－1788－0003039　04222　子部／醫家

類/綜合之屬/通論

醫學心悟五卷外科十法一卷 （清）程國彭撰
清嘉慶二十四年(1819)掃葉山房刻本　一冊　存二卷(一至二)

330000－1788－0003040　00222　集部/別集類/清別集

陳檢討集二十卷 （清）陳維崧撰　（清）程師恭注　清康熙郁文堂刻本　拙庵題簽　八冊

330000－1788－0003041　04219　子部/醫家類/兒科之屬/痘疹

痘證寶筏六卷 （清）強健撰　清同治元年(1862)醉六堂刻本　一冊

330000－1788－0003044　04224　子部/醫家類/兒科之屬/痘疹

痘疹活幼心法一卷 （明）聶尚恒撰　明崇禎六年(1633)刻本　一冊

330000－1788－0003045　03963　子部/儒家類/儒學之屬/蒙學

龍文鞭影初集二卷 （明）蕭良有纂輯　（清）楊臣諍增訂　（清）來集之音註　**龍文鞭影二集二卷** （清）李暉吉　（清）徐瓚輯　**龍文鞭影三集三卷** （清）賀鳴鸞撰　（清）賀緒蕃注　清光緒善成堂刻本　三冊

330000－1788－0003046　04206　子部/醫家類/本草之屬/歷代綜合本草

本草求真九卷圖一卷主治二卷脈理求真一卷 （清）黃宮繡撰　清學源堂刻本　四冊

330000－1788－0003047　00221　集部/別集類/唐五代別集

王右丞集二十八卷首一卷末一卷 （唐）王維撰　（清）趙殿成箋注　清乾隆刻本　十冊

330000－1788－0003048　04207　子部/醫家類/綜合之屬/通論

類證治裁八卷首一卷 （清）林珮琴撰　清光緒十年(1884)研經堂刻本　九冊　存九卷(首、一至八上)

330000－1788－0003049　03971　類叢部/叢書類/彙編之屬

花雨樓叢鈔十一種續鈔十一種附一種 （清）張壽榮編　清光緒八年至十四年(1882－1888)蛟川張氏花雨樓刻本　一冊　存一種

330000－1788－0003054　04211　子部/醫家類/類編之屬

醫學三書 （清）雷豐編　清光緒十年至十三年(1884－1887)雷氏慎修堂刻本　二冊　存一種

330000－1788－0003055　03972　子部/天文曆算類/算書之屬

白芙堂算學叢書五十一種 （清）丁取忠輯　清同治至光緒長沙古荷花池精舍刻本　二冊　存一種

330000－1788－0003057　04214　子部/醫家類/婦科之屬

麻科活人全書四卷附錄一卷 （清）謝玉瓊輯　**邵氏痘科一卷** （清）邵氏撰　清光緒二十八年(1902)刻本　二冊

330000－1788－0003058　00228　集部/別集類/明別集

劉蕺山先生集二十四卷首一卷 （明）劉宗周撰　清乾隆十七年(1752)證人堂刻本　八冊

330000－1788－0003059　03973　子部/天文曆算類/算書之屬

算牖四卷 （清）許桂林撰　清道光十年(1830)刻本　二冊

330000－1788－0003061　04215　子部/醫家類/方書之屬/單方驗方

絳雪園古方選註不分卷附得宜本草一卷 （清）王子接輯　清雍正刻本　一冊　存一次

330000－1788－0003062　03958、03959　史部/傳記類/總傳之屬/技藝

國朝畫徵錄三卷續錄二卷 （清）張庚撰　**明人附錄一卷** （明）黎遂球　（明）袁樞撰　清宣統二年(1910)上海中國書畫會石印本　二冊

330000－1788－0003065　04209　子部/醫家類/綜合之屬/通論

東醫寶鑑二十三卷目錄二卷　（朝鮮）許浚撰
　清刻本　如□子批校　十二冊　存十二卷
（内景篇二、四,外形篇二至四,針灸一,湯液
篇二至三,雜病篇二、四、六至七）

330000－1788－0003066　04210　子部/醫家
類/溫病之屬/其他溫疫病證

溫熱經緯五卷　（清）王士雄撰　清同治二年
（1863）刻本　彪侯批校并跋　二冊

330000－1788－0003067　04172　子部/醫家
類/兒科之屬/通論

鼎鍥幼幼集成六卷　（清）陳復正輯　清天祿
齋刻本　五冊　缺一卷（四）

330000－1788－0003068　04170　子部/醫家
類/婦科之屬/通論

女科指掌五卷　（清）葉其蓁輯　清刻本　一
冊　存一卷（四）

330000－1788－0003069　04221　子部/醫家
類/綜合之屬/通論

醫門法律六卷　（清）喻昌撰　清黎川陳守誠
刻本　七冊

330000－1788－0003070　00294　集部/別集
類/清別集

石門山房詩鈔二卷　（清）端木百祿撰　清末
抄本　二冊

330000－1788－0003071　04132　子部/醫家
類/綜合之屬/通論

東醫寶鑑二十四卷目錄二卷　（朝鮮）許浚撰
　清道光十一年（1831）富春堂刻本　十五冊
　存十五卷（内景篇二至三,外形篇二至三,
雜病篇二至三、五至六、八至九、十一,湯液篇
一至三,目錄上）

330000－1788－0003072　00295　集部/別集
類/清別集

退思齋褉稿一卷　（清）王嶽崧撰　稿本
一冊

330000－1788－0003073　04151　子部/醫家
類/溫病之屬/痧症

痧脹玉衡書三卷後卷一卷　（清）郭志邃著

清康熙刻本　二冊

330000－1788－0003074　04127－1　子部/
醫家類/綜合之屬/通論

御纂醫宗金鑑九十卷首一卷　（清）吳謙等撰
　清刻本　四十三冊　存九卷（二至三、三十
五、五十至五十一、七十一至七十四）

330000－1788－0003075　04048　子部/醫家
類/溫病之屬

時病論八卷　（清）雷豐撰　清光緒三十年
（1904）石印本　四冊

330000－1788－0003077　04082　子部/醫家
類/本草之屬/歷代綜合本草

增補食物本草備考二卷　（清）何克諫撰　清
澄天閣刻本　二冊

330000－1788－0003078　04097　子部/醫家
類/綜合之屬/合刻、合抄

景岳全書六十四卷　（明）張介賓撰　清刻本
　十八冊　缺八卷（七至八、四十二至四十
五、五十一、六十一）

330000－1788－0003079　00297　集部/別集
類/元別集

五峰集十卷　（元）李孝光撰　清抄本　二冊
　存六卷（一、四、六至七、九至十）

330000－1788－0003080　04223　子部/醫家
類/綜合之屬/通論

醫貫砭二卷　（清）徐大椿撰　清刻本　一冊

330000－1788－0003082　04127－2　子部/
醫家類/綜合之屬/通論

御纂醫宗金鑑九十卷首一卷　（清）吳謙等撰
　清刻本　五冊　存九卷（二、四、十三至十
四、四十七至四十九、五十二至五十三）

330000－1788－0003083　04059　子部/醫家
類/本草之屬/歷代綜合本草

本草綱目五十二卷附圖三卷　（明）李時珍撰
　清芥子園刻本　二十一冊　存二十九卷
（九、十二至十三、十五、十八至三十一、三十
五、三十九、四十二至四十七、五十一至五十
二,圖三）

330000－1788－0003084　04022、04075　子部/醫家類/類編之屬

徐氏醫書八種　（清）徐大椿輯　清咸豐七年(1857)海昌蔣氏衍芬草堂刻小嫏嬛閣印本　二冊　存二種

330000－1788－0003086　04091－1　子部/醫家類/方書之屬/單方驗方

驗方新編十六卷　（清）鮑相璈輯　**痧症全書三卷**　（清）王凱編輯　**咽喉秘集二卷**　（清）海山仙館輯　清同治刻本　十冊

330000－1788－0003088　04134　子部/醫家類/診法之屬/脈經脈訣

四診抉微八卷附管窺附餘一卷　（清）林之翰撰　清近文堂刻本　六冊

330000－1788－0003090　04047　子部/醫家類/溫病之屬

時病論八卷　（清）雷豐撰　清光緒三十年(1904)石印本　二冊

330000－1788－0003091　04061　子部/醫家類/方書之屬/單方驗方

本草萬方鍼綫八卷　（清）蔡烈先輯　清芥子園刻本　一冊　存三卷(六至八)

330000－1788－0003092　04073　子部/醫家類/類編之屬

中西匯通醫書五種　唐宗海撰　清光緒三十四年(1908)上海千頃堂書局石印本　一冊　存一種

330000－1788－0003093　04058　子部/醫家類/本草之屬/歷代綜合本草

本草綱目五十二卷附圖三卷　（明）李時珍撰　清同治十一年(1872)芥子園刻本　十三冊　缺二十九卷(二至七、九、十二至二十三、二十九至三十、三十四、三十八至三十九、四十九、五十二,圖一至三)

330000－1788－0003094　04133　子部/醫家類/診法之屬/脈經脈訣

四診抉微八卷附管窺附餘一卷　（清）林之翰撰　清近文堂刻本　六冊

330000－1788－0003095　00312　子部/雜著類/雜說之屬

海潮論不分卷　（唐）邱光庭撰　清抄本　一冊

330000－1788－0003098　04145　子部/醫家類/外科之屬/癰疽、疔瘡

洞天奧旨十六卷圖一卷　（清）陳士鐸撰　（清）陶式玉評　清緯文堂刻本　三冊　缺四卷(五至八)

330000－1788－0003099　04079　子部/醫家類/本草之屬/神農本草經

本經疏證十二卷續疏六卷本經序疏要八卷　（清）鄒澍撰　清道光二十九年(1849)刻本　十冊　缺四卷(本經疏證一至二、本經序疏要七至八)

330000－1788－0003101　00313　子部/農家農學類/園藝之屬/花卉

藝蘭八法不分卷　（清）金東戲輯　清抄本　一冊

330000－1788－0003102　04181　新學/全體學

省身指掌九卷　（美國）傅恒理撰　清光緒二十三年(1897)鉛印本　二冊

330000－1788－0003103　04183　新學/全體學

全體闡微三卷　（美國）柯為良撰　（清）林鼎文編譯　清光緒三十一年(1905)惜蔭書屋石印本　三冊

330000－1788－0003105　04175　子部/醫家類/兒科之屬

靜觀堂校正幼科指南家傳秘方二卷　（清）萬全　（清）萬邦寧撰　清東山堂刻本　一冊

330000－1788－0003112　00382　集部/別集類/清別集

退思吟草不分卷　（清）李懋勛撰　稿本　一冊

330000－1788－0003115　04153　子部/醫家類/類編之屬

利濟文課□□種　清光緒二十四年（1898）江南書局刻本　一冊　存一種

330000－1788－0003116　04063　子部/醫家類/本草之屬/歷代綜合本草

本草從新十八卷　（清）吳儀洛輯　清光緒七年（1881）恒德堂刻本　三冊　缺九卷（十至十八）

330000－1788－0003118　04113、04118、04119、04120、04121、04162　子部/醫家類/類編之屬

六醴齋醫書十種　（清）程永培編　清乾隆五十九年（1794）修敬堂刻本　十二冊　存七種

330000－1788－0003119　03996　子部/醫家類/醫經之屬/內經

靈樞經九卷　（清）張志聰撰　清光緒十六年（1890）浙江書局刻本　八冊

330000－1788－0003120　00272　類叢部/叢書類/自著之屬

振綺堂遺書五種　（清）汪遠孫撰　清道光刻民國十一年（1922）錢塘汪氏彙印本　六冊　存二種

330000－1788－0003121　04040　子部/醫家類/溫病之屬/瘟疫

瘟疫條辨摘要不分卷　（清）呂田輯　清刻本　一冊

330000－1788－0003122　04064　子部/醫家類/本草之屬/歷代綜合本草

本草從新十八卷　（清）吳儀洛輯　清光緒七年（1881）恒德堂刻本　三冊

330000－1788－0003124　00303　史部/目錄類/總錄之屬/地方

溫州經籍志辨誤一卷　（清）孫詒讓撰　清抄本　一冊

330000－1788－0003125　04109－1　子部/醫家類/醫案之屬

三家醫案合刻　（清）吳金壽編　清道光文聚堂刻本　二冊

330000－1788－0003126　04090　子部/醫家類/方書之屬/歷代方書

易簡方一卷　（宋）王碩撰　清光緒二十四年（1898）孫詒讓刻本　一冊

330000－1788－0003127　04017　子部/醫家類/傷寒金匱之屬/傷寒論

張仲景傷寒論貫珠集八卷　（清）尤怡輯註　清蘇州綠蔭堂刻本　二冊

330000－1788－0003128　04109－2　子部/醫家類/傷寒金匱之屬/傷寒論

醫效秘傳三卷　（清）葉桂撰　清道光十一年（1831）吳氏貯春仙館刻本　三冊

330000－1788－0003129　04023　子部/醫家類/診法之屬

傷寒舌鑑不分卷　（清）張登輯　清光緒四年（1878）刻本　一冊

330000－1788－0003130　03998　子部/叢編

二十二子（二十二子彙函）　（清）浙江書局編　清光緒元年至三年（1875－1877）浙江書局刻本　二冊　存一種

330000－1788－0003131　01949、02023、02028、02035、02039　類叢部/叢書類/彙編之屬

廣雅書局叢書一百五十九種　徐紹棨編　清光緒廣雅書局刻民國九年（1920）番禺徐紹棨彙編重印本　九冊　存七種

330000－1788－0003133　04049　子部/醫家類/類編之屬

醫學三書　（清）雷豐編　清光緒十年至十三年（1884－1887）雷氏慎修堂刻本　四冊　存一種

330000－1788－0003134　04109－3　子部/醫家類/溫病之屬/其他溫疫病證

溫熱贅言一卷　（清）寄瓢子撰　清吳氏靈鶴山房刻本　一冊

330000－1788－0003135　04154　子部/醫家類/類編之屬

利濟文課□□種　清光緒二十四年（1898）江

南書局刻本　一冊　存一種

330000－1788－0003137　04117　子部/醫家類/醫理之屬/綜合

中藏經八卷附華佗内照法一卷　（漢）華佗撰　清光緒十一年(1885)江左書林刻本　二冊

330000－1788－0003138　04066　子部/醫家類/本草之屬/本草雜著

本草便讀二卷　（清）張秉成輯　清光緒二十二年(1896)刻本　四冊

330000－1788－0003139　04171　子部/醫家類/婦科之屬/產科

達生編一卷　（清）亟齋居士撰　清光緒十五年(1889)遐齡書舍刻本　一冊

330000－1788－0003141　04161　子部/醫家類/方書之屬/單方驗方

葛仙翁肘後備急方八卷　（晉）葛洪撰　（南朝梁）陶弘景增補　清光緒十一年(1885)湖州王文光齋刻本　四冊

330000－1788－0003142　04084　子部/醫家類/類編之屬

本草醫方合編　（清）汪昂編　清光緒十三年(1887)掃葉山房刻本　六冊　存一種

330000－1788－0003143　04163　子部/醫家類/方書之屬/單方驗方

驗方良妙不分卷　清刻本　一冊

330000－1788－0003146　04085　子部/醫家類/方書之屬/歷代方書

醫方集解三卷　（清）汪昂撰　清嘉慶四年(1799)刻本　六冊

330000－1788－0003147　04096　子部/醫家類/綜合之屬/合刻、合抄

景岳全書六十四卷　（明）張介賓撰　清嘉慶十八年(1813)黎照樓刻本　二十四冊

330000－1788－0003148　04067　子部/醫家類/本草之屬/歷代綜合本草

本草求真九卷主治二卷　（清）黄宮繡撰　清光緒四年(1878)務本堂刻本　十一冊

330000－1788－0003150　03990　子部/醫家類/醫經之屬/内經

黄帝内經素問集注九卷　（清）張志聰撰　清聚錦堂刻本　二冊　存四卷(一至二、六至七)

330000－1788－0003151　04094　子部/醫家類/類編之屬

陳修園醫書三十二種　（清）陳念祖等撰　清光緒三十三年至宣統元年(1907－1909)四川善成堂刻本　一冊　存一種

330000－1788－0003152　04165　子部/醫家類/婦科之屬

傅青主女科二卷產後編二卷　（清）傅山撰　清光緒十三年(1887)上海江左書林刻本　二冊

330000－1788－0003153　04065　子部/醫家類/本草之屬/歷代綜合本草

本草從新十八卷　（清）吳儀洛輯　清光緒七年(1881)恒德堂刻本　五冊　存十五卷(一至十五)

330000－1788－0003155　03997　子部/醫家類/醫經之屬/内經

靈樞經九卷　（清）張志聰撰　清刻本　四冊　缺二卷(一、九)

330000－1788－0003156　04124、04192　子部/醫家類/類編之屬

喻氏醫書三種　（清）喻昌撰　清乾隆二十八年(1763)善成堂刻本　十冊

330000－1788－0003157　04143　子部/醫家類/眼科之屬

銀海精微四卷　題(唐)孫思邈撰　清金閶耕讀堂刻本　一冊

330000－1788－0003158　04068　子部/醫家類/本草之屬/神農本草經

本草崇原集說三卷附本草經讀一卷　（清）張志聰撰　（清）高世杦訂　（清）仲學輅集說　清宣統二年(1910)錢塘仲氏刻本　四冊

330000－1788－0003159　04000　子部/醫家

類/診法之屬/脈經脈訣

刪註脈訣規正二卷　（清）沈鏡刪註　清光緒二十年（1894）澹雅書局刻本　二冊

330000－1788－0003160　04089　子部/醫家類/方書之屬/單方驗方

平易方四卷　（清）葉香侶輯　清嘉慶九年（1804）武林葉敦善刻本　七冊

330000－1788－0003162　04016　子部/醫家類/傷寒金匱之屬/傷寒論

傷寒大白四卷總論一卷　（清）秦之楨撰　清光緒十年（1884）還讀樓刻本　四冊

330000－1788－0003163　04035　子部/醫家類/方書之屬/單方驗方

孫真人千金方衍義三十卷　（唐）孫思邈撰　（清）張璐衍義　清嘉慶六年（1801）掃葉山房刻本　二十九冊　缺三卷（一至三）

330000－1788－0003164　03987　子部/叢編

子書二十三種　（清）浙江書局編　清光緒二十三年（1897）上海圖書集成局鉛印本　四冊　存一種

330000－1788－0003166　04135　子部/醫家類/兒科之屬/痘疹

救偏瑣言五卷備用良方一卷　（清）費啟泰撰　清順治刻本　三冊

330000－1788－0003167　04056　子部/醫家類/溫病之屬/其他溫疫病證

溫病條辨六卷首一卷　（清）吳瑭撰　清道光十五年（1835）葉金潮瀋吾樓刻本　五冊

330000－1788－0003174　04087　子部/醫家類/方書之屬/單方驗方

增評童氏醫方集解二十三卷　（清）汪昂撰　清光緒三十年（1904）上海六藝書局石印本　一冊

330000－1788－0003175　04179　子部/醫家類/兒科之屬

保赤全編二種附二種　（清）莊一夔撰　清光緒十七年（1891）刻本　一冊

330000－1788－0003176　04144　子部/醫家類/眼科之屬

傅氏眼科審視瑤函六卷首一卷　（明）傅仁宇撰　（明）林長生校補　清刻本　一冊　存二卷（五至六）

330000－1788－0003179　00197　史部/紀傳類/正史之屬

五代史記七十四卷　（宋）歐陽修撰　（宋）徐無黨注　清宣統三年（1911）劉氏玉海堂影宋刻本　十二冊

330000－1788－0003182　04146　子部/醫家類/外科之屬/外科方

外科正宗十二卷　（明）陳實功撰　（清）徐大椿評　清光緒三十一年（1905）上洋鍊石書局石印本　二冊

330000－1788－0003183　04148　子部/醫家類/外科之屬/外科方

馬評外科症治全生集前集三卷後集三卷新增一卷　（清）王維德撰　（清）馬文植評　清光緒九年（1883）石印本　一冊

330000－1788－0003185　04044　子部/醫家類/溫病之屬/瘟疫

隨息居重訂霍亂論四卷　（清）王士雄撰　清光緒三十年（1904）石印本　二冊

330000－1788－0003186　03386、03989　子部/叢編

二十二子（二十二子彙函）　（清）浙江書局編　清光緒元年至三年（1875－1877）浙江書局刻本　五冊　存二種

330000－1788－0003188　04159　子部/醫家類/針灸之屬/通論

鍼灸大成十卷　（明）楊繼洲撰　清光緒二十九年（1903）上海點石書林石印本　二冊

330000－1788－0003189　04072　子部/醫家類/本草之屬/歷代綜合本草

增訂本草備要四卷　（清）汪昂撰　清江左書林刻本　二冊　存二卷（一、三）

330000－1788－0003190　00377　史部/金石

類/錢幣之屬/文字

歷代錢譜提要一卷　清抄本　一冊

330000－1788－0003192　04176、04178　子部/醫家類/兒科之屬/通論

幼科三種　清石印本　三冊　存二種

330000－1788－0003193　04086　子部/醫家類/方書之屬/歷代方書

醫方集解三卷　（清）汪昂撰　清刻本　一冊　存一卷（三）

330000－1788－0003194　00379　經部/詩類/專著之屬

讀詩隨記一卷　（清）□□撰　稿本　一冊

330000－1788－0003195　04077　子部/醫家類/本草之屬/歷代綜合本草

本經逢原四卷　（清）張璐撰　清康熙三十四年（1695）金閶書業堂刻本　一冊　存一卷（一）

330000－1788－0003197　04160　子部/醫家類/針灸之屬/針法灸法

備急灸法不分卷　（宋）張渙撰　（宋）李耆年輯　**鍼灸擇日編集一卷**　（明）全循義　（明）金義孫輯　清光緒十六年（1890）上杭羅氏十瓣同心蘭室刻本　二冊

330000－1788－0003198　04083　子部/醫家類/方書之屬/歷代方書

醫方集解二十一卷　（清）汪昂撰　清刻本　六冊

330000－1788－0003199　04074　子部/醫家類/類編之屬

陳修園醫書三十種　（清）陳念祖等撰　清光緒二十九年（1903）上海書局石印本　一冊　存一種

330000－1788－0003200　04045　子部/醫家類/溫病之屬/瘟疫

隨息居重訂霍亂論四卷　（清）王士雄撰　清光緒石印本　一冊　存二卷（三至四）

330000－1788－0003202　04149　子部/醫家

類/外科之屬

外科真詮二卷　（清）鄒岳撰　清刻本　三冊

330000－1788－0003204　04095　子部/醫家類/類編之屬

東垣十書附二種　清光緒七年（1881）廣州雲林閣刻本　六冊

330000－1788－0003208　04147　子部/醫家類/綜合之屬/合刻、合抄

景岳全書六十四卷　（明）張介賓撰　清刻本　一冊　存二卷（四十六至四十七）

330000－1788－0003209　04069　子部/醫家類/類編之屬

本草醫方合編　（清）汪昂編　清光緒十三年（1887）鴻文書局石印本　六冊

330000－1788－0003211　04115、04116　子部/醫家類/類編之屬

醫林指月十二種　（清）王琦編　清光緒二十二年（1896）上海圖書集成印書局鉛印本　六冊　存十種

330000－1788－0003213　04103　子部/醫家類/類編之屬

張氏醫書七種　（清）張璐等撰　清光緒三十三年（1907）上海書局石印本　九冊　存一種

330000－1788－0003216　04102　子部/醫家類/類編之屬

張氏醫書七種　（清）張璐等撰　清光緒二十年（1894）上海圖書集成印書局鉛印本　十九冊　存六種

330000－1788－0003219　03983　子部/叢編

子書二十三種　（清）浙江書局編　清光緒二十三年（1897）上海圖書集成局鉛印本　四冊　存一種

330000－1788－0003220　03991　子部/醫家類/醫經之屬/內經

黃帝內經素問集注九卷　（清）張志聰撰　清光緒十六年（1890）浙江書局刻本　六冊

330000－1788－0003224　04008　子部/醫家

類/傷寒金匱之屬/傷寒論

傷寒來蘇集二種 （清）柯琴撰 清蘇州埽葉山房刻本 六冊

330000－1788－0003227 04005 子部/醫家類/醫經之屬/難經

圖註八十一難經辨真四卷 （明）張世賢撰 清刻本 三冊

330000－1788－0003230 03999 子部/醫家類/綜合之屬/通論

扁鵲心書三卷神方一卷 （宋）竇材輯 清上洋江左書林刻本 三冊

330000－1788－0003232 04055 子部/醫家類/溫病之屬/其他溫疫病證

溫病條辨六卷首一卷 （清）吳瑭撰 清寧波群玉山房刻本 四冊

330000－1788－0003235 04136 子部/醫家類/養生之屬

葆精大論一卷 （清）王建善撰 清光緒鉛印本 一冊

330000－1788－0003236 00258 經部/叢編

十三經註疏 （明）□□輯 明崇禎元年至十二年(1628－1639)古虞毛氏汲古閣刻本 六冊 存一種

330000－1788－0003240 00163 史部/金石類/總志之屬/通考

重定金石契不分卷 （清）張燕昌撰 清光緒二十二年(1896)貴池劉氏聚學軒刻本 四冊

330000－1788－0003241 04080 子部/醫家類/本草之屬/本草藥性

珍珠囊指掌補遺藥性賦四卷 （金）李杲輯

雷公炮製藥性解六卷 （明）李中梓輯 清末石印本 一冊 存四卷(藥性賦一至四)

330000－1788－0003243 04088 子部/醫家類/綜合之屬/通論

醫方論四卷 （清）費伯雄撰 清石印本 一冊

330000－1788－0003248 00166 集部/總集

類/彙編之屬

李杜全集二種 （明）許自昌編 明萬曆三十年(1602)長洲許自昌刻本 五冊 存一種

330000－1788－0003249 04015 子部/醫家類/傷寒金匱之屬/傷寒論

注解傷寒論十卷圖解運氣圖一卷 （漢）張機撰 （晉）王叔和輯 （金）成無己注 清刻本 一冊 缺三卷(二、七、圖解運氣圖)

330000－1788－0003252 00159 集部/別集類/唐五代別集

李義山詩集十六卷 （唐）李商隱撰 （清）姚培謙箋 清乾隆五年(1740)姚氏松桂讀書堂刻本 四冊

330000－1788－0003255 00168 集部/詩文評類/詩評之屬

柳亭詩話三十卷 （清）宋長白纂 清康熙天苗園刻本 四冊

330000－1788－0003258 00155 類叢部/類書類/通類之屬

事類賦三十卷 （宋）吳淑撰並注 清康熙華氏劍光閣刻本 五冊 缺五卷(十六至二十)

330000－1788－0003259 04140 子部/醫家類/綜合之屬/通論

醫學心悟五卷外科十法一卷 （清）程國彭撰 清光緒二十年(1894)上海圖書集成印書局鉛印本 二冊 存四卷(一至二、五,外科十法)

330000－1788－0003260 04003 子部/醫家類/針灸之屬/經絡腧穴

校正圖註八十一難經四卷 （明）張世賢注

校正圖註脉訣四卷 （晉）王叔和撰 （明）張世賢注 **校正瀕湖脉學一卷奇經八脉考一卷** （明）李時珍撰輯 清鴻寶齋書局石印本 一冊

330000－1788－0003262 03988 子部/叢編

子書二十三種 （清）浙江書局編 清光緒二十二年(1896)上海圖書集成局鉛印本 二冊 存一種

330000－1788－0003264　00154　子部/道家類

莊子因六卷　（清）林雲銘撰　清康熙二十七年(1688)坊刻清後印本　四冊

330000－1788－0003266　04112　類叢部/叢書類/自著之屬

徐氏雜著四種徐氏醫書八種　（清）徐大椿撰　外科正宗十二卷　（明）陳實功撰　（清）徐大椿評　清光緒十九年(1893)上海圖書集成印書局鉛印本　七冊

330000－1788－0003269　03985、03986　子部/醫家類/醫經之屬/内經

黃帝内經素問合纂十卷靈樞經合纂九卷補遺一卷　（明）馬蒔　（清）張志聰撰　清宣統二年(1910)上海掃葉山房石印本　十五冊　缺二卷(合纂九、補遺)

330000－1788－0003271　00160　集部/總集類/選集之屬/通代

文選音義八卷　（清）余蕭客撰　清乾隆二十三年(1758)靜勝堂刻本　四冊

330000－1788－0003272　04168　類叢部/叢書類/彙編之屬

雙楳景闇叢書十六種　葉德輝編　清光緒至宣統長沙葉氏郎園刻本　一冊　存五種

330000－1788－0003273　04076　子部/醫家類/類編之屬

利濟十二種　（清）趙學敏輯　清同治十年(1871)錢塘張應昌吉心堂刻本　二冊　存一種

330000－1788－0003274　00164　集部/別集類/清別集

白雲詩鈔二卷奉使集一卷靜子日記一卷　（清）黃永年撰　清乾隆集思堂刻本　一冊　缺二卷(詩鈔一至二)

330000－1788－0003275　00108　經部/小學類/文字之屬/字書/字典

字鑑五卷　（元）李文仲撰　清道光五年(1825)許槤孿經書塾刻本　二冊

330000－1788－0003279　03992　子部/醫家類/醫經之屬/内經

内經知要二卷　（清）李中梓輯並注　清末上海文瑞樓石印本　一冊

330000－1788－0003280　04091－2　子部/醫家類/方書之屬

驗方新編十六卷　（清）鮑相璈輯　清刻本　一冊　存一卷(十一)

330000－1788－0003282　04105　子部/醫家類/綜合之屬/通論

儒門事親十五卷　（金）張從正撰　清宣統二年(1910)寧波汲綆齋書局石印本　六冊

330000－1788－0003283　04036－3　子部/醫家類/兒科之屬/通論

幼科三種　清宣統元年(1909)上海文元書莊石印本　一冊　存一種

330000－1788－0003284　04106　子部/醫家類/綜合之屬/通論

儒門事親十五卷　（金）張從正撰　清宣統二年(1910)寧波汲綆齋書局石印本　六冊

330000－1788－0003285　04060　子部/醫家類/本草之屬/歷代綜合本草

本草綱目五十二卷附圖三卷　（明）李時珍撰　清石印本　二冊　存二十八卷(一至九、十九至三十七)

330000－1788－0003287　00170　子部/雜著類/雜說之屬

淮南子二十一卷　（漢）劉安撰　（漢）高誘注　（清）莊逵吉校　清乾隆五十三年(1788)莊逵吉刻本　五冊

330000－1788－0003288　04009　子部/醫家類/傷寒金匱之屬/傷寒論

傷寒論註四卷傷寒附翼二卷　（清）柯琴撰　清末上海文瑞樓石印本　一冊

330000－1788－0003293　00157　子部/雜著類/雜纂之屬

意林五卷　（唐）馬總撰　清乾隆王朝梧刻本　清孫星華跋　二冊

330000－1788－0003295　04071　子部/醫家類/類編之屬

增訂本草備要四卷附經絡歌訣一卷湯頭歌訣一卷　（清）汪昂撰　清上海大成書局石印本　二冊　存三卷（一、四、經絡歌訣）

330000－1788－0003298　00169　史部/金石類/總志之屬

金石三例　（清）盧見曾編　清嘉慶十六年（1811）饒向榮刻本　二冊

330000－1788－0003299　04093　子部/醫家類/方書之屬/單方驗方

四科簡效方四卷　（清）王士雄撰　清光緒十一年（1885）越州徐氏刻本　二冊

330000－1788－0003300　04100　子部/醫家類/類編之屬

陳修園醫書　（清）陳念祖等撰　清刻本　二冊　存一種

330000－1788－0003301　04188　子部/醫家類/診法之屬/脈經脈訣

脉理求真三卷　（清）黃宮繡撰　清光緒三十四年（1908）上海緯文閣石印本　一冊

330000－1788－0003302　00156　子部/道家類

莊子南華真經十卷　（晉）郭象注　清仿宋刻本　四冊

330000－1788－0003303　00150　史部/地理類/方志之屬/郡縣志

［嘉慶］瑞安縣志十卷首一卷　（清）張德標修　（清）王殿金　（清）黃徵義纂　清嘉慶十三年至十四年（1808－1809）刻本　清孫衣言清孫詒讓批校　一冊　存二卷（六至七）

330000－1788－0003304　02786－22　史部/傳記類/科舉錄之屬

［光緒癸巳恩科］浙江鄉試硃卷一卷　（清）許金鏞撰　**［光緒甲午恩科］會試硃卷一卷**　胡調元撰　**［光緒甲午恩科］會試硃卷一卷**　（清）項芳蘭撰　**［光緒癸巳恩科］浙江鄉試硃卷一卷**　（清）陳黼宸撰　**［光緒壬辰科］會試**硃卷一卷　（清）何慶輔撰　**［光緒戊子科］浙江鄉試硃卷一卷**　（清）周拱藻撰　清刻本一冊

330000－1788－0003307　00110　史部/地理類/山川之屬/山志

仙巖志十卷　（明）李燦箕撰　清抄本　二冊

330000－1788－0003308　04101　子部/醫家類/類編之屬

公餘醫錄　（清）陳念祖撰　清光緒十五年（1889）江左書林刻本　六冊　存二種

330000－1788－0003309　04129　子部/醫家類/綜合之屬/通論

御纂醫宗金鑑九十卷首一卷　（清）吳謙等撰　清刻本　七冊　存十一卷（二至四、七至八、十一至十六）

330000－1788－0003310　04137　子部/醫家類/綜合之屬/通論

醫醇賸義四卷醫方論四卷　（清）費伯雄撰　清同治二年（1863）耕心堂刻本　四冊　存四卷（醫醇賸義一至四）

330000－1788－0003312　04107　子部/醫家類/類編之屬

古今醫統正脉全書四十四種　（明）王肯堂編　清鱣飛堂刻本　四冊　存一種

330000－1788－0003313　04156　子部/醫家類/外科之屬/外科方

瘍醫大全四十卷　（清）顧世澄撰　清刻本一冊　存一卷（三十八）

330000－1788－0003314　03171　子部/宗教類/佛教之屬/經疏

一切經音義二十五卷　（唐）釋玄應撰　**補訂新譯大方廣佛華嚴經音義二卷**　（唐）釋慧苑撰　**華嚴經音義敍錄一卷**　（清）臧庸輯　**刻華嚴經音義校勘記一卷**　（清）曹籀撰　清同治八年（1869）仁和曹籀刻武林張氏寶晉齋印本　四冊

330000－1788－0003315　10019　經部/詩類/傳說之屬

毛詩稽古編三十卷　（清）陳啟源撰　（清）麗
佑清校　清嘉慶十八年（1813）麗佑清刻本
八冊

330000－1788－0003316　04138　子部/醫家
類/診法之屬/脈經脈訣

石頑老人診宗三昧一卷　（清）張璐撰　（清）
張登輯　清刻本　胡聖權題記　一冊

330000－1788－0003317　03130　經部/小學
類/文字之屬/說文/專著

說文引經攷二卷補遺一卷　（清）吳玉搢撰
清道光元年（1821）儀徵程贊詠刻本　一冊

330000－1788－0003318　03120　經部/小學
類/文字之屬/說文/傳說

說文解字注十五卷附六書音韻表五卷　（清）
段玉裁撰　說文部目分韻一卷　（清）陳煥編
　清乾隆至嘉慶段氏經韻樓刻同治六年至十
一年（1867－1872）蘇州保息局補刻本　十
六冊

330000－1788－0003319　00149　集部/別集
類/宋別集

王黃州小畜集三十卷　（宋）王禹偁撰　清抄
本　十冊

330000－1788－0003320　04139　子部/醫家
類/綜合之屬/雜著

筆花醫鏡四卷　（清）江涵暾撰　清光緒二十
七年（1901）鍊石書局石印本　一冊

330000－1788－0003321　03213　類叢部/叢
書類/自著之屬

薌嶼裒書七種　（清）曾廷枚撰　清嘉慶刻本
　一冊

330000－1788－0003322　03218　類叢部/叢
書類/彙編之屬

古逸叢書二十六種　（清）黎庶昌編　清光緒
八年至十年（1882－1884）黎庶昌日本東京使
署影刻本　一冊　存一種

330000－1788－0003324　03121　經部/小學
類/文字之屬/說文/傳說

說文解字注十五卷附六書音韻表五卷　（清）

段玉裁撰　說文部目分韻一卷　（清）陳煥編
　清乾隆至嘉慶段氏經韻樓刻同治六年至十
一年（1867－1872）蘇州保息局補刻本　十
六冊

330000－1788－0003325　00172　經部/小學
類/文字之屬/字書/字典

大廣益會玉篇三十卷　（南朝梁）顧野王撰
（唐）孫強增字　（宋）陳彭年等重修　清刻本
　三冊

330000－1788－0003327　03132　類叢部/叢
書類/自著之屬

邃雅堂全集九種　（清）姚文田撰　清嘉慶至
光緒歸安姚氏刻本　五冊　存一種

330000－1788－0003328　03230　經部/小學
類/音韻之屬/古今韻說

古韻標準四卷詩韻舉例一卷　（清）江永編
（清）戴震參定　清乾隆三十六年（1771）潮陽
縣衙刻本　二冊

330000－1788－0003329　00129　集部/別集
類/清別集

存素堂文集四卷續集二卷　（清）法式善撰
清嘉慶十二年（1807）程邦瑞揚州刻十六年
（1811）續修本　三冊

330000－1788－0003330　03232、03233　類
叢部/叢書類/自著之屬

矩齋所學　勞乃宣撰　清光緒至民國刻本
三冊　存二種

330000－1788－0003331　03108　子部/雜著
類/雜考之屬

通雅五十二卷首三卷　（清）方以智撰　通雅
刊誤補遺一卷　（清）張裕業撰　清光緒十一
年（1885）桐城方氏刻本　十冊

330000－1788－0003333　03196　經部/小學
類/文字之屬/字書/字體

字辨證篆十七卷　（清）易本烺纂　字孳補二
卷　（清）易鏡清輯　（清）易本烺補　清同治
八年（1869）京山易本烺家刻本　八冊

330000－1788－0003334　03134　經部/小學

類/文字之屬/說文/專著

說文發疑六卷續一卷 （清）張行孚撰　清光緒十年(1884)安吉張氏邠上寓廬刻本　三冊

330000－1788－0003335　00148　子部/雜著類/雜說之屬

墨子閒詁十五卷目錄一卷附錄一卷後語二卷 （清）孫詒讓撰　清宣統二年(1910)瑞安孫氏刻本　楊宰綱批校並跋　八冊

330000－1788－0003338　03235　經部/小學類/音韻之屬/韻書

音韻正訛四卷 （明）孫耀輯　清刻本　一冊

330000－1788－0003340　03112　經部/小學類/訓詁之屬/方言

輶軒使者絕代語釋別國方言箋疏十三卷 （漢）揚雄撰　（清）錢繹箋疏　清光緒十六年(1890)紅蝠山房刻本　六冊

330000－1788－0003343　00153　經部/周禮類/傳說之屬

周禮正義八十六卷 （清）孫詒讓撰　清光緒三十三年(1907)溫州陳日新書報局鉛印本　二十冊

330000－1788－0003345　03160　經部/小學類/文字之屬/字書/訓蒙

文字發凡四卷 （清）龍志澤編輯　清光緒三十一年(1905)上海廣智書局鉛印本　二冊

330000－1788－0003347　00114　子部/宗教類/道教之屬/經文

元皇道君二乘秘錄總論不分卷　冲一真君撰　清抄本　二冊

330000－1788－0003348　03136　經部/小學類/文字之屬/說文/專著

說文辨字正俗八卷 （清）李富孫撰　清嘉慶二十一年(1816)校經廎刻本　三冊　缺二卷(一至二)

330000－1788－0003351　03225　經部/小學類/音韻之屬/等韻

切韻指掌圖一卷 （宋）司馬光撰　清宣統二年(1910)豐城熊羅宿舊補史堂刻本　一冊

330000－1788－0003352　03173　經部/小學類/文字之屬/字書

字學舉隅不分卷 （清）黃本驥　（清）龍啟瑞撰　清光緒三年(1877)處州府署刻本　一冊

330000－1788－0003353　03214　經部/小學類/文字之屬/說文/專著

說文新附攷六卷續攷一卷 （清）鈕樹玉撰　清嘉慶六年(1801)非石居刻本　二冊

330000－1788－0003354　03137　經部/小學類/文字之屬/說文/專著

說文佚字攷四卷 （清）張鳴珂撰　清光緒十三年(1887)豫章刻本　一冊

330000－1788－0003355　00201　史部/地理類/方志之屬/郡縣志

[乾隆]重修靈寶縣志六卷 （清）周慶增修（清）敖啟潛　（清）許宰纂　清乾隆十二年(1747)刻本　五冊　缺一卷(五)

330000－1788－0003356　00158　類叢部/叢書類/自著之屬

亭林遺書十種 （清）顧炎武撰　清康熙吳江潘氏遂初堂刻本　六冊

330000－1788－0003357　03204　經部/春秋左傳類/傳說之屬

東萊先生左氏博議二十五卷 （宋）呂祖謙撰　**虛字註釋備考六卷** （清）張文炳點定　清光緒刻本　一冊　缺二十五卷(一至二十五)

330000－1788－0003360　03234　經部/小學類/音韻之屬/韻書

韻綜不分卷韻綜集字一卷檢字一卷 （清）陳詒厚撰　清道光二十一年(1841)蘇州書業堂刻本　八冊

330000－1788－0003361　00162　集部/總集類/選集之屬/斷代

元詩選六卷補遺一卷 （清）顧奎光選輯（清）陶瀚　（清）陶玉禾參評　清乾隆十六年(1751)刻本　四冊

330000－1788－0003362　03255　經部/小學類/文字之屬

轉注古義考一卷 （清）曹仁虎纂 清光緒四年（1878）宏達堂刻本 一冊

330000－1788－0003364 00167 類叢部/叢書類/彙編之屬

雅雨堂藏書十三種 （清）盧見曾編 清乾隆二十一年（1756）德州盧氏雅雨堂刻增修本 一冊 存一種

330000－1788－0003365 03146 經部/小學類/文字之屬/說文/專著

說文聲母歌括四卷 （清）宣澍甘撰 湯壽潛鑑定 清宣統元年（1909）石印本 一冊 存二卷（三至四）

330000－1788－0003366 03215 經部/小學類/訓詁之屬/字詁

字說一卷 （清）吳大澂撰 清光緒七年（1881）刻本 一冊

330000－1788－0003368 03191 經部/小學類/文字之屬/字書/字體

六書通十卷首一卷附百體福壽全圖 （清）閔齊伋撰 （清）畢弘述篆訂 清光緒十九年（1893）上海校經山房石印本 五冊

330000－1788－0003369 00161 史部/雜史類/通代之屬

路史四十七卷 （宋）羅泌撰 （宋）羅苹注 清同治五年（1866）五桂堂刻光緒二年（1876）趙承恩紅杏山房補刻本 十二冊

330000－1788－0003373 03106 經部/小學類/訓詁之屬/群雅

續廣雅三卷 （清）劉燦輯 （清）王堃訂 清道光二十五年（1845）鄞邑陸鑑刻本 一冊

330000－1788－0003375 03197 經部/小學類/文字之屬/字書

經字辨體八卷首一卷 （清）邱家煒撰 清道光二十三年（1843）刻本 四冊

330000－1788－0003376 00203 史部/地理類/方志之屬/郡縣志

[光緒]通州直隸州志十六卷首一卷末一卷 （清）梁悅馨 （清）莫祥芝修 （清）季念詒

（清）沈鍠纂 清光緒元年（1875）刻本 十六冊

330000－1788－0003378 03096 經部/小學類/訓詁之屬/爾雅

爾雅註疏十一卷 （晉）郭璞註 （宋）邢昺疏 清武林文業齋刻本 六冊

330000－1788－0003379 00133 史部/地理類/方志之屬/郡縣志

[崇禎]泰順縣志八卷 （明）涂鼎鼐修 （明）包大方 （明）周家俊纂 清瑞安林慶雲惜硯樓抄本 二冊 存五卷（一至五）

330000－1788－0003380 03221 經部/小學類/音韻之屬/韻書

集韻十卷 （宋）丁度等撰 清康熙四十五年（1706）揚州使院刻嘉慶十九年（1814）桐城方葆巖補刻本 十冊

330000－1788－0003381 03155 經部/小學類/文字之屬/字書/訓蒙

文字蒙求廣義四卷 （清）王筠撰 （清）蒯光典補注 清光緒二十七年（1901）江楚書局刻本 五冊

330000－1788－0003382 03208 類叢部/叢書類/家集之屬

郝氏遺書三十三種 （清）郝懿行撰 清嘉慶至光緒刻彙印本 六冊 存一種

330000－1788－0003384 00130 史部/金石類/郡邑之屬

中州金石攷八卷 （清）黃叔璥撰 清乾隆六年（1741）刻本 二冊

330000－1788－0003385 02786－23 史部/傳記類/科舉錄之屬/歷科登科錄

[光緒己丑科]會試硃卷一卷 （清）王嶽崧撰 清刻本 一冊

330000－1788－0003386 03159 經部/小學類/文字之屬/字書/訓蒙

文字發凡四卷 （清）龍志澤編輯 清光緒三十一年（1905）上海廣智書局鉛印本 二冊

330000－1788－0003387　00140　子部/雜著類/雜說之屬

容齋隨筆十六卷續筆十六卷三筆十六卷四筆十六卷五筆十卷　（宋）洪邁撰　清乾隆五十九年(1794)掃葉山房刻本　十四冊

330000－1788－0003390　03138　經部/小學類/音韻之屬/古今韻說

漢學諧聲二十四卷說文補考一卷說文又考一卷　（清）戚學標撰　清嘉慶九年(1804)涉縣官署刻本　八冊

330000－1788－0003392　00124、00125、00126、00127　類叢部/叢書類/彙編之屬

格致叢書　（明）胡文煥編　明萬曆胡氏文會堂刻本　四冊　存八種

330000－1788－0003393　03185　經部/小學類/文字之屬/字書/字體

名原二卷　（清）孫詒讓撰　清光緒三十一年(1905)瑞安孫氏刻本　一冊

330000－1788－0003394　03186　經部/小學類/文字之屬/字書/字體

名原二卷　（清）孫詒讓撰　清光緒三十一年(1905)瑞安孫氏刻本　一冊

330000－1788－0003396　03216　經部/小學類/訓詁之屬/字詁

字說一卷　（清）吳大澂撰　清光緒十九年(1893)長沙思賢講舍刻本　一冊

330000－1788－0003397　03202　經部/群經總義類/文字音義之屬

經傳釋詞再補一卷　（清）孫經世撰　清光緒十一年(1885)長洲蔣氏刻本　一冊

330000－1788－0003398　03101　經部/群經總義類/文字音義之屬

十一經音訓　（清）楊國楨等編　清刻本　一冊　存二種

330000－1788－0003400　03152　經部/小學類

小學類編六種附三種　（清）李祖望編　清咸豐至光緒江都李氏半畝園刻本　八冊　存六

128

種附一種

330000－1788－0003401　00141　經部/叢編

通志堂經解一百四十種　（清）納蘭成德輯　清康熙十九年(1680)納蘭成德刻本　三冊　存一種

330000－1788－0003402　00143　子部/儒家類/儒學之屬/性理

近思錄集解十四卷　（宋）葉采撰　清康熙吳門程氏刻本　二冊

330000－1788－0003404　03151　經部/小學類/文字之屬/說文

苗氏說文四種　（清）苗夔撰　清道光至咸豐壽陽祁氏漢專亭刻本　六冊

330000－1788－0003407　03148　經部/小學類/文字之屬/說文/專著

說文通檢十四卷首一卷末一卷　（清）黎永椿撰　清刻本　二冊

330000－1788－0003408　03158　類叢部/叢書類/彙編之屬

海源閣叢書七種　（清）楊以增編　清咸豐二年至五年(1852－1855)聊城楊氏海源閣刻本　五冊　存一種

330000－1788－0003409　03180　類叢部/叢書類/彙編之屬

聚學軒叢書六十種　劉世珩編　清光緒貴池劉氏刻本　八冊　存一種

330000－1788－0003410　00209　史部/地理類/方志之屬/郡縣志

[乾隆]永嘉縣志二十六卷　（清）崔錫修（清）齊召南（清）汪沆纂　清乾隆三十年(1765)施廷燦刻本　七冊　缺一卷(二十)

330000－1788－0003411　03116　經部/小學類/文字之屬/說文/傳說

說文解字十五卷標目一卷　（漢）許慎撰（宋）徐鉉等校定　清嘉慶十四年(1809)刻本　八冊

330000－1788－0003413　03220　經部/小學

類/音韻之屬/韻書

廣韻五卷 （宋）陳彭年等重修　清刻本
五冊

330000 – 1788 – 0003414　03107　經部/小學
類/訓詁之屬/群雅

駢雅訓纂十六卷首一卷　（明）朱謀㙔撰
（清）魏茂林訓纂　清同治十一年(1872)經綸
書室刻本　八冊

330000 – 1788 – 0003417　00205　史部/目錄
類/專錄之屬

經義考三百卷　（清）朱彝尊撰　**經義考總目
二卷**　（清）盧見曾編　清康熙秀水朱氏曝書
亭刻乾隆十九年至二十年(1754 – 1755)德州
盧見曾續刻乾隆四十二年(1777)汪汝瑮重印
本(卷二百八十六、二百九十九至三百原缺)
三十冊

330000 – 1788 – 0003418　03236　經部/小學
類/音韻之屬/古今韻說

歌麻古韻考四卷　（清）吳數聲撰　清同治十
一年(1872)刻本　四冊

330000 – 1788 – 0003421　03183　經部/小學
類/文字之屬/字書/字體

六書準四卷　（清）馮鼎調撰　清初傳忠堂刻
本　一冊

330000 – 1788 – 0003423　03169　經部/群經
總義類/文字音義之屬

經籍籑詁一百六卷補遺一百六卷首一卷
(清)阮元撰　清嘉慶十七年(1812)揚州阮元
琅嬛仙館刻本　四十八冊

330000 – 1788 – 0003424　00139　集部/總集
類/選集之屬/通代

唐宋八家文讀本三十卷　（清）沈德潛輯　清
乾隆十五年(1750)小鱣林刻本　六冊

330000 – 1788 – 0003426　03131　經部/小學
類/文字之屬/說文/專著

說文引經攷異十六卷　（清）柳榮宗撰　清咸
豐二年(1852)刻同治六年(1867)柳森霖印本
四冊

330000 – 1788 – 0003427　00144　集部/別集
類/唐五代別集

韓昌黎詩集編年箋注十二卷　（唐）韓愈撰
（清）方世舉考訂　（清）盧見曾刪定　清乾隆
二十三年(1758)德州盧見曾雅雨堂刻本
四冊

330000 – 1788 – 0003428　03135　類叢部/叢
書類/彙編之屬

金峩山館叢書(望三益齋叢書)十一種　（清）
郭傳璞編　清光緒八年至十六年(1882 –
1890)鄞郭氏刻二十年(1894)鎮海邵氏彙印
本　一冊　存二種

330000 – 1788 – 0003429　00142　集部/別集
類/宋別集

南豐先生元豐類藁五十三卷　（宋）曾鞏撰
清康熙五十六年(1717)長洲顧崧齡刻本
八冊

330000 – 1788 – 0003431　00152　集部/總集
類/選集之屬/斷代

明詩綜一百卷　（清）朱彝尊輯　（清）汪森等
評　清康熙刻乾隆印本　四十冊

330000 – 1788 – 0003433　03200　經部/群經
總義類/文字音義之屬

經傳釋詞十卷　（清）王引之撰　清嘉慶二十
四年(1819)高郵王氏刻光緒二十一年(1895)
重修本　四冊

330000 – 1788 – 0003438　00146　集部/別集
類/唐五代別集

韓昌黎詩集編年箋注十二卷　（唐）韓愈撰
（清）方世舉考訂　（清）盧見曾刪定　清乾隆
二十三年(1758)德州盧見曾雅雨堂刻本
四冊

330000 – 1788 – 0003440　03198　經部/小學
類/訓詁之屬/字詁

俗用雜字一卷　（清）余國光撰　（清）洪守一
輯　清道光七年(1827)洪守一刻本　一冊

330000 – 1788 – 0003441　03109　類叢部/叢
書類/彙編之屬

滂喜齋叢書五十種　（清）潘祖蔭編　清同治至光緒吳縣潘氏京師刻本　一冊　存四種

330000－1788－0003443　03237　經部/小學類/音韻之屬/韻書

五方元音二卷　（清）樊騰鳳撰　（清）年希堯增補　清雍正五年(1727)善成堂刻本　六冊

330000－1788－0003445　03247　經部/小學類/音韻之屬/韻書

重校增訂初學檢韻十二卷附佩文詩韻一卷　（清）姚文登輯　清光緒九年(1883)會稽唐氏棣萼山房刻本　四冊

330000－1788－0003446　03209　經部/小學類/文字之屬

廣和文漢讀法一卷　清光緒二十八年(1902)刻本　一冊

330000－1788－0003448　00122　集部/別集類/宋別集

仁山先生金文安公文集五卷　（宋）金履祥撰　（清）董遵輯　清雍正九年(1731)金華金律刻本　薛鍾斗題記　五冊

330000－1788－0003449　03170　經部/群經總義類/文字音義之屬

十三經不貳字不分卷　（清）李鴻藻撰　清刻本　一冊

330000－1788－0003450　03248　經部/小學類/音韻之屬/韻書

初學檢韻袖珍十二卷附檢字一卷佩文詩韻一卷　（清）姚文登輯　清嘉慶七年(1802)遜齋刻本　四冊

330000－1788－0003452　00121　集部/別集類/宋別集

仁山金先生文集四卷附錄一卷　（宋）金履祥撰　（清）金弘勳校輯　清雍正三年(1725)春暉堂刻本　四冊

330000－1788－0003454　03210　子部/宗教類/佛教之屬/諸宗

止觀輔行傳弘決一卷　（唐）釋湛然撰　清同治八年(1869)刻本　一冊

330000－1788－0003458　03168　經部/群經總義類/文字音義之屬

經籍籑詁五卷首一卷　（清）阮元撰　清光緒九年(1883)上海點石齋石印本　宋慈抱題記　五冊

330000－1788－0003459　03102　經部/小學類/訓詁之屬/爾雅

爾雅音圖三卷　（晉）郭璞註　（清）姚之麟摹圖　清光緒十年(1884)上海同文書局石印本　二冊

330000－1788－0003464　03174　經部/小學類/文字之屬/字書

字學舉隅不分卷藤花小舫字學藏本不分卷　（清）黃本驥　（清）龍啟瑞撰　清光緒十四年(1888)上海點石齋石印本　一冊

330000－1788－0003465　03243　經部/小學類/音韻之屬/韻書

詩韻合璧五卷　（清）湯祥瑟輯　虛字韻藪一卷　（清）潘維城輯　清光緒四年(1878)上海淞隱閣鉛印本　五冊

330000－1788－0003466　00132　集部/總集類/氏族之屬

月泉詩派不分卷　（元）季復初等撰　（明）李階輯　清抄本　一冊

330000－1788－0003468　00145　集部/別集類/清別集

南沙文集八卷附二卷　（清）洪若皋撰　清康熙刻本(附卷二原缺)　八冊　存八卷(一至八)

330000－1788－0003470　03244　經部/小學類/音韻之屬/韻書

詩韻合璧五卷　（清）湯祥瑟輯　清光緒三年(1877)寄螺齋刻本　五冊

330000－1788－0003471　03175　經部/小學類/文字之屬/字書

臨文便覽彙編不分卷　（清）張啟泰輯　清光緒十二年(1886)同文書局石印本　二冊

330000－1788－0003474　00147　集部/詞

類/詞譜之屬

詞律二十卷 （清）萬樹撰　清康熙二十六年(1687)萬氏堆絮園刻保滋堂印本　九冊　缺一卷(十八)

330000－1788－0003475　00120　子部/雜著類

錢警石先生筆記手稿一卷 （清）錢泰吉撰　稿本　演萬題記　一冊

330000－1788－0003476　03250　經部/小學類/音韻之屬/韻書

增註字類標韻六卷 （清）華綱撰　（清）范多玨重訂　清光緒三年(1877)浙寧簡香齋刻本　二冊

330000－1788－0003477　03278　史部/目錄類/專錄之屬

小學考五十卷 （清）謝啟昆撰　清光緒十五年(1889)上海鴻文書局石印本　六冊

330000－1788－0003479　00210　類叢部/叢書類/彙編之屬

湖海樓叢書十二種 （清）陳春編　清嘉慶蕭山陳氏刻二十四年(1819)彙印本　三十二冊

330000－1788－0003480　03260　經部/叢編

御纂七經 （清）李光地等撰　清康熙至乾隆內府刻本　六十冊　存一種

330000－1788－0003481　03256　經部/易類/傳說之屬

周易指三十八卷易例一卷易圖五卷易斷辭一卷附錄一卷 （清）端木國瑚撰　清道光刻本　十六冊　存三十四卷(易指三至五、八至十六、十九至三十八,易圖一至二)

330000－1788－0003482　00200　史部/傳記類/別傳之屬/年譜

陳錦堂[步雲]自訂年譜一卷 （清）陳步雲撰　清道光二十五年(1845)刻本　二冊

330000－1788－0003483　03267　經部/春秋左傳類/傳說之屬

春秋左傳(春秋左傳杜林合注)二十卷 （晉）杜預　（宋）林堯叟註釋　（唐）陸德明音義

（明）鍾惺　（明）孫鑛　（明）韓范評點　清道光二十二年(1842)刻本　十二冊

330000－1788－0003484　03271　經部/群經總義類/文字音義之屬

經籍籑詁一百六卷補遺一百六卷首一卷 （清）阮元撰　清嘉慶十七年(1812)揚州阮元瑯環仙館刻光緒六年(1880)淮南書局補刻本　四十四冊　缺七卷(一百至一百六)

330000－1788－0003485　03266　經部/詩類/傳說之屬

詩經增訂旁訓四卷首一卷 （清）徐立綱撰　（清）□□增訂　清光緒三十四年(1908)浙紹明達書莊石印本　愛梅主人題記　二冊

330000－1788－0003486　03262　經部/春秋左傳類/傳說之屬

左通補釋三十二卷 （清）梁履繩撰　清道光九年(1829)錢塘汪氏振綺堂刻光緒元年(1875)補刻本　七冊　缺十卷(四至八、十八至二十二)

330000－1788－0003487　03273　經部/小學類/文字之屬/說文/傳說

說文解字注十五卷附六書音韻表五卷汲古閣說文訂一卷 （清）段玉裁撰　**說文部目分韻一卷** （清）陳煥編　清同治十一年(1872)湖北崇文書局刻本　十八冊

330000－1788－0003489　03265　經部/詩類/傳說之屬

詩經旁訓辨體合訂四卷 （清）徐立綱輯　清刻本　二冊

330000－1788－0003490　00232　史部/地理類/方志之屬/郡縣志

[雍正]崇安縣志八卷 （清）劉埥修　（清）張彬纂　清雍正十一年(1733)刻本(卷八配抄本)　九冊　缺一卷(二)

330000－1788－0003491　03269　子部/儒家類/儒學之屬/禮教

三字經註解備要二卷 （清）賀興思注解　清光緒六年(1880)雲居樓刻本　二冊

330000－1788－0003492　03272　經部/小學類/文字之屬/說文/傳說

說文解字十五卷標目一卷 （漢）許慎撰　**汲古閣說文解字校記一卷** （清）張行孚撰　清光緒七年(1881)淮南書局刻本　五冊

330000－1788－0003493　00245　子部/雜著類/雜說之屬

林泉隨筆記一卷 （明）張綸撰　清瑞安張揚籛經樓影抄明嘉靖本　一冊

330000－1788－0003496　00233　類叢部/叢書類/彙編之屬

水經山海經合刻二種 （清）黃晟編　清乾隆十八年(1753)黃晟槐蔭草堂刻本　宋慈抱過錄孫星衍敘並題記　八冊　存一種

330000－1788－0003497　03282　經部/小學類/音韻之屬/韻書

唐寫本唐韻五卷 （唐）孫愐撰　清光緒三十四年(1908)上海國粹學報館影印本　一冊　存二卷(四至五)

330000－1788－0003498　03285　類叢部/類書類/通類之屬

通俗編三十八卷 （清）翟灝撰　清乾隆十六年(1751)仁和翟灝無不宜齋刻本　八冊

330000－1788－0003499　03275　經部/小學類/文字之屬/說文/專著

仿唐寫本說文解字木部一卷唐寫本說文解字木部箋異一卷 （清）莫友芝撰　清同治二年(1863)刻本　一冊

330000－1788－0003501　03268　經部/易類/傳說之屬

周易參同契發揮三卷釋疑一卷 （元）俞琰撰　清同治十年(1871)錢江王氏詒燕堂刻本　三冊

330000－1788－0003502　03276　類叢部/叢書類/彙編之屬

鐵華館叢書六種 （清）蔣鳳藻編　清光緒九年至十年(1883－1884)長洲蔣氏刻本　一冊　存一種

330000－1788－0003503　00242　子部/小說家類/雜事之屬

世說新語補二十卷附釋名一卷 （南朝宋）劉義慶撰　（南朝梁）劉孝標注　（明）何良俊增補　（明）王世貞刪定　（明）王世懋批釋　（明）張文柱校注　清乾隆二十七年(1762)黃汝琳茂清書屋刻本　四冊

330000－1788－0003504　03284　史部/金石類/石之屬/文字

隸釋二十七卷隸續二十一卷 （宋）洪适撰　清乾隆四十二年至四十三年(1777－1778)汪日秀樓松書屋刻本(隸續卷九至十原缺)　五冊　缺二十六卷(隸釋五至八、二十三,隸續一至二十一)

330000－1788－0003506　03283　經部/小學類/音韻之屬/等韻

音學辨微一卷 （清）江永撰　清宣統元年(1909)上海國學保存會影印本　一冊

330000－1788－0003507　03287　經部/小學類/訓詁之屬/爾雅

爾雅直音二卷 （清）孫侚輯　清光緒十八年(1892)上海簡玉山房刻本　二冊

330000－1788－0003510　00243　史部/史評類/詠史之屬

南宋襍事詩七卷 （清）沈嘉轍等撰　清武林芹香齋刻本　二冊

330000－1788－0003512　03277　經部/小學類/文字之屬/說文/專著

說文辨疑一卷附條記一卷 （清）顧廣圻撰　清刻本　一冊

330000－1788－0003513　00204　史部/地理類/山川之屬/水志

水經注釋四十卷首一卷附錄二卷水經注箋刊誤十二卷 （清）趙一清撰　清乾隆五十一年(1786)趙氏小山堂刻五十九年(1794)重修本　二十冊

330000－1788－0003514　02917　經部/書類/傳說之屬

尚書今古文注三十卷 （清）孫星衍撰 王闓運書 清光緒五年（1879）丁寶楨刻本 二冊

330000－1788－0003516 03280 經部/小學類/文字之屬/字書/訓蒙

文字蒙求四卷 （清）王筠撰 清光緒十三年（1887）梁谿浦氏刻本 一冊

330000－1788－0003517 03292 經部/小學類/音韻之屬/古今韻說

先秦韻讀一卷 （清）江有誥撰 清刻本 一冊

330000－1788－0003518 02992 經部/三禮總義類/通論之屬

禮書通故五十卷 （清）黃以周撰 清光緒十九年（1893）黃氏試館刻本 紫茞校 三十二冊

330000－1788－0003519 02914 經部/書類/傳說之屬

尚書考異六卷 （明）梅鷟撰 清光緒十八年（1892）浙江書局刻本 四冊

330000－1788－0003520 02961 經部/周禮類/傳說之屬

周禮精華六卷 （清）陳龍標輯 清緯文堂刻本 六冊

330000－1788－0003521 02920 類叢部/叢書類/自著之屬

儆居遺書十一種 （清）黃式三撰 清同治至光緒刻本 四冊 存一種

330000－1788－0003522 00052 集部/別集類/清別集

黃梨洲先生南雷文約四卷 （清）黃宗羲撰 清乾隆鄭性刻本 四冊

330000－1788－0003523 02930 經部/詩類/傳說之屬

毛詩傳箋二十卷 （漢）毛亨傳 （漢）毛萇撰 （漢）鄭玄箋 鄭氏詩譜一卷 （漢）鄭玄撰 毛詩音義三卷 （唐）陸德明撰 清江南書局刻本 六冊

330000－1788－0003525 03063 經部/叢編

經苑二十五種 （清）錢儀吉輯 清道光至咸豐大梁書院刻同治七年（1868）王儒行等印本 七十七冊

330000－1788－0003526 02945、03016 經部/群經總義類/傳說之屬

十三經客難九種附四種 （清）龔元玠撰 清道光二十六年（1846）縣學文昌祠考棚公局刻本 九冊 存二種

330000－1788－0003528 03054 子部/儒家類/儒學之屬

中庸衍義十七卷 （明）夏良勝撰 清同治十年（1871）刻本 八冊

330000－1788－0003529 00078 子部/雜著類/雜纂之屬

焦氏類林八卷 （明）焦竑輯 明萬曆十五年（1587）建業王元貞刻本 五冊 缺二卷（五至六）

330000－1788－0003530 03036 經部/四書類/總義之屬/傳說

四書章句集註十九卷 （宋）朱熹撰 清光緒二十九年（1903）文成堂刻本 六冊

330000－1788－0003531 00251 史部/地理類/山川之屬/山志

廣雁蕩山誌二十八卷首一卷末一卷 （清）曾唯輯 清乾隆五十五年（1790）曾唯依綠園刻嘉慶十三年（1808）增刻本 六冊

330000－1788－0003532 02912 經部/書類/傳說之屬

書經集傳六卷首一卷末一卷 （宋）蔡沈撰 清刻本 三冊

330000－1788－0003533 00065 史部/傳記類/總傳之屬/家乘

吳氏家乘□□卷 明抄本 一冊 存一卷（四）

330000－1788－0003534 02913 經部/書類/傳說之屬

書經體註大全合參六卷 （宋）蔡沈集傳

（清）錢希祥輯注　清光緒五年(1879)紫文閣刻本　四冊

330000－1788－0003535　02921　經部/叢編
讀書堂叢刻四種　簡朝亮撰　清光緒至民國刻本　二十三冊　存一種

330000－1788－0003536　00073　集部/別集類/明別集
鶴泉集不分卷　（明）王健撰　明鶴泉書舍抄本　三冊

330000－1788－0003538　02915　經部/書類/傳說之屬
尚書古文疏證八卷　（清）閻若璩撰　**朱子古文書疑一卷**　（清）閻詠輯　清乾隆十年(1745)眷西堂刻同治六年(1867)錢塘汪氏振綺堂補刻本(卷三原缺)　八冊

330000－1788－0003539　00083　集部/別集類/明別集
黃文簡公介菴集十二卷　（明）黃淮撰　清抄本　清孫詒讓校　四冊　存十一卷(一至六、八至十二)

330000－1788－0003540　03084　經部/群經總義類/傳說之屬
稽古日鈔八卷　（清）郁文等輯　清乾隆二十九年(1764)秋曉山房刻本　二冊　存七卷(二至八)

330000－1788－0003541　02926　經部/書類/傳說之屬
尚書課程二卷尚書要旨一卷　（清）馬貞榆學　清光緒湖北存古學堂刻本　三冊

330000－1788－0003542　02903　經部/易類/傳說之屬
周易擇言六卷　（清）鮑作雨撰　清同治三年(1864)瑞安項傅梅甌城刻本　六冊

330000－1788－0003543　02918　經部/書類/傳說之屬
尚書後案三十卷附後辨一卷　（清）王鳴盛撰　清刻本　十冊

330000－1788－0003544　03090　經部/群經總義類/傳說之屬
通介堂經說十二卷　（清）徐灝撰　清刻本　四冊

330000－1788－0003545　00080－1、00080－2　集部/別集類/清別集
孫琴西文稿一卷　（清）孫衣言撰　稿本　二冊

330000－1788－0003546　02958　經部/叢編
十三經單注　清同治七年(1868)湖北崇文書局刻本　六冊　存一種

330000－1788－0003547　03052　經部/四書類/總義之屬/傳說
學庸思辨錄十四卷　（宋）朱鼎輯　清乾隆十四年(1749)玉山講堂刻本　八冊

330000－1788－0003548　02938　經部/詩類/傳說之屬
毛詩稽古編三十卷　（清）陳啟源撰　**附攷一卷**　（清）費雲倬撰　清嘉慶十八年(1813)麗佑清刻二十年(1815)增刻本　八冊

330000－1788－0003549　03030　經部/四書類/總義之屬/傳說
酌雅齋四書遵註合講十九卷圖說一卷　（清）翁復編　清光緒二十六年(1900)浙蘭慎言堂刻本　六冊

330000－1788－0003550　00059　經部/詩類/專著之屬
詩經漁樵野說不分卷　（明）夏大輝撰　清同治孫鏘鳴家抄本　清孫鏘鳴校并跋　五冊

330000－1788－0003551　03068　類叢部/叢書類/自著之屬
師伏堂叢書十五種　（清）皮錫瑞撰　清光緒十九年至三十三年(1893－1907)善化皮氏刻本　四冊　存三種

330000－1788－0003553　02972　經部/儀禮類/圖說之屬
儀禮圖六卷　（清）張惠言撰　清同治九年(1870)崇文書局刻本　三冊

330000－1788－0003555　03005　經部/春秋左傳類/傳說之屬

讀左補義五十卷首一卷　（清）姜炳璋輯　清刻本　七冊　缺六卷（首、一至五）

330000－1788－0003556　00049　子部/叢編

諸子彙函二十六卷　（明）歸有光編　明末刻本　二十三冊

330000－1788－0003557　03041　經部/四書類/總義之屬/專著

四書說苑十一卷首一卷補遺一卷續遺一卷　（清）孫應科撰　清道光四年(1824)高郵孫氏刻二十八年(1848)補刻本　四冊

330000－1788－0003560　03073　經部/讖緯類/總義之屬

古微書三十六卷　（明）孫瑴輯　清嘉慶二十一年(1816)禹航陳世望對山問月樓刻本　四冊

330000－1788－0003561　03082　經部/群經總義類/傳說之屬

經義述聞三十二卷　（清）王引之撰　清嘉慶二十二年(1817)刻本　二十冊

330000－1788－0003562　03050　經部/四書類/總義之屬

朱柏廬先生大學講義一卷中庸講義二卷　（清）朱用純撰　清光緒二年(1876)江蘇書局刻本　三冊

330000－1788－0003564　02963　經部/周禮類/傳說之屬

周禮政要二卷　（清）孫詒讓撰　清光緒二十八年(1902)瑞安普通學堂刻本　二冊

330000－1788－0003565　00089　子部/雜著類/雜說之屬

春明退朝錄三卷　（宋）宋敏求撰　明刻本　一冊

330000－1788－0003566　02902　經部/易類/傳說之屬

周易虞氏義九卷虞氏消息二卷　（清）張惠言撰　清嘉慶至道光刻本　四冊

330000－1788－0003567　03017　經部/叢編

毛氏春秋三種　（清）毛士撰　清同治至光緒刻本　八冊　存一種

330000－1788－0003568　02944　經部/詩類/三家詩之屬

陳氏毛詩五種　（清）陳奐撰　清光緒九年(1883)徐氏刻本　煒儀題記　十二冊

330000－1788－0003569　02980　經部/禮記類/傳說之屬

禮記集解六十一卷尚書顧命解一卷　（清）孫希旦撰　清咸豐十年至同治七年(1860－1868)瑞安孫氏盤谷草堂刻本　二十四冊

330000－1788－0003570　02977　經部/禮記類/傳說之屬

禮記集說十卷　（元）陳澔撰　清同治十三年(1874)湖南書局刻本　十冊

330000－1788－0003571　00061　子部/墨家類

墨子十五卷　清同治六年(1867)孫詒讓家抄本　清戴望、清孫詒讓校並跋　一冊

330000－1788－0003572　03044　經部/四書類/總義之屬/傳說

四書改錯平十四卷　（清）楊希閔撰　清光緒元年(1875)福州刻本　四冊

330000－1788－0003573　02991　經部/三禮總義類/通論之屬

禮書通故五十卷　（清）黃以周撰　清光緒十九年(1893)黃氏試館刻本　三十二冊

330000－1788－0003574　02969　經部/儀禮類/傳說之屬

儀禮十七卷　（漢）鄭玄注　**附校錄一卷續校一卷**　（清）黃丕烈撰　清同治七年(1868)湖北崇文書局刻本　四冊

330000－1788－0003575　03091　類叢部/叢書類/自著之屬

求志居全集十種附一種　（清）陳世鎔撰　清道光至光緒獨秀山莊刻本　六冊　存八種

330000－1788－0003576　02976　經部/禮記類/傳說之屬

禮記集說十卷　（元）陳澔撰　清光緒十九年(1893)浙江書局刻本　十冊

330000－1788－0003577　02895　經部/易類/傳說之屬

伊川易傳六卷附上下篇義一卷　（宋）程頤撰　清光緒三十三年(1907)湖北工業傳習所鉛印本　四冊

330000－1788－0003579　03083　經部/叢編

拜經堂叢書十種　（清）臧琳　（清）臧庸撰　清乾隆至嘉慶武進臧氏同述觀刻本　六冊　存一種

330000－1788－0003580　02998　經部/春秋左傳類/傳說之屬

春秋左傳（春秋左傳杜林合注）五十卷　（晉）杜預　（宋）林堯叟註釋　（唐）陸德明音義（明）鍾惺　（明）孫鑛　（明）韓范評點　清光緒二十四年(1898)蘭邑慎言堂刻本　十四冊

330000－1788－0003581　02894　經部/易類/傳說之屬

周易本義四卷附圖說一卷卦歌一卷筮儀一卷　（宋）朱熹撰　清金陵敦化堂刻本　二冊

330000－1788－0003582　02899　經部/易類/傳說之屬

讀易蒐十二卷　（清）鄭虞唐撰　清光緒四年(1878)五雲松溪刻本　六冊

330000－1788－0003584　02931　經部/詩類/傳說之屬

詩經集傳二十卷　（宋）朱熹撰　清光緒十五年(1889)上海守經堂刻本　四冊

330000－1788－0003586　03043　經部/四書類/總義之屬/傳說

四書改錯二十二卷　（清）毛奇齡撰　清嘉慶十六年(1811)金孝柏學圃刻本　六冊

330000－1788－0003587　03025　經部/孝經類/傳說之屬

古文孝經薈解八卷　（清）洪良品撰　清光緒十七年(1891)鉛印本　二冊

330000－1788－0003588　03051　類叢部/叢書類/自著之屬

胡白水著書四種　（清）胡泉撰　清咸豐刻本　二冊　存一種

330000－1788－0003589　02983　經部/大戴禮記類/傳說之屬

大戴禮記補注十三卷序錄一卷　（清）孔廣森撰　清同治十三年(1874)淮南書局刻本　四冊

330000－1788－0003590　02962　經部/周禮類/傳說之屬

周禮節訓六卷　（清）黃叔琳輯　（清）姚培謙重訂　清光緒十二年(1886)蘇州掃葉山房刻本　一冊

330000－1788－0003591　00090、00091、00128、00138　類叢部/叢書類/彙編之屬

稗海四十六種續稗海二十四種　（明）商濬編　明萬曆商氏半埜堂刻本　十冊　存六種

330000－1788－0003592　02967　經部/周禮類/分篇之屬

輪輿私箋二卷附圖一卷　（清）鄭珍撰　（清）鄭知同繪圖　清同治七年(1868)獨山莫氏刻本　一冊

330000－1788－0003593　02941　經部/詩類

詩經繹參四卷　（清）鄧翔撰　清同治六年(1867)孔廣陶等刻朱墨套印本　三冊　存三卷(二至四)

330000－1788－0003594　00092　經部/易類/傳說之屬

周易述四十卷　（清）惠棟集注並疏　清乾隆二十五年(1760)德州盧見曾雅雨堂刻本（卷八、二十一、二十六、二十九至三十原缺，卷二十四至二十五、二十七至二十八、三十一至四十未刻）　八冊

330000－1788－0003595　03038　經部/四書類/總義之屬/傳說

四書經註集證十九卷　（清）吳昌宗撰　清嘉慶三年(1798)江都汪廷機刻本　十六冊

330000－1788－0003596　02995　經部/春秋總義類/傳說之屬

春秋傳三十卷　（宋）胡安國撰　（宋）林堯叟音註　清刻本　五冊

330000－1788－0003597　03055　類叢部/叢書類

樸學齋叢書　清嘉慶七年(1802)樸學齋刻本　一冊　存二種

330000－1788－0003598　02904　經部/易類/傳說之屬

周易擇言六卷　（清）鮑作雨撰　清同治三年(1864)瑞安項傅梅甌城刻本　六冊

330000－1788－0003599　00093　集部/別集類/清別集

午亭文編五十卷　（清）陳廷敬撰　（清）林佶輯錄　清康熙四十七年(1708)林佶刻乾隆四十三年(1778)印本　三冊　存二十卷(一至二十)

330000－1788－0003600　03077　經部/叢編

五經補綱七卷附二卷　（清）伊樂堯輯　清咸豐四年(1854)晉江黃宗漢刻本　一冊

330000－1788－0003601　03007　經部/春秋左傳類/傳說之屬

春秋左氏傳賈服註輯述二十卷　（清）李貽德撰　清同治五年(1866)餘姚朱蘭金陵書局刻本　六冊

330000－1788－0003603　00097　經部/小學類/文字之屬/字書/字體

隸辨八卷　（清）顧藹吉撰　清康熙五十七年(1718)項氏玉淵堂刻本　八冊

330000－1788－0003604　03000　經部/春秋左傳類/傳說之屬

左繡三十卷首一卷　（清）馮李驊　（清）陸浩評輯　春秋經傳集解三十卷首一卷　（晉）杜預撰　（唐）陸德明音釋　（宋）林堯叟附註　（清）馮李驊增訂　清刻本　十四冊

330000－1788－0003605　03078　經部/叢編

省吾堂四種　（清）蔣光弼輯　清常熟蔣氏省吾堂刻本　二冊　存一種

330000－1788－0003606　03079　類叢部/叢書類/自著之屬

師伏堂叢書十五種　（清）皮錫瑞撰　清光緒十九年至三十三年(1893－1907)善化皮氏刻本　五冊　存一種

330000－1788－0003607　03028　經部/四書類/總義之屬/傳說

漱芳軒合纂四書體註十九卷　（清）范翔条訂　清道光十一年(1831)寶童堂刻本　六冊

330000－1788－0003608　00102　集部/別集類/元別集

江月松風集十二卷續集一卷　（元）錢惟善撰　清抄本　二冊

330000－1788－0003609　02900　經部/易類/傳說之屬

易說六卷　（清）惠士奇撰　清嘉慶十五年(1810)璜川吳氏真意堂刻本　二冊

330000－1788－0003611　02919　經部/書類/傳說之屬

尚書離句六卷　（清）錢在培輯解　清光緒二十五年(1899)舊學山房刻本　二冊

330000－1788－0003612　02897　經部/易類/傳說之屬

周易本義四卷附圖說一卷卦歌一卷筮儀一卷　（宋）朱熹撰　清光緒十一年(1885)刻京都滋本堂印本　二冊

330000－1788－0003613　00101　子部/藝術類/遊藝之屬/棋弈

圍棋近譜四卷　（清）徐星友　（清）黃月天等撰　（清）金枺志輯　清康熙刻本　二冊

330000－1788－0003614　02932　經部/詩類/傳說之屬

詩經集傳八卷　（宋）朱熹撰　清慎詒堂刻本　二冊

330000 – 1788 – 0003615　02955　經部/詩類/傳說之屬

詩經體註大全八卷　（清）范翔纂　（清）高朝瓔定　（清）沈世楷輯　清末刻本　四冊

330000 – 1788 – 0003616　02933　經部/詩類/傳說之屬

詩經體註大全合奈八卷　（清）高朝瓔定　（清）沈世楷輯　清文富堂刻本　四冊

330000 – 1788 – 0003617　00106　集部/別集類/清別集

敬業堂詩集五十卷　（清）查慎行撰　清康熙五十八年（1719）刻雍正增刻本　十二冊

330000 – 1788 – 0003618　02968　經部/周禮類/傳說之屬

周官精義十二卷　（清）連斗山輯　清嘉慶十年（1805）刻本　六冊

330000 – 1788 – 0003620　00104　集部/別集類/宋別集

施註蘇詩四十二卷目錄二卷　（宋）蘇軾撰　（宋）施元之　（宋）顧禧注　（清）顧嗣立　（清）邵長蘅　（清）宋至刪補　**蘇詩續補遺二卷**　（清）馮景補註　**王註正譌一卷**　（清）邵長蘅撰　**東坡先生[蘇軾]年譜一卷**　（宋）王宗稷編　清康熙三十八年（1699）商邱宋犖刻本　八冊

330000 – 1788 – 0003621　03022　經部/孝經類/傳說之屬

孝經刊誤淺解一卷　（宋）朱熹刊誤　（明）史尊朱淺解　清道光九年（1829）刻本　一冊

330000 – 1788 – 0003622　02951　經部/詩類/傳說之屬

詩經精華十卷　（清）薛嘉穎輯　清道光五年（1825）刻本　四冊　存八卷（一至八）

330000 – 1788 – 0003623　03062　經部/四書類/論語之屬

鄉黨便蒙二卷　（清）劉傳一撰　清道光五年（1825）劉氏錫類堂刻本　二冊

330000 – 1788 – 0003624　03002　經部/春秋左傳類/傳說之屬

左氏春秋聚十八卷首四卷末二卷　（清）張用星撰　清刻本　八冊　缺五卷（首一至二、左氏春秋聚一至三）

330000 – 1788 – 0003626　00103　子部/儒家類/儒家之屬

孔子家語十卷　（三國魏）王肅注　清李光明莊狀元閣刻本　四冊

330000 – 1788 – 0003628　03060　經部/四書類/論語之屬/專著

鄉黨圖考十卷　（清）江永撰　清刻本　五冊

330000 – 1788 – 0003629　02988　經部/三禮總義類/通論之屬

讀禮條考二十卷　（清）王曜南撰　清光緒二十三年（1897）武林尚友齋石印本　六冊

330000 – 1788 – 0003630　02910　經部/叢編

五經精義　（清）黃淦撰　清刻本　二冊　存一種

330000 – 1788 – 0003631　00111　史部/傳記類/別傳之屬

衡陽吳惺臺公[寶秀]忠烈遺蹤一卷　（清）吳文煥輯　清抄本　一冊

330000 – 1788 – 0003634　00109　集部/總集類/氏族之屬

閭巷陳氏清穎一源集二卷　（宋）陳供等撰　（元）裴庚選集　（明）吳論續選　**崇儒高氏家編一卷**　（元）高天賜撰　（明）吳論附選　清孫鏘鳴家抄本　清孫鏘鳴校　二冊

330000 – 1788 – 0003639　00131　類叢部/類書類/通類之屬

典籍便覽八卷　（明）范泓輯　（明）范淶補注　明萬曆三十一年（1603）范淶刻本　一冊　存二卷（一至二）

330000 – 1788 – 0003640　03124　經部/小學類/文字之屬/說文/傳說

說文解字義證五十卷　（清）桂馥撰　清同治九年（1870）湖北崇文書局刻本　二十五冊　存三十六卷（一至三十四、四十四至四十五）

330000－1788－0003641　02990　經部/三禮總義類/通禮雜禮之屬

禮書一百五十卷　（宋）陳祥道撰　清嘉慶九年(1804)福清韶溪郭龍光校經堂刻本　二十四冊

330000－1788－0003642　03065　經部/叢編

古經解彙函十六種附小學彙函十四種續附十種　（清）鍾謙鈞等輯　清光緒十四年(1888)上海蜚英館石印本　二十冊

330000－1788－0003643　00123　史部/地理類/雜志之屬

清溫州海島圖一卷　（清）□□繪　清抄本　一冊

330000－1788－0003645　03049　子部/儒家類/儒學之屬/經濟

大學衍義四十三卷　（宋）真德秀撰　清光緒二十七年(1901)上海書局石印本　六冊

330000－1788－0003646　03128　經部/小學類/文字之屬/說文/專著

說文通訓定聲十八卷分部柬韻一卷說雅一卷古今韻準一卷（清）朱駿聲撰　**行述一卷**朱孔彰撰　清道光二十九年(1849)刻咸豐元年(1851)朱孔彰臨嘯閣補刻本　二十八冊　缺一卷(行述)

330000－1788－0003647　00105　集部/總集類/郡邑之屬

東甌詩存四十六卷補遺一卷　（清）曾唯輯　清乾隆五十五年(1790)刻本　十八冊

330000－1788－0003648　03165　經部/小學類/文字之屬/字書/字典

康熙字典十二集三十六卷總目一卷檢字一卷辨似一卷等韻一卷補遺一卷備考一卷　（清）張玉書等纂修　清道光七年(1827)刻本　三十八冊

330000－1788－0003649　03076　經部/群經總義類/傳說之屬

九經今義二十八卷　（清）成本璞著　清光緒三十一年(1905)鉛印本　二冊

330000－1788－0003650　02909　經部/易類/傳說之屬

周易本義四卷附圖說一卷卦歌一卷筮儀一卷　（宋）朱熹撰　清宣統二年(1910)上海廣益書局石印本　一冊

330000－1788－0003652　02905　經部/易類/傳說之屬

易義針度補八卷附近科易藝選一卷　（清）朱昌壽撰　（清）楊浚補　清咸豐五年(1855)楊氏冠悔堂刻本　三冊　存八卷(一至八)

330000－1788－0003653　03094　史部/目錄類/總錄之屬/彙刻

皇清經解縮版編目十六卷　（清）陶治元編　清光緒十七年(1891)上海鴻寶齋石印本　二冊

330000－1788－0003654　03039　經部/四書類/總義之屬/傳說

四書古註群義彙解九種　（清）□□輯　清光緒三十年(1904)上海同文升記書局鉛印本　十七冊　缺一卷(增補四書經史摘證四)

330000－1788－0003655　00074　經部/周禮類/傳說之屬

周禮十二卷　（漢）鄭玄注　**附札記一卷**（清）黃丕烈撰　清光緒十三年(1887)上海蜚英館石印黃氏士禮居叢書本　清孫詒讓題記並校　四冊

330000－1788－0003656　03163　經部/小學類/文字之屬/字書/字典

康熙字典十二集三十六卷總目一卷檢字一卷辨似一卷等韻一卷補遺一卷備考一卷　（清）張玉書等纂修　清光緒三十一年(1905)上海久敬齋石印本　六冊

330000－1788－0003657　02971　類叢部/叢書類/彙編之屬

武英殿聚珍版書一百三十八種　清乾隆浙江刻本　一冊　存一種

330000－1788－0003659　03064　經部/叢編

皇清經解一百九十卷首一卷正訛記一卷

（清）阮元輯　清光緒上海點石齋石印本　二十四冊

330000－1788－0003660　03045　經部/四書類/總義之屬/專著

四書釋地一卷續一卷又續二卷三續一卷附孟子生卒年月考一卷　（清）閻若璩撰　清嘉慶元年（1796）吳氏照聽雨齋刻本　三冊

330000－1788－0003663　02966　經部/周禮類/分篇之屬

考工記圖二卷　（清）戴震撰　清聚奎樓刻本　二冊

330000－1788－0003664　03001　經部/春秋左傳類/傳說之屬

左繡三十卷首一卷　（清）馮李驊　（清）陸浩評輯　**春秋經傳集解三十卷首一卷**　（晉）杜預撰　（唐）陸德明音釋　（宋）林堯叟附註　（清）馮李驊增訂　清光緒三十一年（1905）善成堂重鐫本　十二冊

330000－1788－0003666　02956　經部/詩類/文字音義之屬

詩小學三十卷補一卷　（清）吳樹聲撰　清同治七年（1868）壽光官廨刻本　十二冊

330000－1788－0003667　00075　子部/農家農學類/園藝之屬/花卉

羅鐘齋蘭譜一卷　（明）張應文著　明崇禎二年（1629）汲古閣刻本　一冊

330000－1788－0003668　03006　經部/春秋左傳類/傳說之屬

左傳史論二卷　（清）高士奇撰　清刻本　一冊

330000－1788－0003669　03087　經部/群經總義類/傳說之屬

隸經文四卷續隸經文一卷　（清）江藩撰　清道光元年（1821）刻本　一冊　存二卷（一至二）

330000－1788－0003670　03033　經部/四書類/總義之屬/專著

四書味根錄三十七卷　（清）金澂撰　清光緒

十二年（1886）上海積山書局石印本　五冊　缺四卷（孟子十一至十四）

330000－1788－0003671　03088　經部/群經總義類/傳說之屬

經訓比義三卷　（清）黃以周撰　清光緒二十二年（1896）南菁講舍刻本　二冊　缺一卷（中）

330000－1788－0003673　02950　經部/詩類/專著之屬

毛詩品物圖考七卷　（日本）岡元鳳纂輯　（日本）橘國雄繪圖　清光緒十二年（1886）上海積山書局石印本　二冊

330000－1788－0003674　03072　經部/讖緯類/總義之屬

古微書三十六卷　（明）孫毂輯　清光緒二十一年（1895）上海鴻文書局石印本　四冊

330000－1788－0003675　02960　經部/三禮總義類

确山所著書二種　（清）宋世犖撰　清光緒六年（1880）津門徐士鑾補刻印本　一冊　存一種

330000－1788－0003676　00084　集部/別集類/明別集

半山藏稿二十卷　（明）王叔果撰　明萬曆刻本　一冊　存三卷（三至五）

330000－1788－0003678　03048　子部/儒家類/儒學之屬/經濟

大學衍義四十三卷　（宋）真德秀撰　清同治十一年（1872）浙江書局刻本　十冊

330000－1788－0003680　03074　經部/群經總義類/圖說之屬

六經圖二十四卷　（清）鄭之僑編輯　清乾隆九年（1744）潮陽鄭之僑述堂刻本　十二冊

330000－1788－0003681　03032　經部/叢編

五經味根錄　（清）關蔚煌輯　清光緒十四年（1888）同文書局石印本　十六冊　缺四卷（詩經五至八）

330000－1788－0003682　03034　經部/四書
類/總義之屬/傳說

四書合纂大成不分卷　（清）沈祖燕輯　清光
緒三十一年（1905）上海鴻寶齋石印本　十
一冊

330000－1788－0003683　02937　經部/詩
類/傳說之屬

毛詩稽古編三十卷　（清）陳啟源撰　**附攷一
卷**　（清）費雲倬撰　清光緒九年（1883）上海
同文書局石印本　八冊

330000－1788－0003684　03031　經部/四書
類/總義之屬/傳說

鴻寶齋四書不分卷　（清）沈祖燕輯纂　（清）
鴻寶齋編次　清光緒十四年（1888）上海鴻寶
齋石印本　十冊

330000－1788－0003685　02949　經部/詩
類/專著之屬

毛詩品物圖考七卷　（日本）岡元鳳纂輯
（日本）橘國雄繪圖　清光緒十二年（1886）上
海積山書局石印本　二冊

330000－1788－0003686　00070　集部/別集
類/明別集

玉介園存稿□□卷附集□□卷　（明）王叔杲
撰　清同治孫鏘鳴家抄本　清孫鏘鳴校並題
四冊　存十五卷（存稿十一至十二，附集十
七、二十四、三十一至三十八、四十二、四十五
至四十六）

330000－1788－0003687　02965　經部/周禮
類/傳說之屬

評點續周禮政要二卷　（清）潘相潤撰　清光
緒三十一年（1905）上海書局石印本　一冊

330000－1788－0003688　03066　經部/群經
總義類/傳說之屬

古經解鈎沉三十卷　（清）余蕭客撰　清光緒
二十一年（1895）杭州竹簡齋石印本　十二冊

330000－1788－0003689　00253　史部/地理
類/山川之屬/山志

孤嶼志八卷首一卷　（清）陳舜咨輯　清嘉慶

十四年（1809）介和堂刻本　五冊

330000－1788－0003691　02953　類叢部/叢
書類

崇惠堂叢書　清儀徵李氏刻本　一冊　存
一種

330000－1788－0003692　02946　經部/小學
類/文字之屬/說文

苗氏說文四種　（清）苗夔撰　清道光至咸豐
壽陽祁氏漢專亭刻本　二冊　存一種

330000－1788－0003693　02964　經部/周禮
類/傳說之屬

周禮三家佚注一卷　（清）孫詒讓撰　清光緒
二十年（1894）瑞安孫氏刻本　一冊

330000－1788－0003694　03085　經部/群經
總義類/傳說之屬

經解入門八卷　題（清）江藩撰　清光緒二十
年（1894）上海文林書局石印本　二冊

330000－1788－0003696　02975　類叢部/叢
書類/自著之屬

亦園亭全集五種　（清）孟超然撰　清嘉慶二
十年（1815）刻本　一冊　存一種

330000－1788－0003697　03086　子部/雜著
類/雜纂之屬

經餘必讀二卷續編二卷　（清）雷琳　（清）錢
樹棠　（清）錢樹立輯　清光緒十六年（1890）
上海鴻文書局石印本　二冊

330000－1788－0003698　03027　經部/四書
類/總義之屬/傳說

四書章句集註十九卷　（宋）朱熹撰　清浙蘭
慎言堂刻本　六冊

330000－1788－0003699　03014　類叢部/叢
書類/自著之屬

萬木草堂叢書□□種　康有為輯　清光緒至
民國上海大同譯書局刻本　六冊　存一種

330000－1788－0003702　03081　子部/雜著
類/雜考之屬

娛親雅言六卷　（清）嚴元照撰　清光緒十一

年(1885)發園王氏木活字印本　四冊

330000－1788－0003703　03040　經部/四書類/總義之屬/專著

四書正事括略七卷附錄一卷　（清）毛奇齡撰　清道光十九年(1839)蕭山沈豫刻本　四冊

330000－1788－0003705　00077　史部/地理類/雜志之屬

西藏賦一卷　（清）和寧撰　清嘉慶二年(1797)刻本　一冊

330000－1788－0003708　03046　經部/叢編

皇清經解□□卷　（清）阮元輯　清刻本　一冊　存一種

330000－1788－0003709　03018　經部/群經總義類/傳說之屬

七經精義　（清）黃淦撰　清嘉慶十六年(1811)翼經堂刻本　一冊　存一種

330000－1788－0003710　02936　類叢部/叢書類/彙編之屬

明辨齋叢書三十二種　（清）余肇鈞編　清同治元年至九年(1862－1870)長沙余氏刻本　四冊　存一種

330000－1788－0003711　00079　集部/別集類/清別集

太鶴山人文集不分卷　（清）端木國瑚撰　稿本　清戴銘金誌　守愚批校　一冊

330000－1788－0003712　03097　經部/小學類/訓詁之屬/爾雅

爾雅正義二十卷　（清）邵晉涵撰　**爾雅釋文三卷**　（唐）陸德明撰　清乾隆五十三年(1788)餘姚邵氏面水層軒刻本　八冊

330000－1788－0003713　03061　經部/四書類/孟子之屬/傳說

增補蘇批孟子二卷孟子[軻]年譜一卷　（宋）蘇洵撰　（清）趙大浣增補　清咸豐六年(1856)刻朱墨套印本　二冊

330000－1788－0003714　03093　經部/群經總義類/授受源流之屬

傳經表一卷附通經表一卷　（清）畢沅撰　清光緒二十二年(1896)廣州新寧明善社刻本　二冊

330000－1788－0003715　02342　史部/傳記類/總傳之屬/儒林

闕里文獻考一百卷首一卷末一卷　（清）孔繼汾撰　清乾隆二十七年(1762)孔昭煥刻本　十二冊

330000－1788－0003717　03095　史部/政書類/儀制之屬/雜禮

俗禮解六卷　（清）謝起龍撰　清咸豐九年(1859)刻本　一冊

330000－1788－0003718　02978　經部/叢編

通志堂經解一百四十種　（清）納蘭成德輯　清康熙十九年(1680)納蘭成德刻本　二冊　存一種

330000－1788－0003719　03089　經部/叢編

萬充宗先生經學五書　（清）萬斯大撰　清乾隆二十四年至二十六年(1759－1761)辨志堂刻本　六冊

330000－1788－0003720　02797　史部/紀傳類/正史之屬

漢書評林一百卷　（明）凌稚隆輯　明萬曆刻本　十六冊　存五十五卷(一至十七、二十四至二十五、二十八、三十一至三十三、三十九至四十三、五十四至五十七、六十三至七十三、七十八至八十六、九十七至九十九)

330000－1788－0003721　02911、03263　子部/雜著類/雜說之屬

于氏中說二卷　（明）于鎡撰　**契元公論草一卷**　（明)于玉瑞輯　**墓誌銘一卷神道碑一卷**　（明）余本等撰　**校勘錯誤一卷**　清活字印本　三冊

330000－1788－0003722　03008　經部/春秋左傳類/傳說之屬

左傳分國纂畧十六卷　（清）盧元昌撰　清康熙二十八年(1689)刻本　六冊

330000－1788－0003723　03098　經部/小學

類/訓詁之屬/爾雅

爾雅郭註補正九卷　（清）戴鋆撰　清乾隆五十二年(1787)刻本　四冊

330000－1788－0003724　00137　類叢部/叢書類/彙編之屬

檀几叢書五十種二集五十種餘集四十七種附政十種　（清）王晫　（清）張潮編　清康熙霞舉堂刻本　十六冊

330000－1788－0003725　03535　子部/雜著類/雜考之屬

緯略十二卷　（宋）高似孫撰　清嘉慶白鹿山房木活字印本　六冊

330000－1788－0003726　02359　史部/地理類/方志之屬/郡縣志

[乾隆]瑞安縣志十卷　（清）陳永清修（清）章昱　（清）吳慶雲纂　清乾隆十四年(1749)刻本　一冊　存一卷(一)

330000－1788－0003727　03259　經部/叢編

御纂七經　（清）李光地等撰　清康熙至乾隆内府刻本　十六冊　存一種

330000－1788－0003728　02474、02552　類叢部/叢書類/彙編之屬

武英殿聚珍版書一百三十八種　清乾隆四十一年(1776)刻本　十三冊　存二種

330000－1788－0003729　03720　子部/兵家類/兵法之屬

武經三書匯解三卷附採輯騎步射法一卷　(清)曹曰瑋等輯　清刻本　六冊

330000－1788－0003730　00270　史部/傳記類/總傳之屬/通代

人壽金鑑二十二卷　（清）程得齡輯　清嘉慶二十五年(1820)柳衣園刻本　八冊

330000－1788－0003731　02997　經部/春秋總義類/傳說之屬

欽定春秋傳說彙纂三十八卷首二卷　（清）王掞等撰　清康熙六十年(1721)武英殿刻本　十六冊

330000－1788－0003732　03906　子部/小說家類/瑣語之屬

聽雨軒雜紀一卷續紀一卷餘紀一卷贅紀一卷　（清）徐承烈撰　清嘉慶十一年(1806)研雲樓刻本　一冊　存二卷(雜紀、餘紀)

330000－1788－0003733　00088　子部/藝術類/書畫之屬

詹氏性理小辨六十四卷　（明）詹景鳳撰　明萬曆刻本　一冊　存三卷(畫旨一至二、真賞一)

330000－1788－0003734　03194　經部/小學類/文字之屬/字書/字體

篆字彙十二卷　（清）佟世男編　清康熙三十年(1691)多山堂刻本　十二冊

330000－1788－0003735　00095　集部/別集類/明別集

快雪堂集六十四卷　（明）馮夢禎撰　明萬曆刻本　一冊　存四卷(四十七至五十)

330000－1788－0003736　03035　經部/四書類/總義之屬/傳說

三魚堂四書大全三十九卷附論語考異一卷孟子考異一卷　（清）陸隴其輯　清康熙四十一年(1702)當湖陸氏刻本　二十一冊　缺九卷(論語集註大全一至二、十九至二十,孟子集註大全七至八、十一至十二,論語考異)

330000－1788－0003738　00096　史部/金石類/總志之屬/文字

觀妙齋藏金石文攷略十六卷　（清）李光暎撰　清雍正七年(1729)嘉興李光暎刻本　四冊

330000－1788－0003739　02473　類叢部/叢書類/彙編之屬

武英殿聚珍版書一百三十八種　清乾隆浙江刻本　十冊　存一種

330000－1788－0003740　03932　史部/傳記類/總傳之屬/技藝

國朝畫徵錄三卷續錄二卷　（清）張庚撰　明人附錄一卷　（明）黎遂球　（明）袁楅撰　清乾隆四年(1739)睢州蔣泰、湯之昱刻本　二

冊　缺一卷（明人附錄）

330000－1788－0003741　02973　經部/儀禮
類/傳說之屬

儀禮章句十七卷　（清）吳廷華撰　清乾隆二
十二年（1757）梅園居刻本　胡戲堂批校
四冊

330000－1788－0003742　03207　類叢部/類
書類/通類之屬

通俗編三十八卷　（清）翟灝撰　清武林竹簡
齋刻本　十一冊　缺四卷（二十至二十三）

330000－1788－0003744　03433　子部/儒家
類/儒學之屬/蒙學

小學纂註六卷小學總論一卷　（清）高愈注
文公朱夫子[熹]年譜一卷　（題宋）李方子撰
童蒙須知一卷訓子從學帖一卷　（宋）朱熹
撰　清刻本　四冊

330000－1788－0003745　00099　集部/別集
類/金別集

遺山先生詩集二十卷　（金）元好問撰　明崇
禎十一年（1638）毛氏汲古閣刻元人集十種本
邁沖批校　四冊

330000－1788－0003746　02947　經部/詩
類/傳說之屬

毛詩通說二十卷首二卷補遺一卷　（清）任兆
麟撰　清經筒堂刻本　三冊　缺六卷（十一、
十七至二十,補遺）

330000－1788－0003747　02758、02719　類
叢部/叢書類/自著之屬

杭大宗七種叢書　（清）杭世駿撰　清刻彙印
本　二冊　存二種

330000－1788－0003748　02954　經部/詩
類/三家詩之屬

詩外傳十卷　（漢）韓嬰撰　清乾隆十七年
（1752）張晉康刻本　一冊

330000－1788－0003749　03042　經部/四書
類/總義之屬/專著

四書考輯要二十卷　（清）陳弘謀輯　（清）陳
蘭森編校　清乾隆三十六年（1771）陳氏培遠

堂刻本　十冊

330000－1788－0003750　03274　經部/小學
類/文字之屬/字書/字典

六書故三十三卷六書通釋一卷　（宋）戴侗撰
清乾隆四十九年（1784）西蜀李鼎元師竹齋
刻本　十四冊　存三十卷（一至二、五至二十
四、二十七至三十三,六書通釋）

330000－1788－0003751　03067　類叢部/叢
書類/彙編之屬

汗筠齋叢書第一集（蘭芬齋叢書初集）四種
（清）秦鑑編　清嘉慶三年至四年（1798－
1799）嘉定秦氏刻本　一冊　存一種

330000－1788－0003752　00086　經部/小學
類/文字之屬/字書/字典

字彙十二集首一卷末一卷韻法直圖一卷
（明）梅膺祚撰　**韻法橫圖一卷**　（明）李世澤
撰　明萬曆四十三年（1615）刻本　八冊

330000－1788－0003753　03069　經部/群經
總義類/文字音義之屬

經典釋文三十卷　（唐）陸德明撰　**經典釋文
攷證三十卷**　（清）盧文弨撰　清同治八年
（1869）湖北崇文書局刻本　十二冊

330000－1788－0003754　03205　類叢部/類
書類/通類之屬

通俗編三十八卷　（清）翟灝撰　清乾隆十六
年（1751）仁和翟灝無不宜齋刻本　十冊

330000－1788－0003755　03119　經部/小學
類/文字之屬/說文/專著

**說文字原集註十六卷附說文字原表一卷說文
字原表說一卷**　（清）蔣和撰　清乾隆五十三
年（1788）刻本　三冊

330000－1788－0003756　03206　類叢部/類
書類/通類之屬

通俗編三十八卷　（清）翟灝撰　清武林竹簡
齋刻本　十二冊

330000－1788－0003757　02916　經部/書
類/傳說之屬

古文尚書攷二卷　（清）惠棟撰　清乾隆五十

七年(1792)刻本　一冊

330000－1788－0003758　03037　經部/四書類/總義之屬/傳說

四書朱子本義匯參四十三卷首四卷　(清)王步青輯　清乾隆十年(1745)敦復堂刻本　三十二冊

330000－1788－0003759　00257　子部/雜著類/雜說之屬

居易錄三十四卷　(清)王士禛撰　清康熙四十年(1701)刻本　十冊

330000－1788－0003760　03258　經部/詩類/三家詩之屬

韓詩外傳十卷序說一卷　(漢)韓嬰撰　(清)趙懷玉校　**補逸一卷**　(清)趙懷玉輯　清乾隆五十五年(1790)武進趙懷玉亦有生齋刻本　一冊

330000－1788－0003762　02993　經部/周禮類/傳說之屬

宋葉文康公禮經會元節本四卷　(宋)葉時撰　(清)陸隴其點定　(清)許元淮刪節並評　清乾隆五十年(1785)桐柏山房刻本　四冊

330000－1788－0003763　03021　類叢部/叢書類

草廬吳文正公全書十三種　(元)吳澄撰　清乾隆初吳氏刻二十一年(1756)萬璜校刻道光補刻彙印本　一冊　存一種

330000－1788－0003764　03190　經部/小學類/文字之屬/字書/字體

隸辨八卷　(清)顧藹吉撰　清乾隆八年(1743)天都黃晟刻本　八冊

330000－1788－0003765　02423　史部/地理類/遊記之屬/紀勝

羅浮紀勝三集三卷　(清)黃禹庭輯　清乾隆四十五年(1780)錦雲堂刻本　一冊

330000－1788－0003766　01868　類叢部/叢書類/彙編之屬

後知不足齋叢書四十七種　(清)鮑廷爵編　清同治至光緒常熟鮑氏刻本　十一冊　存八種

330000－1788－0003768　01959　類叢部/叢書類/自著之屬

新化鄒氏斅菽齋遺書五種　(清)鄒漢勛撰　清光緒四年(1878)攸縣龍汝霖南昌刻本　四冊

330000－1788－0003769　03257－1　經部/書類/傳說之屬

書經旁訓合璧六卷首一卷末一卷　(清)李繩輯　清乾隆桂香家塾刻本　一冊　存四卷(首、一至三)

330000－1788－0003770　02175　類叢部/叢書類/彙編之屬

稗海四十六種續稗海二十四種　(明)商濬編　明萬曆商氏半埜堂刻本　二冊　存一種

330000－1788－0003771　01887　類叢部/叢書類/彙編之屬

桂馥齋叢書　清光緒十四年(1888)洪氏刻本　二十冊

330000－1788－0003772　03188　經部/小學類/文字之屬/字書/字體

漢隸分韻七卷　(元)□□撰　清乾隆三十七年(1772)九沙萬氏辨志堂刻本　二冊

330000－1788－0003773　03257－2　經部/書類/傳說之屬

尚書離句六卷　(清)錢在培輯解　清刻本　一冊　存三卷(四至六)

330000－1788－0003775　00055　集部/總集類/彙編之屬

李杜全集二種　(明)許自昌編　明萬曆三十年(1602)長洲許自昌刻明末書林汪復初印本　九冊

330000－1788－0003776　00056　集部/總集類/選集之屬/通代

新刊文選考註前集十五卷前集音釋一卷後集十五卷　(南朝梁)蕭統輯　(唐)李善等注　明贈言堂刻本　十九冊　存二十二卷(前集一至十五,前集音釋,後集三至四、七至九、十

二)

330000－1788－0003777　01892　類叢部/叢書類/彙編之屬

晨風閣叢書二十二種　沈宗畸編　清宣統元年(1909)番禺沈氏刻本　十四冊

330000－1788－0003779　01981　類叢部/叢書類/自著之屬

德清俞蔭甫所著書　(清)俞樾撰　清同治十年(1871)刻本　十六冊　存十六種

330000－1788－0003781　01976　類叢部/叢書類/彙編之屬

咫進齋叢書三十五種　(清)姚覲元編　清光緒九年(1883)歸安姚氏刻本　十二冊　存十六種

330000－1788－0003782　01927　史部/政書類/通制之屬

政藝叢書壬寅全書二十一種　鄧實編　清光緒二十八年(1902)政藝通報館鉛印本　一冊　僅存目次

330000－1788－0003783　00068　集部/別集類/清別集

蓼綏閣詩鈔一卷附潞舸詞一卷　(清)黃紹箕撰　稿本　冒廣生跋　一冊

330000－1788－0003784　01894　類叢部/類書類/通類之屬

瑯環獺祭十二種　清光緒二十年(1894)文選廔石印本　六冊

330000－1788－0003785　00098　子部/雜著類/雜考之屬

潛邱劄記六卷　(清)閻若璩撰　**左汾近稾一卷**　(清)閻詠撰　清乾隆十年(1745)閻學林眷西堂刻本　六冊

330000－1788－0003786　00107　集部/別集類/清別集

壯悔堂文集十卷侯朝宗古文逸稿一卷四憶堂詩集六卷　(清)侯方域撰　清順治侯氏刻本　六冊

330000－1788－0003787　00100　經部/小學類/文字之屬/字書/字體

漢隸字源五卷碑目一卷附字一卷　(宋)婁機撰　明末毛氏汲古閣覆宋刻本　三冊

330000－1788－0003788　00113　子部/醫家類/兒科之屬/痘疹

痘科正傳六卷　(清)沈巨源輯　清抄本　二冊

330000－1788－0003789　00119　類叢部/叢書類/自著之屬

鹿洲全集七種　(清)藍鼎元撰　清刻本　二冊　存一種

330000－1788－0003790　00136　子部/醫家類/醫經之屬/內經

類經三十二卷　(明)張介賓類注　**類經圖翼十一卷附翼四卷**　(明)張介賓撰　明天啓四年(1624)會稽張介賓刻本　二十冊

330000－1788－0003791　01968－1　類叢部/叢書類/彙編之屬

讀畫齋叢書四十六種　(清)顧修編　清嘉慶四年至十六年(1799－1811)桐川顧氏刻本　六十三冊　缺二卷(文選理學權與一、二上)

330000－1788－0003792　01971　類叢部/叢書類/彙編之屬

小石山房叢書三十八種　(清)顧湘編　清道光刻同治十三年(1874)虞山顧氏補刻本　十五冊　存三十六種

330000－1788－0003793　00020　集部/總集類/選集之屬/斷代

中州集十卷首一卷中州樂府一卷　(金)元好問輯　明末海虞毛氏汲古閣刻本　十冊

330000－1788－0003794　01939　類叢部/叢書類/自著之屬

安吳四種　(清)包世臣撰　清同治十一年(1872)湖北包誠注經堂刻光緒十四年(1888)重印本　十二冊

330000－1788－0003795　00094　集部/別集類/明別集

青邱高季迪先生詩集十八卷首一卷遺詩一卷
扣舷集一卷鳧藻集五卷附錄一卷　（明）高啟
撰　（清）金檀輯注　清雍正六年至七年
（1728－1729）金氏文瑞樓刻乾隆墨華池館印
本　十二冊

330000－1788－0003796　01888　類叢部/叢
書類/彙編之屬

振綺堂叢書初集十種二集十二種　（清）□□
輯　清光緒二十年（1894）、宣統二年（1910）
泉唐汪氏刻本暨鉛印本　八冊　存二集十
二種

330000－1788－0003797　00025　史部/地理
類/雜志之屬

佛國記一卷　（晉）釋法顯撰　（明）胡震亨
（明）毛晉訂　明刻本　一冊

330000－1788－0003798　00024　集部/別集
類/清別集

太鶴山人集十三卷　（清）端木國瑚撰　稿本
　一冊　存二卷（五、七）

330000－1788－0003799　01960　類叢部/叢
書類/家集之屬

王氏四種　（清）王念孫撰　清光緒二十一年
（1895）上海鴻文書局石印本　十四冊　缺二
卷（經義述聞三十一至三十二）

330000－1788－0003800　00030　集部/別集
類/清別集

四憶堂詩集六卷遺稿一卷　（清）侯方域撰
清初刻本　二冊　缺一卷（遺稿）

330000－1788－0003801　00046　經部/詩
類/三家詩之屬

韓詩外傳十卷　（漢）韓嬰撰　明嘉靖十八年
（1539）薛來芙蓉泉書屋刻本　五冊　存七卷
（一至五、九至十）

330000－1788－0003803　00058　類叢部/類
書類/通類之屬

唐類函二百卷目錄二卷　（明）俞安期輯　明
萬曆三十一年（1603）東吳俞安期刻本　胡小
脓題記　五十四冊　缺七卷（九十八、一百八

十七至一百八十九、一百九十八至二百）

330000－1788－0003805　01974　類叢部/叢
書類/彙編之屬

功順堂叢書十八種　（清）潘祖蔭編　清光緒
吳縣潘氏刻本　十冊　存十一種

330000－1788－0003807　01967　類叢部/叢
書類/彙編之屬

抱經堂叢書十六種　（清）盧文弨編　清乾隆
至嘉慶刻彙印本　六冊　存一種

330000－1788－0003808　00048　集部/總集
類/選集之屬/通代

唐宋八大家文鈔九種　（明）茅坤編　明萬曆
七年（1579）茅一桂刻本　六冊　存一種

330000－1788－0003810　00280　集部/別集
類/清別集

寄巢詩草一卷　（清）端木百祿撰　清抄本
一冊

330000－1788－0003811　01945－2　類叢
部/叢書類/輯佚之屬

黃氏逸書考二百七十四種附六種　（清）黃奭
輯　清道光甘泉黃氏刻民國十四年（1925）王
鑒修補印本　一冊　存八種

330000－1788－0003813　01968－2　類叢
部/叢書類/彙編之屬

讀畫齋叢書四十六種　（清）顧修編　清嘉慶
四年至十六年（1799－1811）桐川顧氏刻本
九冊　存七種

330000－1788－0003815　01968－3　集部/
總集類/選集之屬/斷代

南宋群賢小集　（宋）陳起編　（清）顧修重輯
清嘉慶六年（1801）石門顧氏讀畫齋刻本
三十八冊　存七十四種

330000－1788－0003816　01972－1　類叢
部/叢書類/彙編之屬

古逸叢書二十六種　（清）黎庶昌編　清光緒
八年至十年（1882－1884）黎庶昌日本東京使
署影刻本　六十一冊　存二十五種

330000－1788－0003817　00287　子部/儒家類/儒學之屬/經濟

揚子法言十三卷　（漢）揚雄撰　（晉）李軌注
　揚子法言音義一卷　清同治十一年（1872）
維揚倪文林刻本　清黃紹第識　二冊

330000－1788－0003818　01968－4　集部/總集類/選集之屬/斷代

南宋群賢小集　（宋）陳起編　（清）顧修重輯
　清嘉慶六年（1801）石門顧氏讀畫齋刻本
一冊　存七種

330000－1788－0003819　00211　類叢部/叢書類/自著之屬

西河合集一百十九種　（清）毛奇齡撰　清康
熙李塨等刻本　七十三冊　存八十七種

330000－1788－0003820　00291　類叢部/叢書類/彙編之屬

擇是居叢書初集十九種　張鈞衡編　清光緒
至民國刻民國十五年（1926）吳興張氏彙印本
　十冊　存一種

330000－1788－0003823　00009　集部/總集類/選集之屬/通代

文致不分卷　（明）劉士鏻輯　（明）閔無頗
（明）閔昭明集評　明天啓元年（1621）閔元衢
刻朱墨套印本　四冊

330000－1788－0003828　04321　集部/別集類/清別集

潛園吟草不分卷　清抄本　一冊

330000－1788－0003831　01972－2　類叢部/叢書類/彙編之屬

古逸叢書二十六種　（清）黎庶昌編　清光緒
八年至十年（1882－1884）黎庶昌日本東京使
署影刻本　一冊　存一種

330000－1788－0003832　04306　集部/別集類/清別集

翠微山房詩稿八卷　（清）金璋撰　清抄本
一冊　存一卷（八）

330000－1788－0003833　04311　集部/別集類/清別集

寸心知室文抄二卷　（清）湯金釗撰　清道光
抄本　二冊

330000－1788－0003837　04249　經部/小學類/訓詁之屬/爾雅

爾雅古義二卷　（清）胡承珙撰　清抄本
一冊

330000－1788－0003846　01965　類叢部/類書類/通類之屬

玉海二百四卷附刻十三種　（宋）王應麟撰
校補玉海瑣記二卷王深甯先生［應麟］年譜一
卷　（清）張大昌撰　清光緒九年至十六年
（1883－1890）浙江書局刻本　八冊　存三十
五卷（詩地理攷一至六、漢藝文志攷證一至
十、通鑑地理通釋一至十四、通鑑答問一至
五）

330000－1788－0003862　04246　經部/詩類/傳說之屬

詩經注釋不分卷　稿本　一冊

330000－1788－0003876　04308　集部/別集類/清別集

洪氏詩草不分卷　（清）洪守彝撰　清抄本
一冊

330000－1788－0003877　04312　集部/別集類/清別集

尺研樓詩文稿不分卷　（清）周國琛撰　清抄
本　一冊

330000－1788－0003882　04304　集部/總集類/選集之屬

無名氏詩草不分卷　清項霽抄本　一冊

330000－1788－0003885　00999　史部/地理類/雜志之屬

瑞安百詠一卷　（清）黃紹第撰　清刻本
一冊

330000－1788－0003886　01851　類叢部/叢書類/郡邑之屬

永嘉叢書十三種　（清）孫衣言編　清同治至
光緒瑞安孫氏詒善祠塾刻本　八十冊　存十
二種

330000－1788－0003887　00899　集部/別集類/清別集

遜學齋文鈔十二卷首一卷末一卷續鈔五卷詩鈔十卷續鈔五卷　（清）孫衣言撰　清同治三年(1864)、十二年(1873)刻光緒增刻本　十二冊　缺一卷(末)

330000－1788－0003888　00229　子部/雜著類/雜說之屬

習學記言序目五十卷　（宋）葉適撰　清光緒十年(1884)黃體芳刻本　十冊

330000－1788－0003890　01861－1　類叢部/叢書類/自著之屬

利濟叢書八種　（清）陳虬撰　清光緒二十三年(1897)利濟學堂報館刻本　五冊　存五種

330000－1788－0003891　03860－1　類叢部/叢書類/郡邑之屬

六齋卑議不分卷　（清）宋恕撰　清光緒二十三年(1897)鉛印本　一冊

330000－1788－0003892　01861－2　類叢部/叢書類/自著之屬

利濟叢書八種　（清）陳虬撰　清光緒二十三年(1897)利濟學堂報館刻本　一冊　存一種

330000－1788－0003893　00609　集部/別集類/明別集

卓忠毅公遺稿三卷首一卷附錄一卷　（明）卓敬撰　（清）林從炯編　清嘉慶張德標刻本　一冊

330000－1788－0003894　03860－2　類叢部/叢書類/郡邑之屬

六齋卑議不分卷　（清）宋恕撰　清光緒二十三年(1897)鉛印本　一冊

330000－1788－0003895　03860－3　類叢部/叢書類/郡邑之屬

六齋卑議不分卷　（清）宋恕撰　清光緒二十三年(1897)鉛印本　一冊

330000－1788－0003896　03184　史部/金石類/金之屬

古籀拾遺三卷附宋政和禮器文字考一卷　（清）孫詒讓撰　清光緒十四年至十六年(1888－1890)刻本　一冊　存三卷(古籀拾遺一至三)

330000－1788－0003901　02871　類叢部/叢書類/自著之屬

螫廬叢書　（清）陳虬撰　清光緒十九年(1893)甌雅堂刻本　二冊　存二種

330000－1788－0003902　00112　史部/政書類/公牘檔冊之屬

黃漱蘭公案牘遺稿一卷　（清）黃體芳撰　稿本　一冊

330000－1788－0003908　00267　史部/地理類/方志之屬/郡縣志

[嘉慶]瑞安縣志十卷首一卷　（清）張德標修　（清）王殿金　（清）黃义纂　清嘉慶十三年至十四年(1808－1809)刻本　八冊

330000－1788－0003915　04257　史部/目錄類/總錄之屬

昭代經籍志畧不分卷　（清）符璋撰　稿本　一冊

330000－1788－0003916　04282　史部/傳記類/日記之屬

蠹備日記摘存不分卷　（清）符璋撰　稿本　一冊

330000－1788－0003950　04240　子部/醫家類/婦科之屬/通論

女科經綸八卷　（清）蕭壎撰　清光緒十六年(1890)掃葉山房刻本　二冊　存四卷(一至二、五至六)

330000－1788－0003951　04213　子部/醫家類/類編之屬

喻氏醫書三種　（清）喻昌撰　清乾隆陳守誠刻本　五冊　存一種

330000－1788－0003952　04018、04019　子部/醫家類/類編之屬

張氏醫書七種　（清）張璐等撰　清末石印本　三冊　存二種

330000－1788－0003953　03483　類叢部/叢書類/自著之屬

甌北全集八種　(清)趙翼撰　清乾隆至嘉慶趙翼湛貽堂刻本　十二冊　存一種

330000－1788－0003954　10011　經部/四書類/總義之屬/專著

四書說苑十一卷首一卷補遺一卷續遺一卷
(清)孫應科撰　清道光四年(1824)高郵孫氏刻二十八年(1848)補刻本　四冊

330000－1788－0003955　10013　經部/春秋左傳類/傳說之屬

左繡三十卷首一卷　(清)馮李驊　(清)陸浩評輯　**春秋經傳集解三十卷首一卷**　(晉)杜預撰　(唐)陸德明音釋　(宋)林堯叟附註
(清)馮李驊增訂　清翠筠山房刻本　十四冊
　　存二十八卷(左繡首,一至十二、十四至十五、十八至三十)

330000－1788－0003956　10014　史部/雜史類/斷代之屬

周書斠補四卷　(清)孫詒讓撰　清光緒二十六年(1900)刻本　一冊

330000－1788－0003957　10016　經部/禮記類/傳說之屬

禮記訓纂四十九卷　(清)朱彬撰　清咸豐元年(1851)寶應朱士達宜祿堂刻本　八冊

330000－1788－0003958　10007　經部/叢編

重刊宋本十三經注疏四百十六卷附十三經注疏校勘記四百十六卷　(清)阮元撰　(清)盧宣旬摘錄　**校勘記識語四卷**　(清)汪文臺撰
清光緒十三年(1887)上海脈望仙館石印本
三十二冊

330000－1788－0003959　10024　經部/禮記類/傳說之屬

全本禮記體註十卷　(清)徐瑄撰　清乾隆三十一年(1766)百尺樓刻本　五冊　存五卷(一至五)

330000－1788－0003960　10017　經部/叢編

拜經堂叢書十種　(清)臧琳　(清)臧庸撰

清乾隆至嘉慶武進臧氏同述觀刻本　六冊
存一種

330000－1788－0003961　10025　經部/禮記類/傳說之屬

禮記集解六十一卷尚書顧命解一卷　(清)孫希旦撰　清咸豐十年至同治七年(1860－1868)瑞安孫氏盤谷草堂刻本　十六冊

330000－1788－0003962　10010　經部/四書類/總義之屬/專著

四書說苑十一卷首一卷補遺一卷續遺一卷
(清)孫應科撰　清道光四年(1824)高郵孫氏刻二十八年(1848)補刻本　四冊

330000－1788－0003963　10015　經部/周禮類/傳說之屬

周禮政要二卷　(清)孫詒讓撰　清光緒二十八年(1902)瑞安普通學堂刻本　二冊

330000－1788－0003965　10023　經部/叢編

皇清經解編一千四百三十卷　王先謙輯　清光緒上海校經山房刻本　十六冊　存三十七卷(詩毛氏傳疏一至三十、釋毛詩音一至四、毛詩說、毛詩傳義類、鄭氏箋攷徵)

330000－1788－0003966　10042　經部/小學類/文字之屬/說文/傳說

說文解字注十五卷附六書音韻表五卷　(清)段玉裁撰　**說文部目分韻一卷**　(清)陳煥編
清乾隆至嘉慶段氏經韻樓刻同治六年至十一年(1867－1872)蘇州保息局補刻本　十五冊　缺五卷(六書音韻表一至五)

330000－1788－0003967　10020　類叢部/叢書類/自著之屬

經微室著書□□種　(清)孫詒讓撰　清光緒瑞安孫氏刻本　二冊　存一種

330000－1788－0003968　10044　子部/藝術類/書畫之屬/法帖

草字彙十二卷　(清)石梁輯　清道光二十六年(1846)刻本　三冊

330000－1788－0003969　10022　類叢部/叢書類/自著之屬

經微室著書□□種 （清）孫詒讓撰 清光緒
瑞安孫氏刻本 一冊 存一種

330000－1788－0003970 10027 經部/小學
類/訓詁之屬/爾雅

爾雅正義二十卷 （清）邵晉涵撰 爾雅釋文
三卷 （唐）陸德明撰 清乾隆五十三年
（1788）餘姚邵氏面水層軒刻本 七冊 缺三
卷（爾雅釋文一至三）

330000－1788－0003971 10029 經部/小學
類/訓詁之屬/爾雅

爾雅註疏十一卷 （晉）郭璞註 （宋）邢昺疏
清刻本 三冊

330000－1788－0003972 10021 史部/金石
類/金之屬

古籀拾遺三卷附宋政和禮器文字考一卷
（清）孫詒讓撰 清光緒十四年至十六年
（1888－1890）刻本 三冊

330000－1788－0003980 03113 類叢部/叢
書類/彙編之屬

廣雅書局叢書一百五十九種 徐紹棨編 清
光緒廣雅書局刻民國九年（1920）番禺徐紹棨
彙編重印本 三冊 存一種

330000－1788－0003982 02100 類叢部/叢
書類/彙編之屬

廣雅書局叢書一百五十九種 徐紹棨編 清
光緒廣雅書局刻民國九年（1920）番禺徐紹棨
彙編重印本 二冊 存一種

330000－1788－0003984 10040 經部/小學
類/音韻之屬/韻書

詩韻集成十卷 （清）余照輯 清刻本 二冊

330000－1788－0003987 10028 經部/小學
類/文字之屬/說文/專著

說文通訓定聲十八卷分部柬韻一卷說雅一卷
古今韻準一卷 （清）朱駿聲撰 行述一卷
朱孔彰撰 清道光二十九年（1849）刻咸豐元
年（1851）朱孔彰臨嘯閣補刻本 二十七冊
缺二卷（一、行述）

330000－1788－0003988 10008 經部/叢編

袖珍十三經註 （清）萬青銓校 清同治十二
年（1873）稽古樓刻本 六十八冊 存十二種

330000－1788－0003989 10043 經部/小學
類/文字之屬/字書/字典

康熙字典十二集三十六卷總目一卷檢字一卷
辨似一卷等韻一卷補遺一卷備考一卷 （清）
張玉書等纂修 清道光七年（1827）刻本 四
十一冊

330000－1788－0003990 10067 史部/金石
類/總志之屬/文字

金石萃編一百六十卷 （清）王昶撰 清嘉慶
十年（1805）青浦王氏經訓堂刻同治十年
（1871）嘉善錢寶傳補刻本 五十七冊 缺十
七卷（一百二十至一百二十一、一百三十至一
百三十一、一百三十六至一百四十八）

330000－1788－0003995 10071 史部/目錄
類/總錄之屬/官修

欽定四庫全書總目二百卷首一卷 （清）紀昀
等撰 四庫未收書目提要五卷 （清）阮元撰
清光緒二十年（1894）上海點石齋石印本
二十冊

330000－1788－0003996 10077 史部/傳記
類/別傳之屬/事狀

黃鮮庵先生哀輓錄一卷 趙爾巽等撰 清末
鉛印本 一冊

330000－1788－0003997 10066 史部/傳記
類/總傳之屬/郡邑

甌海軼聞五十八卷 （清）孫衣言撰 清光緒
刻本 二十冊

330000－1788－0003998 10072 史部/目錄
類/總錄之屬/官修

欽定四庫全書簡明目錄二十卷首一卷 （清）
紀昀等撰 清光緒五年（1879）會稽徐友蘭墨
潤堂鉛印本 十二冊

330000－1788－0004000 10065 史部/史評
類/史學之屬

文史通義八卷校讎通義三卷 （清）章學誠撰
清光緒十九年（1893）刻本 八冊

330000－1788－0004004　10115　子部/雜著類/雜纂之屬

江南鐵淚圖新編一卷附編一卷　（清）寄雲山人編　清同治九年（1870）蘇城元妙觀得見齋刻本　二冊

330000－1788－0004007　03104　類叢部/叢書類/彙編之屬

廣雅書局叢書一百五十九種　徐紹棨編　清光緒廣雅書局刻民國九年（1920）番禺徐紹棨彙編重印本　一冊　存一種

330000－1788－0004008　10132　集部/別集類/清別集

胡文忠公遺集十卷首一卷　（清）胡林翼撰　（清）閻敬銘　（清）屬雲官　（清）盛康輯　清刻本　八冊

330000－1788－0004009　10067－2　史部/金石類/總志之屬/文字

金石萃編一百六十卷　（清）王昶撰　清嘉慶十年（1805）青浦王氏經訓堂刻同治十年（1871）嘉善錢寶傳補刻本　八冊　存二十三卷（一百十九至一百二十二、一百二十九至一百三十一、一百三十四至一百四十九）

330000－1788－0004011　10133　集部/總集類/選集之屬/斷代

重訂唐詩合解箋注十二卷古唐詩合解四卷　（清）王堯衢註　清文奎堂刻本　二冊

330000－1788－0004012　10134　集部/總集類/選集之屬/通代

古唐詩合解古詩四卷唐詩十二卷　（清）王堯衢註　清文林堂刻本　一冊　存八卷（古詩一至四、唐詩一至四）

330000－1788－0004015　10056　子部/宗教類/其他宗教之屬/基督教

正教奉褒不分卷　（清）黃伯祿撰　清光緒二十年（1894）上海慈母堂鉛印本　二冊

330000－1788－0004016　10052　史部/政書類/公牘檔冊之屬

文廟捐款實收總清一卷　清末刻本　一冊

330000－1788－0004017　01979－2　類叢部/叢書類/彙編之屬

國粹叢書四十九種　（清）國學保存會編　清光緒至宣統鉛印本　十五冊　存十二種

330000－1788－0004018　10136　類叢部/叢書類/彙編之屬

武英殿聚珍版書一百三十八種　清刻本　一冊　存一種

330000－1788－0004019　10050　經部/春秋左傳類/傳說之屬

左傳史論二卷　（清）高士奇撰　清刻本　一冊

330000－1788－0004020　10068　類叢部/叢書類/彙編之屬

士禮居叢書二十種　（清）黃丕烈編　清嘉慶至道光黃氏士禮居刻本　四冊　存一種

330000－1788－0004021　10053、10054　類叢部/叢書類/自著之屬

中復堂全集九種附一種　（清）姚瑩撰　清同治六年（1867）姚濬昌安福縣署刻本　二冊　存二種

330000－1788－0004026　01979－3　類叢部/叢書類/彙編之屬

國粹叢書四十九種　（清）國學保存會編　清光緒至宣統鉛印本　三冊　存一種

330000－1788－0004027　00571　類叢部/叢書類/彙編之屬

廣雅書局叢書一百五十九種　徐紹棨編　清光緒廣雅書局刻民國九年（1920）番禺徐紹棨彙編重印本　一冊　存一種

330000－1788－0004028　02985　類叢部/叢書類/彙編之屬

廣雅書局叢書一百五十九種　徐紹棨編　清光緒廣雅書局刻民國九年（1920）番禺徐紹棨彙編重印本　四冊　存一種

330000－1788－0004029　03092　類叢部/叢書類/彙編之屬

廣雅書局叢書一百五十九種　徐紹棨編　清

光緒廣雅書局刻民國九年（1920）番禺徐紹榮
彙編重印本　一冊　存一種

330000－1788－0004030　10048　史部/傳記
類/別傳之屬/年譜

駱文忠公[秉章]自訂年譜二卷　（清）駱秉章撰
清光緒二十一年（1895）思賢書局刻本　二冊

330000－1788－0004032　10087　子部/雜著
類/雜說之屬

墨子閒詁十五卷目錄一卷附錄一卷後語二卷
（清）孫詒讓撰　清末掃葉山房石印本
八冊

330000－1788－0004034　10094　子部/雜說
類/雜說之屬

天花亂墜八卷二集八卷三集八卷　（清）寅半
生編　清光緒二十九年至三十三年（1903－
1907）杭州崇寔齋刻本　一冊　存二卷（二集
一至二）

330000－1788－0004036　10105　子部/藝術
類/篆刻之屬/印譜

黃秋盦印譜不分卷　（清）何夢華編　稿本
一冊

330000－1788－0004037　10099　子部/藝術
類/遊藝之屬/雜藝

增訂牙牌數不分卷　清光緒十六年（1890）同
文書局石印本　一冊

330000－1788－0004038　10090　子部/叢編

子書百家　（清）崇文書局編　清光緒元年
（1875）湖北崇文書局刻民國元年（1912）鄂官
書處重印本　一冊　存一種

330000－1788－0004041　10091　新學/農
政/農務

害蟲要說一卷　（日本）小野孫三郎撰　（日
本）鳥居赫雄譯　清北洋官報局石印本
一冊

330000－1788－0004043　10100、10101、
10102　子部/農家農學類/鳥獸蟲之屬

四生譜　（清）金文錦撰　清刻本　三冊　存
三種

330000－1788－0004044　10096　集部/別集
類/清別集

**述學內篇三卷外篇一卷補遺一卷別錄一卷校
勘記一卷附錄一卷**　（清）汪中撰　（清）汪喜
孫編　清同治八年（1869）揚州書局刻本　一
冊　缺四卷（內篇一至三、外篇）

330000－1788－0004045　10107　子部/雜著
類/雜說之屬

墨商三卷補遺一卷　王景羲撰　清宣統二年
（1910）刻本　二冊

330000－1788－0004046　10108　子部/雜著
類/雜說之屬

墨商三卷補遺一卷　王景羲撰　清宣統二年
（1910）刻本　二冊

330000－1788－0004047　10109　子部/雜說
類/雜說之屬

墨商三卷補遺一卷　王景羲撰　清宣統二年
（1910）刻本　二冊

330000－1788－0004048　10097　新學/理
學/理學

天演論二卷　（英國）赫胥黎撰　嚴復譯
清光緒二十七年（1901）富文書局石印本
一冊

330000－1788－0004052　10080　子部/雜著
類/雜考之屬

校訂困學紀聞集證二十卷　（宋）王應麟撰
（清）閻若璩等箋　（清）萬希槐集證　清嘉慶
十八年（1813）掃葉山房刻本　十二冊

330000－1788－0004054　10119　集部/總集
類/選集之屬/通代

重訂文選集評十五卷首一卷末一卷　（清）于
光華輯　清同治三年（1864）刻本　十六冊

330000－1788－0004055　10085　類叢部/叢
書類/自著之屬

王湘綺先生全集　王闓運撰　清光緒至民國
刻民國十二年（1923）長沙王氏印本　二冊
存一種

330000－1788－0004056　10081　子部/雜著

類/雜考之屬

困學紀聞注二十卷 （清）翁元圻撰　清道光五年（1825）刻本　十二冊

330000－1788－0004058　10092　子部/農家農學類/總論之屬

重訂增補陶朱公致富全書四卷　（明）陳繼儒輯　（清）石巖逸叟增補　清末刻本　一冊

330000－1788－0004060　10082、10084　子部/叢編

二十二子（二十二子彙函）（清）浙江書局編　清光緒元年至三年（1875－1877）浙江書局刻本　十冊　存二種

330000－1788－0004061　10118　集部/總集類/選集之屬/通代

重訂文選集評十五卷首一卷末一卷　（清）于光華輯　清刻本　十六冊

330000－1788－0004064　10112　集部/別集類/清別集

鮚埼亭集三十八卷首二卷全謝山先生經史問答十卷　（清）全祖望撰　清嘉慶九年（1804）餘姚史夢蛟借樹山房刻本　四冊　存二十四卷（首一至二、一至二十二）

330000－1788－0004065　10138　集部/詞類/別集之屬

水仙亭詞集二卷　（清）項瑃撰　清光緒十二年（1886）項氏刻本　一冊

330000－1788－0004066　10141　集部/詩文評類/文評之屬

文心雕龍十卷　（南朝梁）劉勰撰　（清）黃叔琳輯注　（清）紀昀評　清光緒二十一年（1895）滬上文海書局石印本　四冊

330000－1788－0004067　10139　集部/詞類/別集之屬

水仙亭詞集二卷　（清）項瑃撰　清光緒十二年（1886）項氏刻本　一冊

330000－1788－0004068　10140　集部/詞類/別集之屬

水仙亭詞集二卷　（清）項瑃撰　清光緒十二

年（1886）項氏刻本　一冊

330000－1788－0004069　10113　集部/別集類

補學齋詩鈔四卷　胡調元撰　清光緒三十三年（1907）鉛印本　一冊

330000－1788－0004070　10142　集部/總集類/尺牘之屬

管注秋水軒尺牘四卷續刻一卷　（清）許思湄撰　（清）婁世瑞注釋　（清）管斯駿補注　清光緒十四年（1888）上海簡玉山房刻朱墨套印本　五冊

330000－1788－0004071　10128　集部/別集類/清別集

且甌集九卷　（清）項霽撰　清咸豐三年（1853）刻民國二十五年（1936）補刻本　二冊

330000－1788－0004072　02984　類叢部/叢書類/彙編之屬

廣雅書局叢書一百五十九種　徐紹棨編　清光緒廣雅書局刻民國九年（1920）番禺徐紹棨彙編重印本　三冊　存一種

330000－1788－0004073　10129　集部/別集類/清別集

且甌集九卷　（清）項霽撰　清咸豐三年（1853）刻本　二冊

330000－1788－0004074　10130　集部/別集類/清別集

且甌集九卷　（清）項霽撰　清咸豐三年（1853）刻本　二冊

330000－1788－0004075　10131　集部/別集類/清別集

且甌集九卷　（清）項霽撰　清咸豐三年（1853）刻本　二冊

330000－1788－0004077　10117　集部/總集類/選集之屬/通代

文選六十卷　（南朝梁）蕭統輯　（唐）李善注　**文選考異十卷**　（清）胡克家撰　清光緒六年（1880）四明林植梅刻本　四冊　存十卷（考異一至十）

330000－1788－0004078　10122　集部/別集類/清別集

胡文忠公遺集八十六卷首一卷　（清）胡林翼撰　（清）鄭敦謹　（清）曾國荃輯　（清）胡鳳丹重編　清光緒二十七年（1901）上海圖書集成印書局鉛印本　八冊

330000－1788－0004082　10149、10150、10151　類叢部/叢書類/自著之屬

曾文正公四種　（清）曾國藩撰　清光緒三十一年（1905）上海商務印書館鉛印本　七冊　存三種

330000－1788－0004087　10143　類叢部/叢書類/自著之屬

曾文正公全集十六種　（清）曾國藩撰　清同治至光緒傳忠書局刻本　一百十六冊　存十三種

330000－1788－0004088　10083　子部/叢編

二十二子（二十二子彙函）　（清）浙江書局編　清光緒元年至三年（1875－1877）浙江書局刻本　六冊　存一種

330000－1788－0004089　10106　子部/藝術類/篆刻之屬/印譜

南河印怡二卷　（清）柳洲撰　（清）汪啟淑鑒定　清鈐印本　一冊

330000－1788－0004091　04337　經部/周禮類/傳說之屬

周禮政要二卷　（清）孫詒讓撰　清光緒三十年（1904）上海書局石印本　二冊

330000－1788－0004092　00541　類叢部/叢書類/郡邑之屬

永嘉叢書十三種　（清）孫衣言編　清同治至光緒瑞安孫氏詒善祠塾刻本　四冊　存一種

330000－1788－0004093　04347　經部/周禮類/傳說之屬

周禮正義八十六卷　（清）孫詒讓撰　清光緒三十三年（1907）溫州陳日新書報局鉛印本　十一冊　缺七卷（三十至三十六）

330000－1788－0004094　04363　經部/周禮類/傳說之屬

周禮正義八十六卷　（清）孫詒讓撰　清光緒三十三年（1907）溫州陳日新書報局鉛印本　十一冊　缺七卷（一至七）

330000－1788－0004095　04338　經部/三禮總義類/名物制度之屬

九旗古義述一卷　（清）孫詒讓撰　清光緒二十八年（1902）瑞安孫氏刻本　一冊

330000－1788－0004096　04344　子部/雜著類/雜考之屬

札迻十二卷　（清）孫詒讓撰　清光緒二十年（1894）籀𪉩刻二十一年（1895）重修本　四冊

330000－1788－0004097　04345　史部/雜史類/斷代之屬

周書斠補四卷　（清）孫詒讓撰　清光緒二十六年（1900）刻本　一冊

330000－1788－0004102　04352　經部/周禮類/傳說之屬

周禮三家佚注一卷　（清）孫詒讓撰　清光緒二十年（1894）瑞安孫氏刻本　一冊

330000－1788－0004103　04365　經部/周禮類/傳說之屬

周禮三家佚注一卷　（清）孫詒讓撰　清光緒二十年（1894）瑞安孫氏刻本　一冊

330000－1788－0004104　04356　經部/小學類/文字之屬/字書/字體

名原二卷　（清）孫詒讓撰　清光緒三十一年（1905）瑞安孫氏刻本　一冊

330000－1788－0004106　04349　子部/雜著類/雜說之屬

墨子閒詁十五卷目錄一卷附錄一卷後語二卷　（清）孫詒讓撰　清宣統二年（1910）瑞安孫氏刻本　八冊

330000－1788－0004107　04350　子部/雜著類/雜說之屬

墨子閒詁十五卷目錄一卷附錄一卷後語二卷　（清）孫詒讓撰　清宣統二年（1910）瑞安孫氏刻本　八冊

330000－1788－0004108　04364　子部／雜著
類／雜說之屬

墨子閒詁十五卷目錄一卷附錄一卷後語二卷
（清）孫詒讓撰　清宣統二年（1910）瑞安孫
氏刻本　八冊

330000－1788－0004109　04354　史部／地理
類／方志之屬／郡縣志

永嘉郡記一卷　（南朝宋）鄭緝之撰　（清）孫
詒讓輯　清光緒四年（1878）刻本　一冊

330000－1788－0004110　04355　史部／金石
類／金之屬

古籀拾遺三卷附宋政和禮器文字考一卷
（清）孫詒讓撰　清光緒十四年至十六年
（1888－1890）刻本　一冊　存一卷（宋政和
禮器文字考）

330000－1788－0004113　04360　經部／周禮
類／傳說之屬

周禮政要二卷　（清）孫詒讓撰　清光緒二十
八年（1902）瑞安普通學堂刻本　二冊

330000－1788－0004114　04366　經部／小學
類／文字之屬／字書／字體

名原二卷　（清）孫詒讓撰　清光緒三十一年
（1905）瑞安孫氏刻本　一冊

330000－1788－0004115　04367　史部／金石
類／郡邑之屬／目錄

東甌金石志十二卷　（清）戴咸弼撰　（清）孫
詒讓校補　清光緒九年（1883）郭博古齋刻本
四冊

330000－1788－0004116　04361　史部／目錄
類／總錄之屬／私撰

瑞安孫氏玉海樓書目不分卷　清瑞安玉海樓
孫氏稿本　一冊

330000－1788－0004119　04362　集部／別集
類／清別集

**遜學齋文鈔十二卷首一卷末一卷續鈔五卷詩
鈔十卷續鈔五卷**　（清）孫衣言撰　清同治三
年（1864）、十二年（1873）刻光緒增刻本　十
二冊

330000－1788－0004120　04357　史部／金石
類／金之屬

古籀拾遺三卷附宋政和禮器文字考一卷
（清）孫詒讓撰　清光緒十四年至十六年
（1888－1890）刻本　一冊

330000－1788－0004121　02087　類叢部／叢
書類／彙編之屬

廣雅書局叢書一百五十九種　徐紹棨編　清
光緒廣雅書局刻民國九年（1920）番禺徐紹棨
彙編重印本　二冊　存一種

330000－1788－0004122　03516　類叢部／叢
書類／彙編之屬

廣雅書局叢書一百五十九種　徐紹棨編　清
光緒廣雅書局刻民國九年（1920）番禺徐紹棨
彙編重印本　五冊　存一種

330000－1788－0004123　02218　類叢部／叢
書類／彙編之屬

廣雅書局叢書一百五十九種　徐紹棨編　清
光緒廣雅書局刻民國九年（1920）番禺徐紹棨
彙編重印本　一冊　存一種

330000－1788－0004124　02181　類叢部／叢
書類／彙編之屬

廣雅書局叢書一百五十九種　徐紹棨編　清
光緒廣雅書局刻民國九年（1920）番禺徐紹棨
彙編重印本　六冊　存一種

330000－1788－0004125　02148　類叢部／叢
書類／彙編之屬

廣雅書局叢書一百五十九種　徐紹棨編　清
光緒廣雅書局刻民國九年（1920）番禺徐紹棨
彙編重印本　十冊　存五種

330000－1788－0004126　02038　類叢部／叢
書類／彙編之屬

廣雅書局叢書一百五十九種　徐紹棨編　清
光緒廣雅書局刻民國九年（1920）番禺徐紹棨
彙編重印本　一冊　存一種

330000－1788－0004127　02318　類叢部／叢
書類／彙編之屬

廣雅書局叢書一百五十九種　徐紹棨編　清

光緒廣雅書局刻民國九年（1920）番禺徐紹棨彙編重印本　一冊　存一種

330000 – 1788 – 0004128　02757　類叢部/叢書類/彙編之屬

廣雅書局叢書一百五十九種　徐紹棨編　清光緒廣雅書局刻民國九年（1920）番禺徐紹棨彙編重印本　三冊　存一種

330000 – 1788 – 0004129　03898　類叢部/叢書類/彙編之屬

廣雅書局叢書一百五十九種　徐紹棨編　清

光緒廣雅書局刻民國九年（1920）番禺徐紹棨彙編重印本　二冊　存一種

330000 – 1788 – 0004130　00586　類叢部/叢書類/郡邑之屬

永嘉叢書十三種　（清）孫衣言編　清同治至光緒瑞安孫氏詒善祠塾刻本　一冊　存一種

330000 – 1788 – 0004131　00559　類叢部/叢書類/郡邑之屬

永嘉叢書十三種　（清）孫衣言編　清同治至光緒瑞安孫氏詒善祠塾刻本　十冊　存一種

書名筆畫字頭索引

一畫

二畫

三畫

四畫

五畫

八畫

161

九畫

十畫

162

十一畫

十二畫

十五畫

十六畫

書名筆畫索引

一畫

二畫

三畫

172

五畫

175

六畫

179

七畫

八畫

184

九畫

十畫

187

十一畫

十二畫

192

194

十三畫

197

十四畫

十五畫

200

十六畫

十七畫

十九畫

二十畫

二十一畫

二十二畫

二十三畫

二十四畫

二十九畫